SOCIAL WELFARE

ケアから
エンパワーメントへ

人を支援することは意思決定を支援すること

北野誠一
|著|

ミネルヴァ書房

はじめに

　私は，1950（昭和25）年に，大阪市内にある府営住宅の4階で生まれた（文字どおり，男たちは一部屋に集められて，もうひと部屋で産婆が私を取り上げた）。当時，父は中小企業の密集する布施市（現東大阪市）で旋盤工をしており，母は，私たちが高校に行くまでは専業主婦であった。といっても，1950年からの朝鮮戦争特需がしぼむと，父は失業，母は内職に追われていた。父は荒れて，賭けマージャン等の博打で家を空けることもあり，母は時に泣いて「私たちは乞食になるのよ」といった言葉を思い出す。

　それでもそれは，つらい思い出として残っているのではなく，苦労を背負っていたのは，父母だけであって，私と弟は，ホームレスにもならず，飢えで苦しむこともなかった。

　その当時，私たちには3つのセイフティーネットが存在した。
　① 府営住宅という，公営の低所得者用住宅
　② 父と母の兄弟姉妹
　③ アパートの住民

　①は，もちろん申し込んだ者みんなが入れるわけではなく，幸運もあったわけだが，なければ，ホームレスになっていたか，親せき等に預けられて，違う人格形成の道を歩んでいたと思われる。家族が引き離されずに暮らせたことは，幸いであった。

　②は，父や母の兄弟姉妹が多かったことも幸いしているが，当時は4人以上の兄弟というのはざらにあったし，仲の良い兄弟姉妹も多かった。というより結束して生きてゆかねば生きてゆけない状況がそこにはあった。私と弟の衣服の多くは，いとこのお下がり等を，母が縫い直したものであり，食糧等もよく送られてきた。毎年クリスマスイブに現れるおじは，私たちにはサンタそのも

のであった（今思えばほんとうに，妹思いの兄（おじ）であった）。そういえば，病身の父の妹（おば）が，しばらく小さな部屋で，私たちと一緒に暮らしたこともあった。

　③は，私たち兄弟におやつや娯楽をもたらした。ゲームやTVは，他のアパートの住人の部屋にあった。小学生時代までは，こちらも相手も，居座る——居座られることを意識することはなかったように思う。TVのある1階の家が，近所の少年探偵団の団長の4歳年上の子の家で，その子を姉のように慕っていたことを思い出す。このような，実際には存在しない姉（的）——弟（的）といった多様な役割関係期待——役割期待実現の可能性の喪失が，現在の私たちの画一化・平準化された社会のつまらなさであろう。

　なぜ，この本はこのような「わたし物語」から始まってしまったのか？

　それが，この本のタイトル「ケアからエンパワーメントへ」とどう繋がっているのか，と思われるかもしれない。

　思うに，私の人生の足取りも，求め続けたテーマも，それら原点から離れがたい。今でも，私が求め続けているテーマが3つある。

Ⅰ　私たちは，何をして食べてゆけば良いのか？
Ⅱ　私たちの家族（関係）は，これからどうなってゆくのか？
Ⅲ　私たちの国や世界の国々は，どこへゆくのか？

　Ⅲについては，現在執筆中の次の本で取り上げる。

　Ⅱについては，私の大学院生時代のゼミが，家族社会学教室であり，そこで障害児の家族問題をテーマにしたことが，その後の研究の方向性を示してくれたことが大きいが，それもその根っこには，Ⅱの家族・親族のことがあり，入退院を経験した弟のことがある。

　本当に家族はどうなってしまうのか？

　Ⅰについての「わたし物語」はそれからどう展開したのか，もう少し続けてみたい。

　父がしばらく失業し，それからも中小企業を転々とし，私が高校生の時にS工業に就職して，その後生活は安定した。皮肉なことにここでも，ベトナム戦

争特需が絡んでいる。ベトナム反戦運動のさなかに，特需で潤うS工業にデモをかけるという話になったが，父から血のついたアメリカ戦闘機の修理について聞かされていた私は，実はそれで家族が食べていることを知っていた訳だ。

父は定年まで働き，その後再就職して製薬会社に勤めていたが，車の免許もない高齢の父が，フォークリフトの免許を取って，薬品会社の倉庫の管理をしていたのに感心したことを覚えている。

母は，病院の事務のパートタイムで働くようになり，生活は困らなくなり，私も弟も，公立大学で学生生活を送った。私は，方向を見失ってずるずる卒業できないまま，偶然恩師の紹介で奈良県にある信貴山のお寺の厄介になり，そのサポートもあって大学院まですすみ，障害児支援の現場と大学院生活を掛け持ちしながら，いつの間にか大学教員となった。弟は，いろいろあったが，職親の下で仕事をし，その後は家にいて，母がパーキンソン症になって，父が死んだ後は，母の介助をしていた。私も東京の大学の教員生活を辞して5年間，ヘルパーや弟とともに母の介助を手伝い，1年前に母を亡くした。

妻は，中学校の教員から，やがて就学前の障害児の支援の仕事に就き，大学院に行って児童臨床発達心理士の資格も取り現在も働いている。

娘は，大学を出てしばらくOLをしていたが，辞めて農業をめざしている。

息子は，大学を出てしばらく働いていたが，恩師の紹介で中国の大学に留学し，現在帰国して次の展開をめざしている。

一人ひとりの人生をみても，その思いと努力とコネクションと偶然とがないまぜになって，何かを求めたり・したり・しなかったり・しながら，人は生きているようだ。

本当のことを言うと，私にとって一番不思議なのは，多くの人間が食べていけているというのか，何かする仕事やすることを持っているということだ。一体みんな何をして食べているのか？　たとえば，第2次大戦が終わって，焼け野が原の本土に，帰国した復員兵や引揚者は500万人以上いたが，農地・農業・親族がかろうじて彼らの多くを吸収したと言われている。しかし，今後そのような大量失業者の発生を吸収できるような第1次・2次産業も親族もない

ことは，誰でもわかる。

　大学教員時代に，何度か学生を連れてインドネシアのバリ島で，現地の学生や子どもたちと一緒に児童養護施設づくりの国際ワークキャンプをしたことがある。その後も何度かバリ島を訪問していつも思うのは，バリ島の男たちが，本当に働かないことだ。仕事をしているのはほとんど女性のように外からは見える。聞けば，農業と観光産業が中心で，たしかに土地のない男の働き口は少なく，家のことや育児等はほとんど女性がしているのだから，そう見えるのに違いない。では，男たちは何をしているのか？　年に100回以上あると言われている祭りの準備？（いや，これも，実際は女たちが多くやっているようだ）。夕方になると男たちはぞろぞろと出てきて，道端や屋台のたまり場で手をつないで散歩と談笑に耽っている。こういう姿を見せられると，日本の男たちのあくせくぶりがおかしくも見えるが，それでも，徐々に押し寄せるグローバリゼーションの波に彼らも追い詰められていて，なにか苛立っている雰囲気が感じられる。中谷文美(1)によれば，女たちも，そのバランスの悪さに気づき，一定以上の所得のある男以外との結婚を望まない女性も増えているという。それがまた一段と男たちを苛立たせる。

　つまりは，それらすべてのことは，先に述べたⅠとⅡとⅢが絡み合って起こっていることなのだ。

　ある時代とその社会の，一定明確な子どもと女と男と年寄りと病人や障害者の役割が，現在混沌とし始めていることは確かだ。そしてそれは，グローバリゼーションの戦略と，それがもたらした産業構造や社会構造の転換と，女性運動・障害者運動等の望んだ役割転換の両者から起こってきていることも確かである。

　障害者運動や女性運動の成果なるものがあったとして，それがその時代と社会の文脈に繋がっていなければ，起こるはずもない。

　障害者運動や高齢障害者支援活動は，障害児・者や高齢障害者であるがゆえに必要となる各種の「ケア」サービスを要求してきた。そしてそれが，特別支援教育，医療，保健，リハビリテーション，福祉，介護機器，関連行政，住宅，

はじめに

ユニバーサルデザイン産業，民間保険等の様々な利害関係者（ステイクホルダー）を生み出し，ステイクホルダーたちのその利害関係の文脈（コンテクスト）の中で，障害児・者や高齢障害者の「ケア」も「エンパワーメント」も翻弄されているのが，その実態である。

障害者運動や女性運動が，「エンパワーメント」に繋がる側面を持っており，逆にそれだけが，真に手放してはならない方向であることが，この本で徐々に明らかにされるであろう。この本のタイトル「ケアからエンパワーメントへ」とどう繋がっているのか，理解し始めた読み手のみなさんと共に，これから少し長い物語に旅立とうと思う。

大きな物語の時代は終わっていると言われて久しい。確かに大きな虚構の物語は，20世紀の終わりに，ベルリンの壁やオウム真理教のサティアンの崩壊等で終わったように見えるが，各種の小さな虚構は，これからも懲りることなく続いてゆくに違いない。

そして，いまは大きな虚構の物語に依存しない，一つひとつの物語の始まりの時代のように思われる。私はあえて，小さな物語とは言わない。大小など，どうでもいいことだ。一つひとつの物語に，可能性としてのエンパワーメント支援以外の大きな根拠性（多数をくし刺しする一般性）はないかもしれない。つまりは，科学的なエビデンスに欠ければ，それは大きなサービスやケアとしては成立しないと言われるかもしれない。

しかし，問題は「ケア」ではなく，一人ひとりの「エンパワーメント」だということが，この本を通して読者には理解してもらえよう。

大きなサービスとしての「ケア」の問題については，後でじっくり考察する。

それにしても「エンパワーメント」も随分と垢のついた言葉なのは確かだ。ここは，もう「ケア」のもつアンニュイな居心地のよさよりも，「エンパワーメント」のもつ面白さや戦闘性に賭けるより他ない。

では，この物語をどのように展開するのか，そのロードマップを見てみよう。

第1章では，この本のテーマであるエンパワーメントの展開戦略としての，アドボカシー（権利擁護）について押さえておきたいと思う。

第２章では、昨今業界を騒がせている、「地域包括ケアシステム」について、いっしょに考えてみよう。その中では、「ケア」の理解や、「介護」「介助」「生活支援」の概念の変遷や、いわゆる「自助・互助・共助・公助」論について見ておきたいと思う。

　第３・４章では、私たちのめざす「本人と支援者の相互エンパワーメント」に関して、そこに至るまでの道すじやエンパワーメントの定義、「相互エンパワーメント」の理解を通して、藤井規之と鹿野靖明の物語を展開する。

　第５章では、兵庫県西宮市にある最重度障害者活動拠点「青葉園」の実践について考察する。その中では、とりわけ、支援や介助のあり方や、「意思決定・表明支援」について構想したい。

　第６章では、西宮市の本人中心の相談支援について触れてみたい。

　第７章では、わが国の法・制度と権利擁護やエンパワーメントの相入れない関係について考察した。

　最後に終章では、本章のテーマである「本人と支援者の相互エンパワーメント」と「意志決定・意思表明支援」についてまとめている。

　これまでの障害者関連の政策研究や地域の障害者活動支援と家族のことに追われていた生活が一段落し、一昔前なら、やることもなく老け込む年齢に達したのかもしれないが、実際今では64歳などは、最も心身が充実した頃合いらしい。母の死後しばらくは気力も失せていたが、わが国やアメリカ等の大状況も小状況も経験し、一通りは関係文献等にも目を通さねばならないポジションにいたので、後は忘れる前に記しておこうと思う。しばらくこの展開に、一緒にお付き合い願いたい。

　2014年12月

北野　誠一

注
(1) 中谷文美『女の仕事のエスノグラフィー』世界思想社、2003年。

目　次

はじめに

第1章　アドボカシーとエンパワーメント……………1
　1　アドボカシー（権利擁護）とは何か　*2*
　2　アドボカシー（権利擁護）の6形態　*4*

第2章　地域包括ケアシステムと支援……………27
　1　言葉の定義（諸概念の整理）　*27*
　2　3つの報告書から見る介護保険と地域包括ケアシステムの関係　*34*
　3　自助・互助・共助・公助について考える　*48*
　4　地域包括ケア研究会報告書における「介護」「生活支援」の定義　*55*

第3章　「本人と支援者の相互エンパワーメント」に
　　　　　至るまでの出会い……………63
　1　障害児・者との出会い　*63*
　2　1980年以降の障害者政策の展開　*67*
　3　大学教員としての出会い　*77*
　4　母への介助関係の中での出会い　*86*
　5　宗教との出会い　*91*

第4章　エンパワーメントの定義と「本人と支援者の
　　　　　相互エンパワーメント」……………97
　1　自己決定とエンパワーメント　*97*
　2　「本人と支援者の相互エンパワーメント」とは何か　*103*

3　エンパワーメント評価について　*112*
　　4　障害児・者と養育者・支援者の相互関係の展開　*114*
　　5　「相互エンパワーメント」の展開例　*127*

第5章　青葉園における「本人と支援者の相互エンパワー
　　　　メント」の展開と意思決定・表明支援……………*137*
　　1　青葉園活動における最重度障害者の存在の展開　*137*
　　2　最重度障害者本人と介助者の相互関係の聞き取り調査より　*143*
　　3　「本人と支援者の相互エンパワーメント」関係の展開　*153*
　　4　意思決定・表明支援の展開　*161*
　　5　後見（的）支援をどうとらえるのか　*167*
　　6　共同決定は医療モデルを超えているか　*175*

第6章　西宮市における本人中心の相談支援と
　　　　意思決定・表明支援……………………………*183*
　　1　本人中心のアセスメント　*183*
　　2　本人中心のモニタリング　*191*

第7章　わが国の法制度の生成過程からみる権利擁護と
　　　　エンパワーメント………………………………*195*
　　1　法律・制度は誰のものか　*195*
　　2　権利擁護とエンパワーメントを定着させるために　*203*

終　章　「本人と支援者の相互エンパワーメント」実践の展開　*213*
　おわりに…………………………………………………*229*

第1章

アドボカシーとエンパワーメント

　最初に，アドボカシー（以下，権利擁護）について考察するのは，「本人と支援者の相互エンパワーメント支援」をわが国で展開するには，権利擁護が最重要課題だからである。ケアという一見「優しげで気持ちよさそうな」言葉の世界がひめた，「専門家・サービス提供者が中心となって，障害者・高齢者の主体的な生き方を仕切ってゆく」サービス提供のあり方に対する，本来の支援のあり方を示している言葉がエンパワーメントであり，その展開戦略としての権利擁護なのだ。

　できない・困っている障害者・高齢者といったお客様を助けるために，私たちプロの専門家・サービス提供者が仕切って何が悪い，という反論が起これば，この本を書いた意味もあろう。

　ここでは，エンパワーメント（共に生きる価値と力を高めること）と権利擁護が，深い関係にあることを押さえておく。

　エンパワーメントについての本書でのくわしい検討は第4章で行っている。本章では，それが，専門家による個人的な「能力開発」プログラムなどではまったくなくて，人間関係・社会関係の中で「自分らしく・人間らしく共に生きる価値と力を高めること」であることだけを押さえておく。

　さらに，わが国で権利擁護が展開困難な理由として，そもそも障害者・高齢者が地域で自立生活をするのに必要な権利が弱いことと，それを押さえこまんとしているシステム要因があることを分析・考察する。

1 アドボカシー（権利擁護）とは何か

　アドボカシー（以下，権利擁護）とは，「権利に関わる社会的・法的な諸問題に関して，個人や仲間がエンパワーメントすることを支援する一定の方法や手続きに基づく活動」である。
　より厳密に定義すれば，個人や仲間の権利擁護とは，

　　i　侵害されている，あるいは諦めさせられている本人（仲間）の権利がどのようなものであるかを明確にすることを支援するとともに，
　　ii　その明確にされた権利の救済や権利の形成・獲得を支援し，
　　iii　それらの権利にまつわる問題を自ら解決する力や，解決に必要な様々な支援を活用する力を高めることを支援する

３つの方法や手続きに基づく活動の総体を意味する。
　もっと分かりやすく言えば，「本人が，その人の権利を活かして，がまんしたりあきらめずに，みんなと普通に暮らせる力（＝共生力）を高めることを支援する活動」のことであり，誰かの力に頼って，差別や虐待や人権侵害等から守ってもらうこと（＝権利保護）ではない。その意味では，アドボカシーを権利擁護ではなく，権利支援と翻訳した方が，よかったかもしれない。つまり，地域生活主体である本人の権利性に，強くアプローチする活動であると言える。

権利擁護を俯瞰的に分類する

　権利擁護には様々なものがあるが，ここでは図１－１を使って，権利擁護活動をまずは俯瞰的に分類し，その後に，それらを検討する。くわしくは，拙稿（河野正輝・大熊由紀子・北野誠一編著『講座障害をもつ人の人権③　福祉サービスと自立支援』有斐閣，2000年の第10・11章）を参照されたい。
　まず，誰が権利擁護活動の担い手となるかで，横軸を，「A市民・当事者中心の権利擁護」と「B専門職中心の権利擁護」に分ける。
　また，権利侵害や虐待が起こる前と後を縦軸にとり，「C福祉・医療等の

第1章 アドボカシーとエンパワーメント

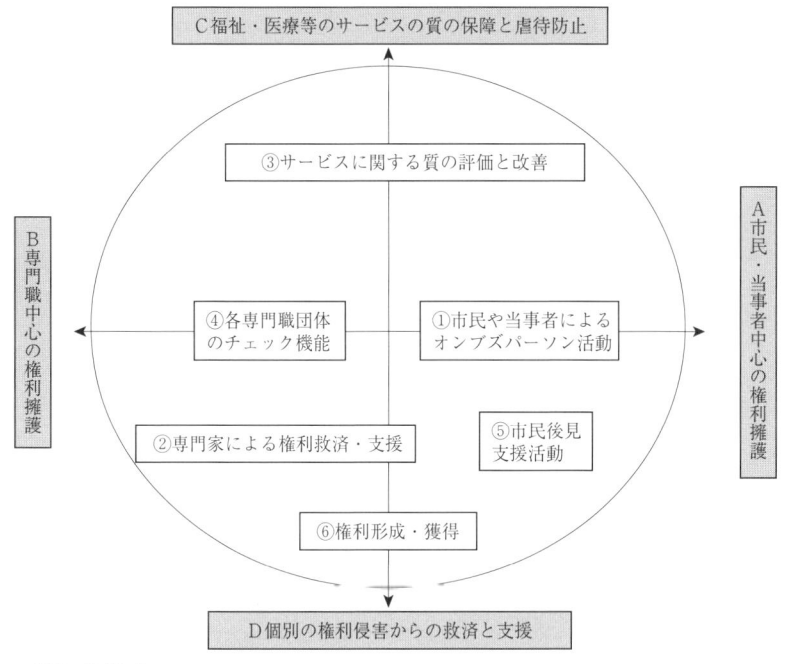

図1-1 様々な権利擁護活動の関連図

C 福祉・医療等のサービスの質の保障と虐待防止

③サービスに関する質の評価と改善

B 専門職中心の権利擁護

④各専門職団体のチェック機能
①市民や当事者によるオンブズパーソン活動

A 市民・当事者中心の権利擁護

②専門家による権利救済・支援
⑤市民後見支援活動

⑥権利形成・獲得

D 個別の権利侵害からの救済と支援

出所：筆者作成。

サービスの質の保障と虐待防止」と「D個別の権利侵害からの救済と支援」に分ける。

そこでこのAとCを組み合わせると，アメリカ等で盛んに行われている「①市民や当事者によるオンブズパーソン活動」等が浮かび上がる。

BとDの組み合わせの中心は「②専門家による権利救済・支援」で，この権利救済・支援には，弁護士や司法書士などの法律専門家による「司法型権利擁護」と，ソーシャルワーカー（社会福祉士・精神保健福祉士）などの社会福祉専門職と，その関係者（支援者）や地域権利擁護支援者等による「支援型権利擁護」があることを考察する。

Aの市民・当事者だけでなくBの専門家によるものも含めたCの領域での「③サービスに関する質の評価と改善」や，コンシューマーである当事者によ

3

るサービス評価が，サービスの質の改善・保障や虐待の事前防止に効果的である。

また，BとCの組み合わせの中心は，「④各専門職団体のチェック機能」（養成プログラムや倫理綱領や罰則規定等）である。

さらに，AとDの組み合わせの中心は，「⑤市民後見支援活動」である。

最後に，まだ権利が確立していない分野では，「⑥権利形成・獲得」活動が中心になる。

では，以下これらの①〜⑥までを，もう少し詳しく見ていく。

2　アドボカシー（権利擁護）の6形態

市民・当事者によるオンブズパーソン活動等（①）

①-1　本人による権利擁護（セルフアドボカシー）

権利擁護が，前節で定義したように「ⅰ　侵害されている，あるいは諦めさせられている本人（仲間）の権利がどのようなものであるかを明確にすること」であり，また「ⅲ　それらの権利にまつわる問題を自ら解決する力や，解決に必要な様々な支援を活用する力を高めること」であるとすれば，本人によるセルフアドボカシー（自己の権利擁護）が，第一の基本であることは，誰にでもわかる。セルフアドボカシーの一般的な定義は，「自分（たち）のために主張し，行動することによって，他者の支援を引き出し，自分（たち）の権利を高めること」である。

アメリカのセルフヘルプワークブックでは，「自分自身のために主張し，行動すること。何が自分にとってベストであるかを決めて，それを自分が引き受けること。自分自身の人間としての権利を守ること[(1)]」と定義されている。

イギリスのセルフアドボカシー教本では，「自分がこうしたいと思うような生活ができるように自分の意見をはっきり言うこと[(2)]」と定義されている（ちなみにイギリスの教本の翻訳者はセルフアドボカシーを「本人活動」と訳している）。

第1章　アドボカシーとエンパワーメント

　ベイトマン（Bateman, N.）は「個人またはグループが自らのニーズと利益のために，自ら主張し，あるいは行動するプロセス」と定義している。[3]

　これらの定義を見てもわかるように，セルフアドボカシーにおける権利の概念は非常に幅広いものとなっている。

　それはセルフアドボカシーの中心が，これまで自己主張など考えられもしないと社会からレッテルを貼られてきた，知的障害者のセルフイメージ（自己像＝障害者像）の変革そのものだからである。

　1970年代からカナダ・アメリカで始まった知的障害者自身によるピープルファースト運動（知的障害者が自分たちに関することを可能な限り自分たちで決めてゆく活動）は，まさに知的障害者の自己イメージの変革運動である。

　このことについては，本書の第4章2節で，1990年にアメリカのカリフォルニア州のピープルファーストの集会に初めて参加した時の筆者の経験を記した。

　なお，この本において筆者の記した事例は，65歳以前の障害者が多いが，生まれてから死ぬまでのすべてのライフステージで，何らかの障害を有するすべての市民が，このテーマの対象となる。

　日本における65歳以前の障害者と以後の高齢障害者は，障害者総合支援法と介護保険法という形で制度的には一応分離されているが，介護保険対象の何らかの支援サービスを必要とする人はすべて障害者である。日本では，制度以上に一般市民や高齢者の障害者に対する差別・偏見が，障害者と要支援高齢者（＝高齢障害者）を分け隔ててしまっている。

　現在各国で，様々なセルフアドボカシーのための教育プログラムや啓発プログラムが開発されているが，ピープルファースト運動は，親や専門家を中心とする支援グループあるいは特別支援学校や施設等によるセルフアドボカシープログラムよりも，はるかにセルフアドボカシーの本質をついている。なぜなら親や専門家に教育されたり，啓発されるという受動的で保護的な自己イメージが，そもそもセルフアドボカシーの本質と矛盾するからである。

　特別支援学校や施設等によるセルフアドボカシープログラムの提供を全面的に否定する必要はもちろんない。要は実施方法である。つまりそれが本人のエ

ンパワーメントを支援できるかどうかである。形だけのセルフアドボカシーのプログラムを強制的に実施するよりも，本人たちの活動と自己選択・自己決定を限りなくサポートする方が，はるかにましである。

　その一例として，第4章2節で，管理的あるいは権威的に，本人と支援者のエンパワーメント関係を抑制するのではなく，それを促進する方向性がふまえられた活動例として，ある福祉現場での，利用者の一泊旅行を本人たちが中心となって企画するストーリーが描かれている。

　①-2　仲間（当事者）による権利擁護（ピアアドボカシー）

　ピア（仲間・当事者）アドボカシー（peer-advocacy）は「権利侵害を受けた（受けやすい）仲間・当事者に対する仲間・当事者による権利擁護活動」であり，自立生活センターのような当事者主導のサービス機関や，社会変革活動にウエイトを置いているピープルファーストのようなセルフヘルプグループでは，一般的に見られる活動である。

　ベイトマンは，このような活動をイギリスの著名な精神障害者の支援グループである「マインド（Mind）」の分類に基づいて，集団的セルフアドボカシーという形で，セルフアドボカシーに含めている。セルフヘルプグループ（SHG）のセルフ概念としてセルフアドボカシーをとらえれば，ベイトマンの考え方もうなずける。

　一般的なセルフアドボカシーの定義，「自分（たち）のために主張し，行動することによって，他者の支援を引き出し，自分（たち）の権利を高めること」は，ピアアドボカシーを包括しており，それゆえ次の3つのことを含んでいる。

　第一は，自分自身の利益や利害のためには自己主張したり，行動しにくいが，人のためという形をとれば，自己主張したり，行動しやすいことは，よく見られることである。私自身も，自分自身のことで何かを主張することは苦手だが，仲間のことは言いやすい。それは私たち日本人の自分のことを自己主張することに対して持つためらい，もっと言えば自分だけが目立って浮いてしまうことについての気恥ずかしさの感情である。

ところが仲間を支援するときには，自分自身が浮くことなく，しかも仲間を仲間として受け入れようとすることによって，仲間性を高めることができる。きわめて日本的心理であろうが，日本のアドボカシー活動においては心すべきことである。

第二は，他者の支援と無関係にセルフアドボカシーが成立しないことを示している。自己イメージとの戦いは，ピア（仲間・当事者）によってサポートされるが，何よりも本人のエンパワーメントを支援する支援者そのものの障害者像の変革なくしては，それが起こり得ないことは，第3章で考察する通りである。

第三は，ピアアドボケイト（仲間権利擁護者）が後述する「①-3 市民による権利擁護」や「⑤市民後見支援活動」のように他の仲間を代理・代弁して仲間の権利を援助する活動を行う場合には，ピアアドボカシーは成立困難である。

ピアアドボカシーとは，ピアアドボケイトとの相互支援関係の中で，本人（たち）が自分の中にある〈自分の権利を明確にする力〉〈問題を解決する力〉〈様々な支援を活用する力〉を見出してゆくことをいうのであって，他の仲間が本人の代わりに問題を解決してくれることとは，まったく違うのである。

確かに「①-3 市民による権利擁護」や「⑤市民後見支援活動」においても，アドボカシーの定義にある本人のエンパワーメントの支援を含んでいるが，本書前節で定義した「ⅱ　その明確にされた権利の救済や権利の形成・獲得を支援」する側面が全面に出てくることは否めない。

そしてそれはピアアドボカシーにおいてもまたそうであり得る。つまりセルフヘルプグループの本質である，「お互いに共有する困難を分かち合うことによって，共に活かし合うあり方」を失い，「疑似専門家主導型集団（＝指導し説教をする先輩障害者 対 指導される何も知らない後輩障害者）」と化すことによって，本人をエンパワーメントする支援が見失われることも十分あり得る。

①-3　市民による権利擁護

市民アドボカシー（citizen-advocacy）とは「一般市民ボランティアによる支援を必要とする市民に対するアドボカシー」のことを言う。

市民アドボケイトの代表例として，ナーシングホーム等の入所施設に定期的にあるいは要請に応じてトレーニングを受けた市民ボランティアが訪問する，アメリカの長期ケアオンブズマンが有名であるが，欧米でこのような市民アドボケイトが取り入れられたのには訳がある。ここでは市民アドボケイトの一般的な利点を取り上げ，またそれが抱えている問題点についても示しておきたいと思う。[4]

　市民アドボケイトの利点は以下のとおりである。
- 対象となる市民と日常的に接することが可能なゆえに，信頼関係を築きやすく，相談にものりやすいこと
- 対象となる市民の日常生活をよく知っているので，提起された問題についても，またその解決方法についても具体性を持ちやすいこと
- 身近な関係ゆえに臨機応変に対応できること
- コストが安いこと
- 自分たちの地域に暮らす人たちのことを考慮に入れた地域作りの発想を市民が持ちやすく，市民啓発的な意味も有すること等

　一方，市民アドボケイトの問題点は以下のとおりである。
- 一般市民にどの程度のトレーニングをすることによって，一定の法的権限を有する活動を委任できるのかが不明確であること
- コーディネートやスーパービジョンの体制がきっちりとできていないと，活動がサービス利用者のエンパワーメントにつながらないこと
- 地域に密着しているがゆえに，プライバシーの保持等が困難であること
- 地域によってボランティアの質や量に差が出てしまい，サービス利用者にとって確実性のあるシステムとはなりにくいこと等

　言うまでもなくこのような問題点は一定のレベルまでは改善することが十分可能であり，その持つ利点は問題点を補ってあまりある。

　ただし，先の図1-1にあるように「①市民や当事者によるオンブズパーソン活動」が，「C福祉・医療等のサービスの質の保障と虐待防止」と，「D個別の権利侵害からの救済と支援」の両方に跨っていることの持つ意味は複雑であ

る。アメリカ連邦老人法では，施設サービス利用者への同意をオンブズマン活動の基本としており，虐待やネグレクト（無視）の調査活動はその役割とされていない。一方，カリフォルニア州の長期ケアオンブズマンの活動は，広く虐待や無視の個別事例の調査活動までを含んでおり，その専門性や権限行使に関して，疑問も出ている。[5]

　施設への訪問活動や聞き取り活動において，偶然虐待の現場に出くわしたり，利用者からそのような出来事について相談を受けた場合に，どのような関係者がどのような手順で虐待認定や支援活動を行うのかは，アメリカは州ごとにまちまちである。今後わが国において，市民アドボケイトの活動が一般化されるためには，一定のガイドラインに基づくマニュアル化がなされていなければ，行政と市民・当事者オンブズパーソンとサービス提供者とサービス利用者との間でトラブルが起こりかねない。

　わが国においても，湘南ふくしネットワークオンブズマンを筆頭に，大阪や兵庫等で，障害者や高齢者の施設でのオンブズマン活動がじょじょに展開されている。また介護保健施設等に対する介護相談員派遣事業も少しずつ広がっている。ただ，アメリカのように，法的根拠による一定の強制力と，行政的及び財政的バックアップがなければ，市民のボランタリーな精神だけで，その継続と展開を図るには困難が多い。

　では，次にアドボカシーのもう一方の中心の担い手の活動について見てみよう。

専門家による権利救済・権利支援（②）

　図1-1の「②専門家による権利救済・支援」について見てみよう。

　専門家による権利救済・支援アドボカシー（professional advocacy）の中心は，リーガル・アドボカシーとアシスティブ・アドボカシーである。リーガル（司法型）アドボカシーとは，「弁護士を中心とする法律の専門家によってなされる，裁判を中心とする特定の法律上の専門知識や技術を使用したアドボカシー」と言える。

一方，アシスティブ（支援型）アドボカシーとは，「ソーシャルワーカーを中心とするコーディネーションの専門家によってなされる，本人の問題意識と権利性を明確にすること及び本人の問題解決力や支援活用力を高めることを支援すると共に，サービス提供者を含む関係者に対する啓発や支援を中心とするアドボカシー」と言える。

　アメリカの長期ケアオンブズマンは市民アドボケイトが中心となって活躍しているわけだが，そのオンブズマン活動支援事務所のコーディネーターやスーパーバイザーといったスタッフが，弁護士の場合と，ソーシャルワーカーの場合では活動内容の力点の置き方や，方向性が異なっている。そのことをよく表しているのが，カリフォルニア州のオンブズマンへの手引書（マニュアル）の，弁護士中心で作られたものと，ソーシャルワーカー中心で作られたものとの相違である。[6]

　たとえば，施設内での盗難，紛失に関して，司法型マニュアルでは，盗難と紛失に関する連邦及び州の法律と訴訟要件が詳しく説明されているが，支援型マニュアルでは法律の簡単な説明と共に，利用者と関係者への意識啓発の部分が主となっている。[7]

　具体的なトラブル自体の法的解決を志向する司法型アドボカシーと，そのプロセスの中で本人にもまた関係者にも今後トラブルが発生しないように，本人の自覚や情報と技術の確保や，サービス提供者を含むまわりの人たちへの意識啓発や支援体制のあり方や形成を志向する支援型アドボカシーがあり得るわけである。

　もちろんすべてのアドボカシーはその定義にもあるように，この両者を含んでいるわけだが，主にその担い手の技術と問題意識によって，ウエイトの置かれ方が異なり，目標設定が異なることは理解しておくべきである。

サービスに関する質の評価と改善（③）

　続いて図1-1の「③サービスに関する質の評価と改善」について見てみよう。

権利擁護の一般的なイメージは，図1-1の「②専門家による権利救済・支援」であり，やや広げても，「①市民や当事者によるオンブズパーソン活動」までであろう。しかし，人権侵害や虐待問題を考える際に，それが実際に起こってからなされる支援活動だけを権利擁護ととらえてしまうと，事前的・予防的活動が疎かになる危険がある。というよりも，虐待や人権侵害は，ない方がいいに決まっており，そのための戦略をまずは打つべきである。

私が，権利擁護を，「権利に関わる社会的・法的な諸問題に関して，個人や仲間がエンパワーメントすることを支援する一定の方法や手続きに基づく活動」という，やや広義の定義を行ったのは，そのためである。

福祉のサービスの質に関する第三者評価に関しては，2000年の社会福祉基礎構造改革の一環として厚生労働省の「福祉サービスの質に関する検討会」(1998〜2001年) に，私も委員として参加したこともあり，現在のわが国の福祉サービスに関する第三者評価のありように，忸怩たる思いをもっているのは確かである。

そこで，以下その当時（2000年1月）に私が，『月刊ノーマライゼーション』誌上で提起した，「わが国における今後の福祉サービスの質の保障に関する展望」を引用しておきたいと思う。

「カナダのブリティッシュコロンビア州の RQAP（Regional Quality Assurance Program：地域サービスの質保証プログラム）等を踏まえて，日本において，福祉サービスの質保証システムを構想するためには以下の4点が整備され，明確にされねばならない。

(1) これまでの都道府県行政の社会福祉法人に対する監査制度と，新たに構想されつつある第三者によるサービスの質評価機関との関係

実はアメリカにおいて，連邦政府が1998年に行った，行政による監査システムと民間のサービスの質評価機関の比較検討を行った膨大な報告書がある[8]。

結論から言えば，法的強制力を持つ行政の監査制度にかわりうるような民間によるサービスの質評価システムなどあり得ないのである。

もちろん日本においても都道府県の監査制度をやめて，民間の第三者評価機関に一元化しようなどというわけではない。アメリカでの論議も，その中心はJCAHO（Joint Commission on Accrediting Healthcare Organizations：ヘルスケア機関認定合同委員会）といった民間サーベイヤー（調査者）に一元化せず，むしろ行政の監査制度の権限強化と監査方法の改善を打ち出している。1999年度に入ってそれらの報告書やGAO（会計監査院）の報告書[9]等に基づいて，クリントン政権は一連の州政府による施設監査制度の強化・改善を打ち出し，ナーシングホーム改革を押し進めようとしている。

(2) 福祉サービスの質に関する評価基準と既存の施設最低基準との関係

これも1999年3月の「福祉サービスの質の向上に関する基本方針」の段階では不明確なままである。施設最低基準がどちらかといえば外形的基準を中心としていたことは事実であるが，最低職員配置基準や入浴サービス等の基準も含んでおり，かかる最低基準の底上げなくしては，いくらサービスの質の評価をしても仕方がないとも思われる。

実はこの問題はアメリカにおいても同様である。カリフォルニア州でのナーシングホームの利用者の死亡事件が発端で，連邦議会とGAOによる調査の結果，カリフォルニア州においては1370か所のナーシングホームの内407か所，つまり3分の1が利用者の生命を脅かすケアの問題を抱えていることが明らかとなった[10]。

アメリカにおいては州によって直接処遇職員の配置基準が異なり，カリフォルニア州は特に低い点が，カリフォルニア州オンブズマンコーディネイターから指摘されている。

(3) 児童・高齢・障害それぞれの固有のニーズをどのように評価基準に反映するのか

これに関しては，障害児・者については『障害児・者施設サービス評価基準検討委員会』が独自の『サービス評価基準（案）』等を出してきており，全体的コンセプトと各分野の固有性との関係が問われている。その意味でもサービス利用者の一般的な権利性を明確にした全体的コンセプトが

求められている。その点ではアメリカ，カナダのサービスの質に関する評価システムは，行政や民間システムを問わず，サービス利用者の権利性を極めて明確に打ち出しており，学ぶべき点が多い。

(4) どのような機関が，どのようなサーベイヤーのもとで，どのように評価を行うのか

今回は，カナダのブリティッシュコロンビア州における行政システムによる RQAP を取り上げたが，実際には州には行政監査システムが2つある。

一つは許認可局（CCFL）による監査であり，もう一つが実際に措置権限を持つ継続ケア局の RQAP による監査である。

日本においては許認可権を持つ都道府県による行政監査しかなくて，措置権を持つ市町村は何らの監査権を持たない。実際には，サービスをコーディネイト（マネジメント）する機関が，本人の支援計画に基づいてサービスが実際どのように実行されるのかについて，モニターしなければならないし，また苦情等の相談や情報を得やすいはずである。

今後は市町村やその委託を受けた相談支援機関が何らの法的権限に基づいて，モニター機能やチェック機能を果たすことが求められる。その意味でも日本の介護保険上のケアマネジメント機関（居宅介護支援事業者）に何らの法的義務も権限もないことは問題である。

最後に，日本におけるサービスの質の評価機関が，行政監査システムと二重構造になると想定した場合，行政監査システムが，いわば問題のあるサービス機関の監査と指導を徹底して行い，サービスの質の評価機関が質の高いサービス機関を評価し，アドバイスすることによってますますそのレベルを向上させるという役割分担が一定想定できる。

そのためには，行政監査システムの監査と指導がやりやすくなるような，理事会システムを含む社会福祉法人システムそのものの構造的改革が必要不可欠である。また問題のある施設と質の高い施設の間の中間層の施設が，二つのモニタリング制度の狭間で放置されてしまわないような工夫が必要

となる。施設オンブズマンの導入と徹底した情報公開が必要である。

さらにサービスの質の評価機関は「医療機能評価機構」のようなコンシューマーに開かれていない専門家主導の仕組みでは無意味である。評価機関の運営機関や諮問機関に，障害者や高齢者やその家族等のコンシューマー代表の参画を求めるだけでなく，サーベイヤーにも大胆に，一定のトレーニングを受けた当事者を入れるべきである。あるいはアメリカの州の監査システムのように，施設監査に基づく調査報告の委員会に，監査官と施設関係者と共にその施設担当のボランティアオンブズマンが入るといったことが日本でも求められる。

もちろん監査システムや評価機関の調査対象は施設長や職員だけでなく，利用者へのヒアリングもなされるべきである。施設職員や利用者による覆面モニター制度等も考察して入れるべきであろう。その意味でも，ブリティッシュコロンビア州のシステムは参考になるであろう[11]。」

しかし実際には各ステイクホルダー（利害関係者）の思惑もあって，「福祉サービスの質に関する検討会」は，厚生労働省社会・援護局長の私的懇談会として設置された。また，介護保険を扱う老人保健局は，独自の動きを取り，また医療サービス関係者も，まったく異なる評価の仕組みのままといったバラバラの状態であったし，今もそうである。

その上具体的な推進は，国からの補助金も義務化もなく，各都道府県や第三者評価機関に委ねられたために，都道府県や関係団体の理解や実施方法にばらつきが生じ，独自予算を確保した東京都以外は，ほとんど進展が見られなかった。

東京都においては，私が提案した利用者へのヒアリングも，オプションではなく，一定数なされており，ホームページで公開されている。

また国においては，2012（平成24）年度から，「子どもが施設を選ぶ仕組みでない措置制度等であり，また，施設長による親権代行等の規定もあるほか，被虐待児等が増加し，施設運営の質の向上が必要である」ことから，社会的養護関係施設の第三者評価のみが義務化され，第三者評価受審費加算として一定

の費用弁償もなされている。

　ここで，そのサーベイヤー（評価者）が第三者評価を行う際に使用するマニュアルを使って，評価の基準の一端を垣間見ておこう。

　資料1-1は認証を受けた第三者機関において，3年に1度以上評価を義務化された，社会的養護関係施設の内の児童養護施設の第三者評価基準及び評価基準の考え方と評価のポイント，評価の着眼点の全98項目の第1番である。

　その中で，「『子どもの理解』の程度を評価するのは難しいことです。本評価基準では，職員が子どもにかかわる場面に立ち会って，職員が子どもを理解しようとする態度，又は理解に基づいたかかわりを評価することが望まれます」と書かれているが，普段の情況を知らない第三者が，わずかな時間で，それも，知らない人間が立ち会うなどという非日常的な情況で，「本人と支援者の相互エンパワーメント関係」（これについては本書の第3章以下でくわしく展開）を把握し，評価をすることがいかに困難か福祉現場の関係者なら実感できよう。中には，こんな抽象的な評価で，私たちの支援現場の重大さと大変さなどわかりっこない，そんなものは無意味だ，という職員もいよう。

　しかし，そのような考え方が，これまでの施設に対する行政監査やサービス評価を，まさに経営的・外形的・形式的・書式的・ハード面偏重的なものに，終わらせてきたのではあるまいか。

　重要なことは，実際には，外からの第三者評価ではなく，受ける組織がその内部の支援サービスの質の向上のために，その機会をいかに活かすのかにかかっているのだ。

　今回の社会的養護関係施設の第三者評価も，同じ項目での施設内職員の毎年の自己評価と連動することが基本とされている。さらに利用者調査も，小学校4年生以上の全員に無記名記入方式でわかりやすい質問項目が用意されている。

　大切なことは，これを淡々と義務的にこなすのではなくて，すこしでも，「本人と支援者の相互エンパワーメント」に活かすことである。

　評価項目には，「権利擁護」に関する項目もいくつかある。その中の一つを見てみよう（資料1-2）。

資料1-1　第三者評価のマニュアル例1

1-(1) 養育・支援の基本
1-(1)-① 子どもの存在そのものを認め，子どもが表出する感情や言動をしっかり受け止め，子どもを理解している。
【判断基準】
a）子どもの存在そのものを認め，子どもが表出する感情や言動をしっかり受け止め，子どもを理解している。
b）子どもの存在そのものを認め，子どもが表出する感情や言動をしっかり受け止め，子どもを理解しようとしているが，十分ではない。
c）子どもを理解しようしていない。
【評価基準の考え方と評価のポイント】
○施設における養育・支援は，子どもとの信頼関係を基盤に行われなければなりません。そのためにはまず，どんな子どもであっても存在そのもの（ありのままの姿）を受け入れ，子どもが表出する感情や言動をしっかり受け止め，その理由や背景を理解することが大切です。そうすることで子どもは「自分のことがわかってもらえている」という信頼の気持ちが芽生えていきます。
○子ども一人一人が抱える課題は個別的かつ多様であり，解決までに時間がかかるものも少なくありません。職員は心理学的知見や経験によって培われた感性に基づく深い洞察力によって子どもを理解し，受容的・支持的な態度で寄り添い，子どもと共に課題に向き合う姿勢が大切です。
○「子どもの理解」の程度を評価するのは難しいことです。本評価基準では，職員が子どもにかかわる場面に立ち会って，職員が子どもを理解しようとする態度，又は理解に基づいたかかわりを評価することが望まれます。
【評価の着眼点】
□職員は心理学的知見や経験によって培われた感性に基づく深い洞察力によって子どもを理解し，受容的・支持的な態度で寄り添い，子どもと共に課題に向き合っている。
□子どもに問題行動等があった場合，単にその行為を取り上げて叱責するのではなく，背景にある心理的課題の把握に努めている。
□子どもの生育歴を知り，そのときどきで子どもの心に何が起こっていたのかを理解している。
□子どもが表出する感情や言動のみを取り上げるのではなく，被虐待体験や分離体験などに伴う苦痛・いかり，見捨てられ感も含めて，子どもの心に何が起こっているのかを理解している。

　ここでも，とても大切なことが，とても困難な形で求められているように思える。児童養護施設に措置された児童の権利とは，そもそも何なのか。それが，子どもの権利条約における子どもの権利全般であるとすれば，とりわけ子どもの権利条約第12条の本人たちの意見表明権こそが，児童養護施設ではもっとも重要であろう。

第1章 アドボカシーとエンパワーメント

資料1-2　第三者評価のマニュアル例2

> 4-(4) 権利についての説明
> 4-(4)-① 子どもに対し，権利について正しく理解できるよう，わかりやすく説明している。
> 【判断基準】
> a）子どもに対し，権利について正しく理解できるよう，わかりやすく説明している。
> b）子どもに対し，権利について正しく理解できるよう，わかりやすく説明しているが，十分ではない。
> c）子どもに対し，権利について正しく理解できるよう，わかりやすく説明していない。

　その際，職員が子どもたちに，堅苦しい会議の場で，大上段に振りかぶって権利について説明したり話し合ったりしても，何も生まれてはこない。

　本書の第4章2節で述べる，ある知的障害者の施設現場での，利用者の一泊旅行を本人たちが中心となって企画するストーリーとまったく同じことである。

　子どもの苦情申し立ての仕組み等というよりも，その日常の食事内容，入浴のしかた，服装やおしゃれ，放課後や余暇の過ごし方，プライバシーの保護と支援とのかね合い等について，本人たちの個々の思いや意見やアイデアが，普段から自由に言えて，また職員ぬきの子どもだけの自治組織活動を保障して，子どもたち全体の意見表明の自由を保障し，定期的に利用者と職員と運営責任組織との話し合いを持つことから始める他ない。はじめは，お通夜のようかもしれないが，物語の展開は，どんな小さいことでも，本人たちの思いが一つも実現するところから生まれてくるのだ。自分たちとは無関係に一方的に決められた規則を守れと言われて，誰がすこしでもモティベーションが持てるというのであろうか。

各専門職団体のチェック機能（④）

　次に図1-1の「④各専門職団体のチェック機能」について見てみよう。

　ヒューマンサービスにおいては，サービス提供者である専門家は常に利用者に対する虐待等の人権侵害を起こす可能性がある以上，それを専門職内部においてチェックする必要性がある。

　カリフォルニア州の福祉と施設法典第9編公的社会福祉第3部第11章の老人

虐待と，障害者市民援護法第3部虐待に対する職務上の義務を伴う報告と伴わない報告の15630条では，高齢者や障害者に対する医療や介助等のサービスを提供する職員はすべて「確かに虐待があると思われる事態を見たり知った場合，あるいは確かに虐待を疑わせる事態を知った場合」には，ただちに当該機関に電話報告すると共に，2日以内に報告書を提供する職務上の責任を負っている。

そして，この職務上の義務を怠れば，6か月以内の実刑もしくは1000ドル以下の罰金，そしてこの義務を故意にサボタージュすれば1年以内の実刑もしくは5000ドル以下の罰金が課されることになっている。

わが国においては，「高齢者虐待防止法」「障害者虐待防止法」によって，支援サービスを提供する職員に通報義務が課せられたが，その義務違反として，罰金刑や実刑が課されてまではいない。

実はここで述べるのは，そのような法的規定の問題ではない。ここで述べたいのは，たとえば専門職団体としての日本医師会や日本看護協会や日本社会福祉士会自体のチェック機能のことだ。故・岡嶋道夫によれば，任意加盟の日本医師会は，倫理綱領はあるが，なんら拘束力もない団体であり，ドイツ等の職能団体としての医療職法に基づく医師職業裁判所（医師を主とした参審制）等の拘束力と比べて，自律性・自治性・自浄性に欠けるという。つまりは，日本医師会を追放されても，医師免許は停止・はく奪されず，医道審議会で停止・はく奪は決定される(12)。

一般的には，医道審議会は医師等に対するチェック機関として設置されているが，実際にはその役割をあまり果たしてはおらず，問題行為を繰り返す医師等に甘く，本来なら行うべき免許はく奪の措置を行うことが非常にまれであり，それによって医師等による悪徳行為を事実上助長し，結果として被害者を増やしている，と思われている。

しかし，そもそもこの医道審査会は，厚生労働省管轄の審議会であり，その委員は厚生労働大臣が任命しているのだ。これでは，専門職団体としてのチェック機能など働くはずがない。

わが国の医師たちは，日本医師連盟や各政党への献金等で政治にコミットメ

ントせんとしているが，自らの医師免許の資格云々について，担当省庁に首根っこを押さえられていては，サービス利用者の権利擁護だけでなく，自分たちの医師仲間の権利擁護と問題医師の処分が本当に実行でき，「患者本人と支援医師との相互エンパワーメント」が展開できるとは思えない。

　さらに，医道審査会には分科会があって，医師分科会・歯科医師分科会だけでなく，保健師助産師看護師分科会，理学療法士・作業療法士分科会まであるのだから，それらの専門職団体は，厚生労働省と医師会の二重のヒエラルキーの下に置かれており，その自律性，自治性，自浄性を担保するのは不可能であろう。

　しかしそれは，日本社会福祉士会，日本精神保健福祉士会，日本介護福祉士会等も，それぞれ微妙な相違はあっても，同じ穴のムジナである。

　私は，調査の関係で，アメリカ等の専門職のホームページを見る機会がある。その時思うのは，政治・政策に対するコミットメントのしかたと，仲間の専門性や専門倫理を守るために，時には組織を挙げて，仲間の専門倫理を守るがゆえの不当解雇等の裁判闘争等を支援するその姿勢の明確さである。

　たとえば，アメリカ看護協会（American Nurses Association）や，全米 SW 協会（National Association of Social Workers）のホームページを見れば，今国会で自分たちに少しでも関係しそうな法案について，賛成・反対・審査中がすべてその理由とともに示されており，時には係争中の裁判闘争の中間報告等も書かれている。2 大政党制で，どちらが政権を取るかで，その予算や活動領域が変わりうる政治情況や，裁判での決着が今後他の職場での労働条件に大きな影響を持つといった社会的コンテクスト（文脈）の違いが大きいことは確かである。

　しかし，それ以上に，自分たちの資格要件や資格試験の内容や，資格取得のためのカリキュラムまで，担当省庁に首根っこを押さえられていては，ステイクホルダー（利害関係者）としての自立ができず，常に，担当省庁とヒエラルキー上位団体の顔色を覗わざるを得ないのが，わが国の現状である。

市民後見支援活動（⑤）

次に図1-1の「⑤市民後見支援活動」について見ておこう。

私たちの社会は，消費者である個人・家族と，生産・サービス単位である事業者に分離され，事業者の持つ圧倒的な情報の格差と（時には違法な）勧誘を含む情報操作のなかで，様々な選択と契約責任が，個人・家族に押しつけられている。

その社会には，様々な理解・判断能力を有する市民が，様々な家族形態や，時には社会的孤立・無縁の状態で生活しており，とりわけ高齢化の進行と核家族化・単身世帯化の進行は，その問題を深刻化させている。

それでも，地縁・血縁や因習等に縛られることなく自由に，しかもきわめて広い範囲での選択が可能になった高度経済成長期以降の現代社会のメリットは，誰も否定することはできない。

すでに見たように，権利擁護は，弁護士や社会福祉士等の専門職と，地域住民や当事者等の一般市民が主に担っている。専門職の不足と，とりわけ権利擁護ニーズを持つ人々のこのような増加の進行は，後者の役割を一層増大させていると言える。

この一般市民による権利擁護活動は，先に見たように主に「市民・当事者オンブズパーソン活動」と「市民後見支援活動」に分けられる。

先に述べた権利擁護ニーズを持つ人々の増加の進行に伴い，親族や法律・福祉専門職による後見人のみならず，一般の市民が後見人に選任される必要性も増えてきている。このような家庭裁判所から成年後見人等として選任された一般の市民による後見人を，「市民後見人」と呼ぶ。

言うまでもないが，「市民・当事者オンブズパーソン活動」が，それぞれの訪問する施設の法律根拠や社会的役割，さらに入居者のもつ法的権利や個別支援計画等について，一定の知識と見識を要するように，「市民後見人活動」もまた，「法的権限を行使するにあたり，大きな法的責任を伴う」ことについて十分に留意する必要がある。

市民後見人活動は，決して安上がりな後見活動の提供にあるのではない。親

族ではできない第三者としての視点や，専門職にはない地域生活者としての市民感覚・生活者目線に基づくきめ細やかな支援を行い，地域生活主体としての本人らしい生き方を支え，またそのことによって，同じ地域の市民として自分らしい生き方を共に切り開き，それぞれのそれまでの人生で培った価値や役割や経験が響き合うような市民後見活動であれば，それを「本人と市民の相互エンパワーメント関係」と呼べるであろう。

権利形成・獲得（⑥）

ここでは，再度「②専門家による権利救済・支援」（権利救済型アドボカシー）に戻って，「⑥権利形成・獲得」との比較の中で権利擁護（アドボカシー）の戦略が二分されることを理解しておきたい。

権利救済型アドボカシーとは「その権利を規定する法が存在し，その法の現在の運用や解釈等を活用することによって，その権利を一定擁護することが可能である場合に行うアドボカシー活動」を言い，アメリカではパーソナル（ケース）・アドボカシーと呼ばれている。

これは，たとえば自立生活を目指す障害者Aさんが，親との生活を離れて，アパート暮らしを始めようとする時，必要な生活費や住宅の敷金，そして介助の費用を捻出するために，まずは生活保護を申請しようとして，福祉事務所の窓口で申請を認められなかった時などに活用されるアドボカシーである。

生活保護は最低限度の健康で文化的な生活を保障する国民の権利である。権利ではあるが，そこには一定の受給資格要件が存在する。この資格要件の中でも，たとえば親族扶養優先の原則については異なる解釈が成り立ちうる。

つまり資格要件をミニマムに解釈することによって，利用者の最大限の権利性をめざすエンタイトルメント（権利資格取得）主導の方向性と，資格要件をきわめて厳格に解釈することによって適格性を押さえ込もうとする，法的エリジビリティー（適格性）主義の方向性が存在する。この2つの考え方は，世界各国においても政治と経済の動向と一定連動しながら，それぞれのスタンスをとって表れている。

そのように法の解釈に基づく行政の側からの一定の裁量性が存在するとはいえ，権利救済型アドボカシーにとっては次のことがまずは重要である。
　それはＡさんが生活しようとしている地域の福祉事務所において，他の自立生活をする障害者に対してどのような行政処分がなされているかである。その地域の福祉事務所管内で，親元を離れて生活保護を受給して自立生活をしている障害者がいるとすれば，その前例に基づいて権利救済アドボカシーは展開されることになる。また前例がなければよく似た情況や地域性等をふまえて，前例を作るために戦略的支援が行われることになる。
　その基本は，図1-2にもあるように，
・本人の行政や関係者との交渉への支援
・本人の不服申し立てや救済申し立てへの支援
・本人の裁判活用への支援
・本人の権利性に対する啓発と支援
・本人への権利侵害を未然に防止するための関係者へのアドバイスと啓発
といった幅広いプログラムを含んでいる。
　とりわけアドボカシーの定義にもあるように，日本では「侵害されている，あるいは脅かされている自らの権利性を明確にすることを支援すること」が大切であり，上の3点だけでなく下の2点が重要な位置を占めている。
　一方権利形成・獲得型アドボカシーとは，「その権利を規定する法が未整備あるいは不十分で，現行法及びその現在の運用や解釈では権利を擁護することが困難な場合に行うアドボカシー活動」を言い，アメリカではシステム（クラス）・アドボカシーと呼ばれている。図1-2において法的対抗手段・救済方法のある場合の人権侵害に対する権利救済型アドボカシーに対して，それがない場合の人権侵害に対する権利形成・獲得型アドボカシーがこれにあたる。
　ここでは文字通り社会運動的展開がなされるわけであり，下記のような多彩な戦略活動を含んでいる。
・行政交渉
・法制度政策の提起とロビー活動

第1章　アドボカシーとエンパワーメント

図1-2　障害者の生活上の諸問題と人権侵害と差別及びアドボカシー（権利擁護）の関連図

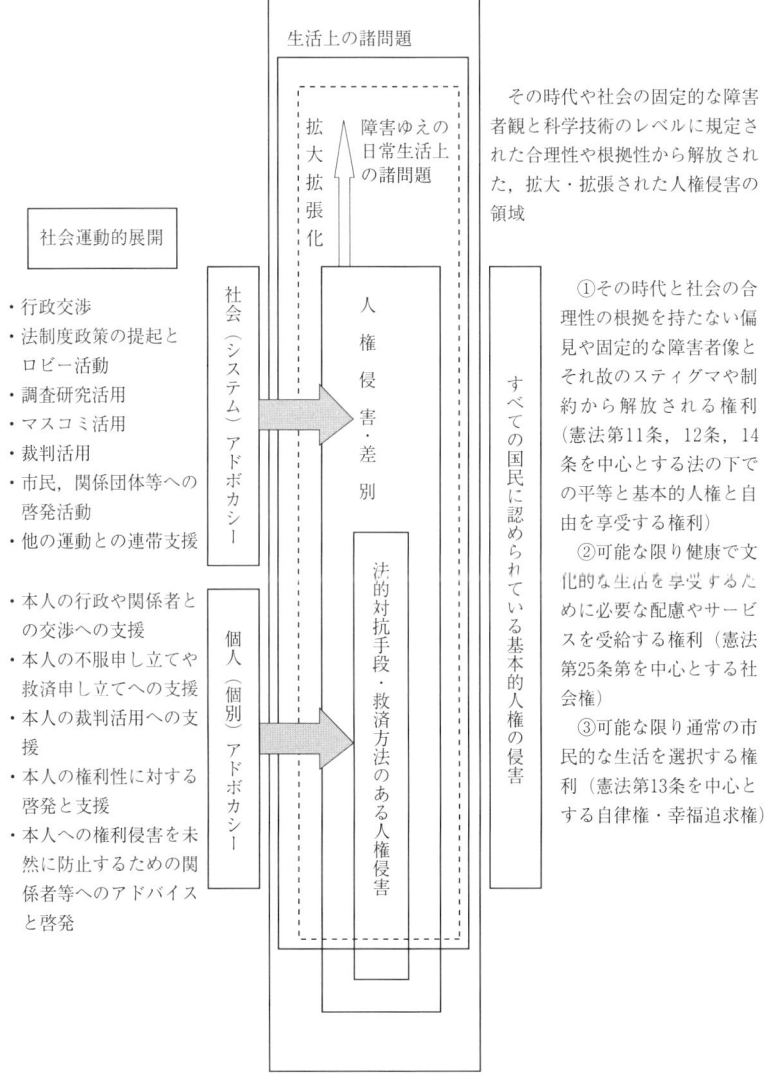

生活上の諸問題

拡大拡張化 ← 障害ゆえの日常生活上の諸問題

その時代や社会の固定的な障害者観と科学技術のレベルに規定された合理性や根拠性から解放された，拡大・拡張された人権侵害の領域

社会運動的展開
・行政交渉
・法制度政策の提起とロビー活動
・調査研究活用
・マスコミ活用
・裁判活用
・市民，関係団体等への啓発活動
・他の運動との連帯支援

社会（システム）アドボカシー → 人権侵害・差別

・本人の行政や関係者との交渉への支援
・本人の不服申し立てや救済申し立てへの支援
・本人の裁判活用への支援
・本人の権利性に対する啓発と支援
・本人への権利侵害を未然に防止するための関係者等へのアドバイスと啓発

個人（個別）アドボカシー → 法的対抗手段・救済方法のある人権侵害

すべての国民に認められている基本的人権の侵害

①その時代と社会の合理性の根拠を持たない偏見や固定的な障害者像とそれ故のスティグマや制約から解放される権利（憲法第11条，12条，14条を中心とする法の下での平等と基本的人権と自由を享受する権利）

②可能な限り健康で文化的な生活を享受するために必要な配慮やサービスを受給する権利（憲法第25条第を中心とする社会権）

③可能な限り通常の市民的な生活を選択する権利（憲法第13条を中心とする自律権・幸福追求権）

出所：筆者作成。

- 調査研究活用
- マスコミ活用
- 裁判活用
- 市民,関係団体等への啓発活動
- 他の運動との連帯支援

さて,これで,一応のウォーミングアップは,終了した。いよいよ,次の第2章から,わが国の高齢者と障害者の制度・政策と,それをふまえた支援サービスの実態と展望について検討することになる。

注
(1) Gardner, N. *The Self-Advocacy Workbook*, University of Kansas, 1980, p. 9.
(2) 臼井俊子監訳「本人活動についての学習書」東京都心身障害者福祉センター, 1996年, 9頁。
(3) Bateman, N. *Advocacy Skills*, Arena, 1995, pp. 91-92.
(4) なお,筆者は,カリフォルニア州の長期ケアオンブズマンの活動について,同行訪問を含めて調査したことがある。その際調査したその養成研修や実地研修の内容と,実際の諸活動についての詳細は,「虐待等の人権侵害に対する権利擁護システム——成人援護サービス (APS) と長期ケアオンブズマン (LTCO)」『ノーマライゼーション』1999年6月, 55-59頁の拙稿を参照されたい。
(5) Ziminski, *Elder Abuse & Neglect in California LHC Facility*, On the Edge, 2011.
(6) *Theft and Loss in Long Term Care Facilities: A Legal Advocacy Manual*, CALC, 1989 及び *A Manual for Advocates of Residents*, CALC, 1989.
(7) 同前書。
(8) Study of Private Accreditation (Deeming) of Nursing Homes, *Regulatory Incentives and Non-Regulatory Initiatives, and Effectiveness of the Survey and Certification System* Health Care Financing Administration, 1998.
(9) *Nursing Homes: Additional Steps Needs to Strengthen Enforcement of Federal Quality Standards*, GAO 1999; *Nursing Homes: Complaint Investigation Processes Often Inadequate to Protect Residents*, GAO, 1999 等.
(10) *California Nursing Homes: Care Problems Persist Despite Federal and State Oversight*, GAO, 1998.

⑾　「カナダ・BC 州における福祉サービスの質保障プログラム［RQAP］」『月刊ノーマライゼーション』2000年1月, 69-71頁。
⑿　岡嶋道夫のホームページより, 資料ナンバー429「ドイツにおける審判制度と医療倫理」2008年（2010年一部訂正）(http://www.hi-ho.ne.jp/okajimamic/)（2014年9月20日閲覧）。

第2章

地域包括ケアシステムと支援

　本章では，介護保険制度の改革においてクローズアップされてきた「地域包括ケアシステム」登場の社会的・制度政策的背景とそのはらむ諸問題について考察する。

1 言葉の定義（諸概念の整理）

ステイクホルダー（利害関係者）とは

　ではここで，まずは，わが国の障害者や高齢者の「ケア」における，主なステイクホルダー（利害関係者）を分類して紹介しておこう（表2-1）。

　これ以外にも，わが国の制度・政策決定に大きな影響を与える可能性のあるステイクホルダーがあるかも知れないが（たとえば，TPP における諸外国の政治家（政党）や省庁や利権団体等），それらは，私の分析能力を超えている。

表2-1　わが国の障害者・高齢者「ケア」におけるステイクホルダーとは

A．サービス利用者 　A-ⅰ本人（団体）　A-ⅱ家族（団体）　A-ⅲ後見人（団体）等
B．サービス提供者 　B-ⅰ医療提供者（団体）【ⅰ-①日本医師会　ⅰ-②日本精神科病院協会……】　B-ⅱ福祉関係者（団体）　B-ⅲ企業関係者（団体）【民間保険・各種宅建・薬品・医療機器（国内・国外）メーカー等を含む】　B-ⅳ労働組合（ⅳ-①連合　ⅳ-②自治労……）　B-ⅴ各種専門職・職能団体
C．国民（税・社会保険負担者） 　C-ⅰ税負担者　C-ⅱ社会保険負担者（企業を含む）　C-ⅲ政治家（政党）　C-ⅳ省庁官僚・地方分権担当者　C-ⅴマスメディア　C-ⅵ各種市民（運動）団体

ここで，このような3者（Aサービス利用者，Bサービス提供者，C国民）のステイクホルダー関係を想定して論ずるのは，はじめから一定の前提（イデオロギー）や，情報提供省庁というステイクホルダーへの無批判的な受け売りや，立派なサービス提供者やがんばる健気な障害者等を前提に論ずるこれまでのわが国の論説にたいして，私はややナイーヴにすぎはしないか，と思うからである。

　たとえば，言うまでもなく医療関係者は，障害者や高齢者の「ケア」における様々な利害関係者（ステイクホルダー）の内の，最も根拠性を主張するケア提供側の有力なステイクホルダーであり，障害者や病人の支援を生業とする人たちの一員である。サービス提供者としての医療を，地域包括ケアシステムにおいて，どう活かしどうコントロールするのかは，Aのサービス利用者の権利性の問題であると共に，他のサービス提供者ステイクホルダー間の利害調整の問題としてある。

　たとえば，私の母の場合でも，介護保険での要介護認定によって決められた上限までしかサービスが利用できないために，ホームヘルプとデイサービスの兼ね合いや，福祉系のサービス利用を抑えて，単価のやや高い訪問看護や訪問リハビリテーションをどの程度活用するのかを考える必要があった。また医療保険ではどこまで在宅診療や訪問リハビリテーションが可能なのか，歯科衛生士による居宅療養管理指導をどうするのかといったことを考えることは，在宅生活に欠かせない。しかしこれらのそれぞれの制度における医療と福祉の諸サービスの使い勝手の良しあしといったことは，すべて，各サービス提供ステイクホルダー（B）と厚生労働省等との各種の駆け引きに基づいて制度設計される。

　ここで忘れてならないのは，生活保障切詰派の政治・政党や財務省やそれに乗ったマスメディア等ステイクホルダー（C）が，予算の抑制・切詰めの方向で全面的にしゃしゃり出てくる前に，サービス利用者であるステイクホルダー（A）の意向が，まずは問われてしかるべきだという点である。

　これまで，わが国に福祉制度・政策の一般的な流れとして，依存的な弱者と

しての障害者・高齢者に対する恩恵的・保護的な傾向と，支援者や関係者が物事を決定する傾向があったことは否めない。

　そのような，わが国に染みついた障害者理解と制度・政策をこえて，1981年の国際障害者年から2006年の障害者権利条約にいたる四半世紀は，"Nothing about us, without us !"（私たち抜きに私たちのことを決めるな！）を合言葉に，当事者本人の思いを，いかに制度・政策に反映させてゆくのかの道程であったとも言える。

　ただし，ここでも，そもそも本人の声とは何なのか，それはどこでどのように決まるのかを抜きに，一般論で片づけるわけにはゆかない。

サービスと支援のちがい

　次に，サービスと支援とケアと介護と介助といった，これからよく出てくる言葉を若干整理しておこう。

　「サービス」は，基本的にニュートラルな言葉として，ここでは使われている。「サービス」という言葉は，ビジネスライクなニュアンスがあるので問題という人もいる。はっきり言って，医療，福祉，教育といったヒューマンサービスは，それで関係者が食べている限りでビジネスである。ただしこの「ビジネス」という言葉も，辞書（『デジタル大辞泉』2015年1月閲覧）では，「1 仕事。職業。また，事業。商売。［サイド―］　2 個人的な感情を交えずに利益の追求のみを目的として進める仕事。［―に徹する］」とあるので，たしかに営利目的のイメージがつきまとう。個人的にいえば，利用者本人のエンパワーメントを支援しているビジネスモデルは，「顧客様，患者様のため」にといった援助モデルを振りかざす医療，福祉，教育関係者よりベターである，と言いたいところだが，真に本人のエンパワーメントを理解・支援している営利関係者には，お目にかかったことがない（私の交友関係の狭さもあろうが）。それよりも，障害者・高齢者のサービスで食べているのに，先生・センセイと言われて（言わせて），本人のエンパワーメントを阻害しているヒューマンサービスの関係者のほうが御しがたいと，本人のエンパワーメントを支援している関係

者なら言うに違いない。

　このように，「サービス」や「プログラム」は，それ自体の意味・目的を持ちうるが，それを実施する主体が，それを使う意図・動機等に対して，それ自体はニュートラル（価値自由）と，ここでは定義する。

　一方，「支援」や「援助」は，する側の意識や意図が予期された表現である。「支援」は，ここでは一応，「本人の意思決定を促したり，容易にするための働きかけを含む，本人の希望や意思をふまえた，本人のエンパワーメントに対する働きかけ」と定義する。つまり，エンパワーメント指向的に押さえる。ただし，どのような支援の展開が真に本人のエンパワーメントに資するものかは，後に「本人と支援者の相互エンパワーメント」のところで考察する。また「援助」は，する側の意識や意図が，「支援」ほどには本人の希望や意思をふまえたエンパワーメント指向的ではないサービスのあり方と，ここでは定義しておく。

ケアとは何か

　今度は，ケアと介護と介助等の定義である。「ケア」の定義は，大変である。ケアに関係する本を10冊読めば，間違いなく10以上の定義にお目にかかる。

　たとえば，ケアに関して2冊は書いている広井良典の定義らしいものを見ると，『ケア学』（2000年）では，「このように，『ケア』という言葉の意味はその使われる場面に応じてさまざまなものがある。そして，本書の基本的なスタンスとしては，『ケア』という言葉の意味を最初から狭いものに限定してしまうのではなく，できりかぎり『ケア』ということばあるいはコンセプトのもつ広がりや奥行きを広い視点でとらえてゆく，という姿勢をとりたいと思う[1]」としている。

　確かにケアという言葉が，あちこちに氾濫しているのはそのとおりであろう。問題は今なぜにこれほどまでに，医療や福祉やその他の支援者や関係者が自分たちのしていることを，わざわざケアと呼びたがるのか？　である。ヘルスケア，医療的ケア，ナーシングケア，ケアマネジメント，ケアプラン，高齢者ケ

ア，在宅ケア，ターミナルケア，口腔ケア，スキンケア等挙げればきりがない。

それについてジョン・マクナイトはこう切り込んでいる。「ケアは，愛を表現する言葉である。(中略) こうしてサービスはケアに通じ，ケアは愛に通じる。(中略) 愛は政治・政策的な争点でない以上，ケアも政策問題ではない。こうしてサービスは，一切制限されることなく，疑問を挟む余地もない。非政治的な"善"を代表するビジネスとなる。(中略) サービスが主要ビジネスとなっているような近代化された社会での核心的な"ニーズ"とは，専門的サービス担当者のために適切な収入と，彼らが予見する経済成長とである，というのが政治的現実である。愛とケアの仮面が，こうした現実をぼかしてしまうために，市民には専門化された利害がサービス経済を正当化するためにニーズを作りだしている，という事実を見分けられない。(中略) このような枠組みの中では，サービス利用者は，何かを必要としている人というよりも，必要とされている人なのである」[2]。

イリイチ派[3]として，やや過激な表現ではあるが，それは，かつてガルブレイスが説いた，生産者側の宣伝によって消費者の本来意識されない欲望がかき立てられるとする依存効果 (dependence effect) 説[4]の一つのバリエーションとも言えるし，的を射た側面を有している。マクナイトはアメリカにおける政治状況から迫っているが，わが国においては，このケアという言葉のあいまいさのゆえに，医療，看護，保健，リハビリテーション，口腔衛生，医療的介助，介護，家事援助，見守り，相談支援，権利擁護等がそこに組み込まれてしまい，しまいには，ドラえもんのなんでもポケットのごとくに，介護保険では，住宅改造，今回の地域包括ケアでは，住まい・住宅そのものまでもがケアとして登場することを可能にしている。

介護と介助のちがい

今度は，介護と介助である。介護保険の英訳が Long-Term Care Insurance なのだから，介護は（長期）ケアのことではないかなどと言ってしまえば，身も蓋もなくなる。介護の定義はここでは行わない。地域包括ケアシステムの最

大の問題の一つとして，また本章4節の中心的なテーマとしてクローズアップされてくるからである。

　ただし，障害者支援の関係者は，介護ではなく，介助という言葉を使う人が多い。かくいう私もその一人であって，母の介護ではなく，母の介助と書いた。

　ここでは介助という言葉は，支援という言葉とリンクしている。「障害があるために，通常は自分ですることを，本人の希望や意思をふまえて，他者が支援すること」をそれは意味する。一見簡単な定義のようにみえるが，奥は深い。ここでは，あえて乳幼児に対する育児・養育は切り離した定義を行っている。

　ちなみに，介助者について，私は，小山内美智子の『あなたは私の手になれますか』(1997年)の表現が気に入っている。

　「介助者たちに対して『いつも迷いをもってケアをしてください』と言いたい。人間は『これでいいのだ』と迷いがなくなった時，血の通わないロボットのような冷たい手になってしまうのだと思う。私が初めてケアする人に言っていることは，『自分のお尻だと思って拭いてください。他人のお尻だと思ってはだめ』ということである。」(5)

　「病院の患者はすべて一時的な障害者である。治るという希望をもっている人は，"今だけ我慢すれば"と心の中で唱えているのであろう。私たちは，"一生我慢"と唱えていなければいけないのか。我慢は美徳ではない。考えたことを言葉にして医師や看護婦に訴えることこそ美徳であり，周りの患者さんに勇気をあげられる。」(6)

　「一日中部屋に閉じこもって泣きわめいていたい時もある。しかし，のどが渇く，おなかがすく，トイレに行きたくなる（中略）。誰かの手がなくては生きていけない。（中略）そんな狭い空間にいて夜，空気のような存在になり，やけ酒をコップに入れて渡してくれた女性がいる。私が独りごとを言い泣いているとそっとドアを閉め，彼女は好きな本を読んでいる。『何かあったら呼んでね』と言い，さりげなく消える。そんな時，彼女の優しさを感じ，この人こそケアのプロかもしれないと思った。」(7)

　ケアという言葉は別にして，介助論は，ここから始まる。

ケアの包括的な定義として，たとえば，上野千鶴子は，ILO 刊行の *Care Work* の執筆者たちが用いている「ケア」の定義を採用している[8]。「依存的な存在である成人または子どもの身体的かつ情緒的な要求を，それが担われ，遂行される規範的・経済的・社会的枠組みのもとにおいて，満たすことに関わる行為と関係」。

あるいは，エヴァ・フェダー・キテイ（Kittay, E. F.）の『愛の労働あるいは依存とケアの正義論』（白澤社，2010年）のケアの原理は，ケアラー（ケアする人）に対するケアの原理としてのドーリアの原理をも含めて以下のように述べている。

「ケアの原理とドーリアの原理は，依存関係を支援するために，社会的資源を活用することを正当なこととするためのアプローチを指し示している。ケアの原理とは，元気に成長し生き延びていくために，もしくは病気や障害，体の衰えという苦難に耐えるために，あらゆる個人は，自分の福祉の第一次的な責任を負いその福祉を自らの基本的な善ととらえるような重要な他者によるケア関係を必要としているということであり，ドーリアの原理とは，自分が生きてゆくためにケアを必要としたように，ケアを行う人も含めたすべての他者にも，ちゃんと生きてゆくことを可能にするだけのケアを提供する必要があるということを意味している[9]。」

ILO やキテイのケアの定義は，乳幼児を含めて受け手の依存関係をベースに定義している。これらの定義が内包する問題は，次のような場面で明らかになる。それは障害児が成人した時に，一般的に親の介助が本人にとっても親にとっても望ましくないのは，いつまでも子ども扱いすることで，本人と親相互の自立とエンパワーメントの展開を阻害するためである（そのことについては，後に，キテイと娘セーシャの物語と，渡辺一史による鹿野靖明の物語，そして藤井規之とその両親の物語で詳しく見てみよう）。

そのこともあって，介助は，基本的に「障害があるために，通常は自分ですることを，本人の希望や意思をふまえて，他者が支援すること」とし，育児・療育は含まないと，ここでは定義する。

この定義は，親が成人した子を介助することを否定しているのではない。家族による障害者や高齢者の介助は，歴史的にも，原理的にも，必然でもなければ，当為でもない。近代の医療・衛生・栄養の3拍子がそろった地域で，所得や健康等が一定確保された状況で，特定の家族構成員に強引に想定されうる期待値であって，そういう状況下にはない家族構成員にそれを求めることは，相互の自立とエンパワーメントを困難にしてしまう。
　では，言葉の整理はこのあたりでとどめて，地域包括ケアシステムについて，分析を始めよう。

2 3つの報告書から見る介護保険と地域包括ケアシステムの関係

地域包括ケアシステムの登場の4つの背景・要因の分類

　私は，1991年のアメリカからの帰国後，障害者の地域自立生活運動を支援しながら，わが国が，障害者・高齢者の介助保障制度をどのように制度設計するのかを，ずっと見守り続けてきた。実を言えば，アメリカの各州バラバラの障害者・高齢者の介助保障制度は，私たちが過ごしたカリフォルニア州のIHSS（在宅支援サービス）が，それでもましな方だったので調査したが，全体としては惨憺たるもので，その反面教師から教えられたことも大きかった。
　周知のように，2000年に介護保険制度が始まり，何度かの見直しを経て，2015年度からの介護保険事業計画は，地域包括ケア計画のスタート年として位置づけられた。
　2000年代の各種の基礎構造改革を経て，社会保障と税の一体改革の一環として地域包括ケアシステムが謳われた。それに対する期待や関心も高い。市町村によっては，地域包括ケアシステムの理念を，地域福祉計画や障害福祉計画にも拡張するところも見受けられる。この地域包括ケアシステムの登場には，様々な社会的背景や制度・政策的要因が考えられるが，それらは，大きく次の4つに分類できる。
　これから私たちは，国の様々な法律や制度・政策やそれに関する報告書等を

検討することになるわけだが，どのような内容のものであっても，まずはこの4つの分類から始めるのが，わかりやすい。

① 障害者や高齢者の生きる場・死に場としての地域・在宅の選択・指向〔＝基本的理念・方向性〕

これは，その法律や制度・政策のめざすべき基本的理念や方向性である。各種の調査や報告書，障害者や高齢者自身，そして現場で障害者や高齢者の支援を行っている関係者の実感として，障害者や高齢者の生きる場・死に場としての地域・在宅の選択・指向がその基調としてあり，それに関する法律や制度・政策やヒューマンサービスは，それをめざすべきであることは間違いない。

ここで間違ってはいけないのは，地域・在宅指向は，決して家族介助指向ではない。家族介助は，あくまで双方の選択とそれを取り巻く社会的支援等の諸情況の結果であって，選択なき押しつけであっては，よい関係は生まれようがない。また，これから大人として生きてゆく成人障害者と，一定人生を生きてきた高齢障害者では，社会的支援と家族支援のあり方は異なる。前者においては，社会的支援が基本であり，後者においては，社会的支援と家族支援の割合についての選択肢があってもよい。

また，この理念は地域・在宅の強制ではなく，本人の希望・選択に資するということであり，本人の意向や家族情況によっては，施設や病院という選択肢もありうる。

② 後期高齢者の増加や障害者の重度化・高齢化〔＝社会的背景〕

これは，その制度・政策的課題の社会的背景や緊急・緊迫性である。

後期高齢者の増加や障害者の重度化・高齢化は，各種調査や報告書で見るとおりである。

私も，2013年の日本グループホーム学会による全国グループホーム実態調査を手伝わせていただいて認識したのだが，障害者のグループホーム入居者の内19.8％が60歳以上であり，その内8割の利用者が，通院介助や医療的ケアやその他の介助のが必要であり，その必要性が増加している。医療や福祉の現場では，そのことがひしひしと実感されているに違いない。つまりは，一定の制

度・政策の展開が求められていることは確かである。

　③　報告書の事業名「持続可能な介護保険制度及び地域包括ケアシステムのあり方」が端的に示すように，財政上及び制度設計上の問題をふまえた介護保険や医療保険制度等の維持・補填〔＝財政・制度問題〕

　これは，その法律や制度・政策の背景にある財政的及び各種利害関係者（以下，ステイクホルダー）の利害問題である。

　今回の地域包括ケアシステムに関する報告書の事業名が，「持続可能な介護保険制度及び地域包括ケアシステムのあり方」であり，「持続可能な介護保険制度」を重点課題として認識しているのは，あくまで厚生労働省（以下，厚労省）であって，多くの障害者団体というステイクホルダーにとっては，そうではないかもしれない。もっと言えば，「その中身が問題であって，持続自体が問題ではない」というかもしれない。

　誤解があってはいけないが，介護保険制度は，私も母の看護や介助で活用し，この制度のもつメリットはわかっているつもりである。制度を持続させることが目的ではなく，①の理念をどうつなげて政策展開を図るのかを，厚労省等が真剣に検討していることも，重々に承知している。

　ここで重要なことは，様々なステイクホルダーの意向や戦略である。国の省庁というステイクホルダーの意向が前面に出やすい省庁の報告書を分析するに当たっては，他のステイクホルダーの意向等を勘案しながら分析する必要がある。

　④　上記の①②③に必然的に伴う，医療及び医療的ケアと各種の福祉的サービス等の連携（包括システム化）の必要性の増大〔＝実行政策・実行課題〕

　これは，①の理念・方向性，②の社会的背景，③の財政・各種利害をふまえた，リアリティーのある現状分析に基づく，当面可能な実行政策・実行課題の提起である。

　ここで必然的に伴うのは，医療及び医療的ケアと各種の福祉的サービス等の単なる増大ではなく，それらの連携（包括システム化）の必要性の増大である。

当然，ここでは，②の社会的背景に基づいて，③の財政状況と各ステイクホルダーの利害・利益情況の動向の中で，いかに①の理念や方向性をふまえた④の実行政策・実行課題が提起できたかが重要である。つまりは，単なるBの特定のサービス提供側のステイクホルダーの利益になるようなサービス量の増大ではなく，とりわけAの各種サービスを利用する側のステイクホルダーの利益につながるような制度・政策設計がなされなければならない。

わが国の介護制度の制度設計は，まさにCの厚労省を中心とした一大プロジェクトであって，きわめて組織的・計画的に展開された。

1994年の「高齢者介護・自立支援システム研究会報告」では，介護保険の方向性が，2003年の「高齢者介護研究会報告書——2015年の高齢者介護」では，認知症を含む在宅ケアの方向性が，2013年の「地域包括ケア研究会報告書」では，今回主に取り上げる地域包括ケアシステムの方向性が，それぞれ明らかにされた。

まずは，それぞれの研究会報告書の制度・政策化に向けた理念等を見てみよう。

1994年の「高齢者介護・自立支援システム研究会報告」

同報告第2章の「新介護システムの基本理念——高齢者の自立支援」から一部引用してみよう。

「今後の高齢者介護の基本理念は，高齢者が自らの意思に基づき，自立した質の高い生活を送ることができるように支援すること，つまり『高齢者の自立支援』である。

従来の高齢者介護は，どちらかと言えば，高齢者の身体を清潔に保ち，食事や入浴等の面倒をみるといった『お世話』の面にとどまりがちであった。今後は，重度の障害を有する高齢者であっても，例えば，車椅子で外出し，好きな買い物ができ，友人に会い，地域社会の一員として様々な活動に参加するなど，自分の生活を楽しむことができるような，自立した生活の実現を積極的に支援することが，介護の基本理念として置かれるべき

である。

　したがって，新介護システムは，こうした基本理念を踏まえ，1. 予防とリハビリテーションの重視，2. 高齢者自身による選択，3. 在宅ケアの推進，4. 利用者本位のサービス提供，5. 社会連帯による支え合い，6. 介護基盤の整備，7. 重層的で効率的なシステム，を基本的な考え方とすることが求められる。」

いま読み返しても，実に見事なものである。換骨奪胎ならぬ羊頭狗肉といったところか。初めから意図的に大風呂敷を広げたのは，ただただ政策関係者自身を鼓舞するためなのか，あるいはステイクホルダーＡ（サービス利用者）のとりわけうるさ型の自立生活運動を黙らせようとしたのか，それとも介助の必要な障害者をも介護保険に取り込む算段があったのか。

その後の展開をみると，この報告等をうけて，1996年の介護保険最終答申では，その「基本的な考え方」として，以下のような文章が登場する。

（前略）１（２）病院への社会的入院等による老人医療費の増嵩による医療保険費拠出金負担の限界，さらに新ゴールドプランは，財政の負担に耐えきれない問題（中略）

２（１）これまでの福祉及び医療制度が，別々にサービスを提供していることによる問題（中略）

２（３）統一的な制度が存在していないために，全体として非効率であること（中略）。

これを本節の最初に解説した地域包括ケアシステム登場の４つの分類の①「基本的な理念」のすり替え，と言ってはいけないのであろう。これはあくまで４つの分類では③にあたる，制度設計上の財政的・制度的背景となる「基本的な考え方」にすぎないのだから。

読者にはわかりにくいと思われるが，わかりにくい言葉を使用しているのは私ではなく，報告書自体である。報告書が，「基本的な理念」と「基本的な考え方」という根本的に異なる次元の問題を，同じような言葉を使って巧みに使い分け，その内読者もそのすり替えがわからなくなってしまうようにできてい

る。要するに「基本的な考え方」とは，この報告書を取りまとめているステイクホルダーの考え方にすぎないのだが，そのことが「基本的な理念」に近しい言葉で，カムフラージュされているという訳である。

　よく見れば，1994年の「高齢者介護・自立支援システム研究会報告」でも「基本的な理念」とそれをふまえた「基本的な考え方」は，整合性の取れている部分と，そうは思われない部分があることがわかる。基本的な考え方2．，3．，4．，は，一定の整合性はあろう。5．，6．あたりは，介護保険導入の地ならしといったところか。しかし7．は，基本的な理念からはでてこない。先に紹介した介護保険最終答申の1（2），2（1），2（3）を予期したものだ。

　私たちは，介護保険が生まれてきた背景と，わが国の高齢者の介護問題を何とかしようとして，様々なステイクホルダーたちが暗躍・活躍したことを，たとえば大熊由紀子の『物語　介護保険』[12]（2010年）で知ることができる。

　ステイクホルダーA（サービス利用者）ではなく，主にステイクホルダーB（サービス提供者）だけが，その背景にある介護保険最終答申の1（2）という財政的問題を業務関係上熟知しており，それゆえに新制度設計に，自分の組織・団体の利益を誘導せんとするのは当然であって，新制度設計の展開には金がかかるがゆえに，それなりの金をつぎ込むのなら，ステイクホルダーA（サービス利用者）とC（国民），とりわけAの当事者団体やCのマスメディアが掲げる「基本的な理念」に対する戦略が重要であったのだ。

　たとえば，もともとアメリカのケースマネジメント等を参考にしながら構築された介護保険のケアマネジメントは，かくも曖昧なケアという概念のもとで，障害者の施設・病院からの地域移行に必要な支援サービスのコーディネーションというかつての意味合いを喪失して，在宅から施設・病院に誘導するマネジメントをすら含んだ，何でもありのものとなってしまった（これは，保険制度だからといった説明は無理である。たとえば，ドイツの介護保険にはそもそもケアマネジメント制度はなく，福祉サービスが基本で，看護サービス等はそのメニューにはない）。

　最初に見事な「①基本的理念」をまるで「見せ球」のようにしておいて，最

後には，理念もへちまもない「③財政的な問題」を出してきて，それに引きずられる形で，「④制度・政策」を示してしまっては，戦略的にも「①基本的理念」が活きてこない。

戦略的には，「①基本的理念」として1981年の国際障害者年とそれに続く「国連障害者の10年」の流れの中で，障害者や高齢者の地域でのノーマライゼーションや自立生活が高らかにうたわれたことをうけて，1994年の「高齢者介護・自立支援システム研究会報告書」のあの見事な「基本的な理念」を描き，「②社会的背景」で，その実，わが国の老人病院や精神病院等における非人間的処遇，及び在宅における家族介護に依存するが故の悲惨な実態を，心ある当事者・関係者とマスメディア等とともに社会的にクローズアップし，そのことを強調しつつふまえて，必要不可欠な「③財政的課題」と現実のケアサービス実態の課題をも明らかにして，実効性のある「④制度・政策」を示すべきであったと思われる。

おそらく厚生労働省の戦略もそうであったに違いない。

しかし，わが国のステイクホルダーA（サービス利用者），B（サービス提供者），C（国民）の現実が，そうは問屋がおろさなかったのだ。

サービス利用者であるステイクホルダーA等の思いを受けて，サービス提供者であるステイクホルダーBの利害対立を一定封じこめながら，国民全体のコンセンサスを得ようとするプロセスの中で，ステイクホルダーAの弱さと，逆に相対的にステイクホルダーBの強さが，国民全体のコンセンサスを形成する過程において，理念を削り取ったような新制度政策を展開させてしまったのだ。

「基本的な理念」を少しでも展開しようと思えば，それは金がかかると言った問題を超えて，当然ステイクホルダーB内部の利害対立に巻きこまれることになる。たとえば，「地域生活」を強調すれば，当然，入所・入院中心のサービス提供者団体とぶつかる。また，望ましい介護・介助とはどのような介護・介助であり，なぜ「寝かせきり介護」や「押し付け介護」がいけないのかを少しでも展開しようとすれば，多くの理念なき法人やサービス提供者団体とぶつからざるを得ない。

しかし,「②社会的背景」のわが国の老人病院や精神病院等における非人間的処遇を真に改めるためには,老人病院を療養型病床群にするのは問題のすり替えにすぎない。

また,「社会的背景」の在宅における家族介護に依存するが故の悲惨な実態を真に改めるためには,家族に依存しないサービスの質と量が確保されていなければならない。

1996(平成8)年4月の老人保健福祉審議会に出された参考資料「介護給付額の決定について」によれば,介護保険の要介護度ごとの介護給付額の算定は,以下の定式に基づく。

〔定式1〕 在宅サービスの場合
　(a)要介護度に基づく区分×(b)要介護度ごとに設定されたサービスモデルに基づくサービスの種類と回数×(c)それぞれのサービスごとに設定された単価

〔定式2〕 施設サービスの場合(省略)

ここにでてくる(a)も(c)も,議論すればきりがないが,とりわけ(b)の,「要介護度ごとに設定されたサービスモデルに基づくサービスの種類と回数」が,最大の問題である。

問題は2つある。一つは,要介護認定ごとに,どのような在宅情況をモデルとして想定するかであり,もう一つはそのモデル情況に対してどの程度のサービスを組み込むのかである。問題は,厚生労働省の最重度モデル事例に,一人暮らしの高齢者の事例や障害者と高齢者の2人暮らしといった事例が想定されていないことである。つまりは,一定介護が可能な家族構成員の存在を想定して,介護保険の給付額は設定されている。違った想定すれば,当然必要なサービスの種類と回数は変化し,そのために要介護5の給付限度額は大きくアップしていたと思われる。あるいは要介護度5ではなく要介護度6なり7といった,より重い介護認定を必要としたかもしれない。日本の施設サービスのきわめて貧困な職員数に規定された施設サービス支給額が,在宅サービス支給額の足を引っ張ったという側面と,社会保障予算の抑制・切詰めの方向性との妥協の産

物なのであろうが，これでは，多く最後に一人で残される女性高齢者には，障害が重くなれば在宅生活は選択不可能であり，またわが国の在宅サービスの貧困さゆえに相当数地域に存在する障害者と高齢者の2人暮らし等も，共倒れの危険を常にはらんでいる。

　わが国おいては，法・制度を創る省庁官僚は，これまでステイクホルダーＢ（サービス提供者）の権益団体と利権政治家に介入・懐柔しながらイニシアティブをとり，一方ステイクホルダーＡ（サービス利用者）を意図的に組織化したり，介入・分断政策を取りながら，その力を弱めてきた。わが国の全国規模の障害者団体・高齢者団体の多くは，関係省庁が関与しており，団体独自の制度・政策提言力に欠ける。

　そのつけは，まことに大きいと言える。

　私は，1970年代から数年に一度はカリフォルニア州のサンフランシスコとバークレイの定点観測めいたことをしてきたが，ステイクホルダーＡ（サービス利用者），Ｂ（サービス提供者），Ｃ（国民）それぞれの歴史的・システム的相違に圧倒されて，まともに理解・分析できるまでしばらく時間を要したことを思い出す。なにせ，1980年代までのわが国の制度・政策研究は，大きな虚構に依りかかった調査研究がほとんどで，大本営発表のごとき公式見解をうのみにした（後づける）調査研究か，省庁官僚や与党政治家が主な問題（悪）といったものが多くて，上記のようなステイクホルダーＡ，Ｂ，Ｃの利害対立や矛盾点に十分にメスがはいってはいなかったと言えよう。

2003年の「高齢者介護研究会報告書─2015年の高齢者介護」

　ここでは，同報告書「その2．生活の継続性を維持するための，新しい介護サービス体系」からその理念らしき部分を，一部引用してみよう。

　「通常，私たちは自宅で生活をしている。自宅とは，私たち自身が主人公である世界である。自宅であれば，介護が必要になった時でも，人は，自分自身で立てたスケジュールに沿って日常生活を営むことができる。朝何時に起きるかは自分の自由であるし，食事を摂るか摂らないか，何を食べ

るかも自分自身で決めることができる。（手助けさえあれば）買い物に出かけることもできる。家族や友人たちとおしゃべりをし，夜更かしすることもできる。自宅の良さとは，介護が必要になった時でも，介護のために自分の生活や自由を犠牲にすることなく，自分らしい生活を続けることができる点にある。

　日常生活における自由な自己決定の積み重ねこそが『尊厳ある生』の基本であり，在宅での生活であれば当たり前のことである。だからこそ，多くの人は自宅での生活・在宅での介護を望むのである。」

　これを素直に読んで，「2003年報告書の理念は，1994年報告書より，格調高い」とはとても言えまい。コントロールされた施設生活に対して，自宅の自由気儘な生活が強調されている「2015年の高齢者介護」と，「高齢者介護・自立支援システム研究会報告」の「車イスで外出し，好きな買い物ができ，友人に会い，地域社会の一員として様々な活動に参加するなど，自分の生活を楽しむ」とは微妙にずれてきてしまっている。

　ここでは，地域社会で様々な活動に参加して楽しむ，社会的生活主体者のイメージがなくなっているのだ。介護保険に若年障害者を組み入れることを，一旦諦めたからそうなったでは済まない問題である。「在宅介護──デイサービス──入所施設」という枠組みを超えた，地域生活支援や社会参加支援のビジョンがなければ，たとえ家の中で自由気儘でいても，閉じこもっていては，障害者・高齢者は，社会のお荷物としての弱者のイメージを免れまい。

　これが，意図的になされたのかどうかは別として，この時点で，施設入所を在宅環境に近づけ（いわゆる個室型ユニットケア），一方在宅支援は，「在宅介護──デイサービス──小規模・多機能サービス拠点」的展開を目指すこととされている。明らかに在宅が強調されているが，そのバックアップ機能としての小規模・多機能サービス拠点なるものは，認知症対応グループホームと抱き合わせでなければ経営が成り立たないことは，つとに知られている。特別養護老人ホーム・介護老人保健施設・グループホームといった，確実にサービス利用者を一定数抱え込んだサービス以外は，かなりの経営手腕が要求されている

のだ。

　2015年という，団塊の世代が65歳を迎えるわが国の超高齢化社会に向けたビジョンとしては，「基本的な理念」は，弱者イメージを拭えておらず，一方「基本的な状況認識」は，踏み込みが弱い。理念において団塊の世代の高齢者の社会参加や社会貢献に踏み込めなかったがために，そうなってしまったものと思われるが，2013年の「地域包括ケア研究会報告書」ではその部分にも一部踏み込んできた。

2013年の「地域包括ケア研究会報告書」

　いよいよ，2013年の報告書を見る番だ。
　同報告書では，まず地域包括ケアシステムの5つの構成要素について，図を使って，以下のように説明している。

> 「地域包括ケアシステムを構成する要素として，これまで『介護』『医療』『予防』『生活支援サービス』『住まい』という5つの構成要素を掲げてきた。これをより詳しく表現するならば，『介護・リハビリテーション』『医療・看護』『保健・予防』『福祉・生活支援』『住まいと住まい方』となる。これらの構成要素は，実際には，ばらばらに提供されるのではなく，それぞれの役割に基づいて互いに関係しながら，また連携しながら在宅の生活を支えている。『住まいと住まい方』を地域での生活の基盤をなす『植木鉢』に例えると，それぞれの『住まい』で生活を構築するための『生活支援・福祉サービス』は植木鉢に満たされる養分を含んだ『土』と考えることができるだろう。『生活（生活支援・福祉サービス）』という『土』がないところに，専門職の提供する『介護』や『医療』『予防』を植えても，それらは十分な力を発揮することなく，枯れてしまうだろう。
> 　従来は並列関係で5要素が理解されてきたが，このように捉え直すことにより，地域包括ケアシステムにおいては，『介護』『医療』『予防』という専門的なサービスの前提として『住まい』と『生活支援・福祉サービス』の整備があることが理解できる。」

第2章　地域包括ケアシステムと支援

図2-1　地域包括ケアシステムとは

出所：「持続可能な介護保険制度及び地域包括ケアシステムのあり方に関する調査研究事業報告書」三菱UFJリサーチ＆コンサルティング，2013年，2頁。

　これらの関係を図示すると図2-1のとおりとなる。
そして，最後にといって次のように述べる。
　「最後に，『5つの構成要素』としては掲げていないが，地域包括ケアシステムを支えていく重要な要素として『本人と家族の選択と心構え』について触れておく必要がある。2025年には，単身又は高齢者のみ世帯が主流になることを踏まえると，仮に十分な介護サービスを利用し，地域社会の支えが十分でも，従来のような，常に誰かが家の中にいて急変時には救急車で病院に搬送され，病院で亡くなるといった最期ばかりではなくなる。むしろ，毎日，誰かが訪問してきて様子は見ているが，翌日になったら一人で亡くなっていたといった最期も珍しいことではなくなるだろう。常に『家族に見守られながら自宅で亡くなる』わけではないことを，それぞれの住民が理解した上で在宅生活を選択する必要がある。」
　ここでも最大の問題は，最後にこんな形で「本人と家族の選択と心構え」について触れざるをえない，この報告書自体の構造と姿勢である。
　ステイクホルダーA（サービス利用者）との信頼関係というのか，責任ある

生活主体者・政策提言主体者としての対応と養成とを怠ってきたために，最初に書くべき本人の選択と心構えを，最後にこそこそと書く羽目になっているのである。

　介護保険の主な利用者を，65歳以上の高齢者に限定してしまわざるをえなかったことが，ある意味で，介護保険を非社会的で保護的なものにしてしまったのだ。障害者全体を組み込んでいれば，当然にも，まずはノーマライゼーションや自立生活の理念に基づいて，施設・病院ではなく，地域・在宅での生活がその原則となり，地域・在宅での生活のメリットとリスクの両方の問題が当然議論されたに違いない。

　アメリカでも，一部似た情況もあるが，1970年代以降は，重度身体障害者の自立生活運動の影響も見られるようになってきた。たとえばAARP（全米退職者協会）の2014年の長期ケア（Long Term Care）に関する報告書においても，障害者・高齢者の区別なく，主に施設や病院からの地域移行が，スコア化されて強調されている[15]。

　1970年代から始まったアメリカの重度障害者の地域自立生活運動の原点は，13歳でポリオに感染して全身まひとなり，やがてカリフォルニア大学バークレイ校内の付属コーウェル病院での拘束された入院生活を改革・開放したエド・ロバーツたちをはじまりとする。そこでは，地域自立生活におけるリスクが当然ふまえられていて，地域で生きる思いと覚悟こそがまずあり，地域の生活主体者として生きることは，そのようなリスクを背負って生きることであるが故に，その人生をできる限り豊かでおもしろいものにしてゆこうとする誘因が働いている。

　ドクターから電動車イスを操作することは無理と言われていたにもかかわらず，デートの時には介助者がいない方がいいとなるや，必死で操作をマスターして，2人でデートに成功したエド・ロバーツのエピソードは有名である。介助者がいないと，当然リスクは高くなるが，介助者付きのデートでは面白くもあるまい。

　地域包括ケア報告書は順序が逆なのだ。

46

最初に当事者・本人の思いや意向を聴く・ふまえるのではなく，最初に5つのサービスが前面にしゃしゃり出るのは本人に失礼だというだけでなく，支援する方も死んでしまうのだ。

　もう一度言う。地域の生活主体者として生きることは，そのようなリスクを背負って生きることであるが故に，その人生をできる限り豊かでおもしろいものにしてゆこうとする，本人と支援者とのコラボレーションが生まれてくるのであり，そもそも本人が選んだリスキーな選択がなければ，5つのサービスは，本人の主体的な生きざまをサポートできないのだ。

　本人のおもしろい人生をサポートするということは，けっしてふまじめでいい加減なストーリーなのではない。それが楽しい人生をサポートすると書いていないのは，楽しいには，安全をキープしたおぜん立てのニュアンスが感じられるからである。おもしろいということは，人間主体としての投企性の問題である。その危険を前提とした，賭けたものがなければ，私たちの自立生活は死んでしまう。まさに一期一会の思いで一日・一時を生きることを，「本人と支援者の相互エンパワーメント」は意味している。

　ちなみに，2009年の第1回地域包括ケア研究会報告書では，「地域包括ケアシステムは，『ニーズに応じた住宅が提供されることを基本とした上で，生活上の安全・安心・健康を確保するために，医療や介護のみならず，福祉サービスを含めた様々な生活支援サービスが日常生活の場（日常生活圏域）で適切に提供できるような地域での体制』と定義してはどうか」と，地域包括ケアシステムの定義を行い，さらに，「住民の安全・安心・健康を脅かす不安や危険としては，急病や病態の急変，虐待，引きこもり，地域での孤立等様々な状況が想定される。こうした問題に対応するサービスが，地域内の様々な社会資源の組み合わせやこれらを複合的に組み合わせたシステムの利用によって24時間365日を通じて提供されることが期待される」（6頁）と，日常生活の場での安全・安心・健康を脅かす不安や危険に対応する，24時間265日を通じたサービスの提供が期待されている。

　しかし，地域生活においては，これこそあり得ない過大な期待であり，そん

なことは入所施設でも病院でもあり得ない。だからどこででも，人間は死ぬ。

2013年の報告書では，「本人と家族の選択と心構え」を，それでも，最後のところで示し，本人と家族によるリスクを伴った地域生活の選び取りと生き様を求めたのであろう。

その意味でも，生活主体者としての，本人の意思決定がまずありきであって，地域ケア報告書の並びは，ステイクホルダーＡ（サービス利用者）にとっても，Ｂ（サービス提供者）にとっても，展開力に欠ける。

3 自助・互助・共助・公助について考える

報告書における自助と互助

ここでは，主に自助・互助について考察する。というのは，どう考えても，2013年の「持続可能な介護保険制度及び地域包括ケアシステムのあり方に関する調査研究事業報告書」（以下，報告書）の自助・互助論は，強引というのか，手前みその感がするからである。

「報告書」の説明はこうだ。

まず「費用負担における区分」として，「公助」は一般財源による高齢者福祉事業等・生活保護・人権擁護・虐待対策であり，「共助」は介護保険などリスクを共有する仲間（被保険者）の負担による社会保険制度及びサービス，「自助」には，「自分にのことを自分ですること」「自らの健康管理（セルフケア）」に加え，市場サービスの購入も含まれる。これに対し，「互助」は相互に支え合っているという意味で「共助」と共通点があるが，費用負担が制度的に裏付けられていない自発的なもので，ボランティア活動や住民組織の活動，さらに，自助と互助の重なっているものとして当事者団体による取り組みや高齢者によるボランティア・生きがい就労とある。

また「時代や地域による違い」として，都市部では，強い「互助」を期待することが難しい一方，民間サービスが大きく「自助」によるサービス購入が可能。都市部以外の地域は，民間市場が限定的だが「互助」の役割が大きい。

少子高齢化や財政状況から,「共助」「公助」の大幅な拡充を期待することは難しく,「自助」「互助」の果たす役割が大きくなることを意識した取り組みが必要であるとしている。

この,「自助・互助・共助・公助」論とか,「自助・共助・公助」論とか,「自助・互助・公助」論といった議論の前に押さえておかなければならないことが, 2つある。

1つは, これは何のための分類かということである。

2013年の「報告書」においては, これは明らかに, 費用負担者の分類である。そのために, やや強引に「互助」と「共助」は, どちらも相互の支え合いという意味だが, 金の切れ目が縁の切れ目で, 制度が金を出さないのが「互助」, 金を出すのが「共助」だそうだ。

これに対してたとえば, 2000年の広井良典の,「自助・共助・公助」論は, ケア提供者の分類とも読める[16]。

ケア提供者と費用負担者は重なる場合もあるが, そうでない場合もある。たとえば, 介護保険では, 在宅サービスは民間営利事業者も参加しているが, 費用負担は, 一部を除いて介護保険(共助)が行う。ケア提供者の分類に似せた金の出所の分類というこの紛らわしさが, 案外この4分類論の戦略性なのかもしれない。

2つ目は, 二木立が分析しているように, これまでの国の報告書では, これらの言葉の定義が歴史的に異なって使われており, それぞれの文脈にそって把握しておかないと, 危ないという点である。

たとえば, 従来は,「『自助, 共助の努力では対応できず, 国民全体でこれを支えることが必要となる場合には, 今後とも社会保障制度によって対応してゆくことが必要になる』(『平成8年版厚生白書』153頁)と明記しており,『公助』が社会保障をさすことはあきらかです。」[17]

ところが, 2006年の官邸・社会保障のあり方に関する懇談会報告「今後の社会保障のあり方について」において以降は,「自助を基本に, これを補完するものとして社会保険制度など生活のリスクを相互に分散する共助」と「公的扶

助や社会福祉としての公助」に意味分けされたという[18]。

　その理由として「『共助』のシステムとしては，国民の参加意識や権利意識を確保する観点からは，負担の見返りとしての受給権を保障するしくみとして，国民に分かりやすく負担についての合意が得やすい社会保険方式を基本とすべき」(「今後の社会保障のあり方について」2006年)とされているが，これでは最後のセイフティーネットしての公的扶助の権利性が担保されないだけでなく，現状では所得形成が困難な重度の障害者の介助受給権が脅かされてしまいかねない。

これまでの自助と互助に関する議論

　私が特に気になったのは，「自助」と「互助」である。

　これについては，たとえば，松繁卓哉が，「地域包括ケアシステムにおける自助・互助の課題」において，以下のように述べている。

> 「例えば，完全に個人の主観的な健康観や死生観を充足するために実施されている『自助』がある場合，これをもし当事者観点で評価していくのであれば，既存の健康指標や医学的所見では評価が成立しない。つまり，何が当人の自助活動を駆り立てているかは，個人によって異なるわけであり，その『アウトカム』も一様には捉えられない。しかしながら現状では，『自らの健康の維持』という程度の内容設定はあるものの，自助の主体がどのような志向のもとに，どのような内容の実践を行うのかといった点への着眼が無いまま，『自助・互助の重要性の認識が必要』というメッセージのみが示されて来ている[19]。」

　誠にそのとおりなのだが，今回の報告集の「自助」のそもそもの基本的認識は，費用負担上の分類であって，つまりは，本人が自腹を切ってサービスを購入するのか，自分の健康を自分でキープしてサービスを使わないようにさせるといった判断基準でしかない。

　これも松繁が述べているように，イギリスの「自助」としての「セルフケア」の振興策のハイライトの一つである Expert Patients Programme（エキス

パートとしての患者養成プログラム）は，「『セルフケアをを強化すべき』というフレーズをアナウンスする代わりに，『自らの身体を他の誰でもなく最もよく知る存在である自分自身』というメッセージが前面にだされた[20]」。

さらにそれだけでなく，そもそもこの養成プログラムの運営自体を，この養成プログラムの修了生が行っており，プログラムのファシリテーターも彼らである。つまりは，きわめて当事者主導的でセルフヘルプ活動的なのだ。

これを読んでいて，以前わが国の多くのセルフヘルプグループのメンバーたちと一緒に作った本（大阪セルフヘルプ支援センター編『朝日福祉ガイドブック・セルフヘルプグループ』朝日新聞厚生文化事業団，1998年）から引用した一節を思いだした。

「つばさの会（若年性糖尿病患者のセルフヘルプグループ）の藤田礎史郎は次のように表現している。『耳に入ってくる情報はといえば，「糖尿病であるから，できないこと」ばかりだったように記憶している。美味しい食事と楽しい遊びやスポーツ，行きたい学校への進学，就きたい仕事への就職，愛する相手との結婚などが，これからの人生では難しかったり，不可能な状況になってしまったように感じていた。だが，困りごとに直面して不安を抱えている時には，医療の専門家が繰り返す「大丈夫」という言葉は虚ろに響き，「糖尿病でないから，できること」ばかりが世の中にあふれているような偏った感受性が育っていくことを，自分自身でも押しとどめられない。周囲の人々が患者として自分を遇する環境に，何とか適応しようと精一杯の毎日が過ぎていく。』

（若年性）糖尿病のようなはじめから慢性疾患であることが明らかな場合には，〈医療モデル〉は治療の幻想を与えるという問題性は影を潜めるが，逆にそれにどのように対応しながら生きてゆけばよいのか，つまり病気と共に生きる知恵を示すことができずに本人を"何もできない病"に追い込む。しかしこれはある意味では当然であって，病気と共に生きることができるのは本人だけであって，治療者は病気と共に生きてはいけないわけだから，そのための知恵が沸こうはずもないのである。

藤田はそのことを次のように書いている。『セルフヘルプグループ活動の重要な示唆の一つに，当事者であることそれ自体が，援助資源の一部なのだという考え方がある。「糖尿病でないから，できないこと」つまり「糖尿病であるから，できること」を，言葉として聞くこともなく，自分達自身でも切り捨てて生きてきた。私達は，糖尿病と共にある生活のことを誰よりも深く理解することができる可能性を持っている。これを仮に「当事者性」と呼ぶならば，このような当事者性を明確に自覚する時期が，そろそろ来ているのではないだろうか[21]』。」

私たちは，1980年代に「大阪セルフヘルプ支援センター」を立ち上げ，私はしばらくして引いたが，それは今も続いている。そこで私は，様々なセルフヘルプグループ（以下，SHG）の面々と知り合ったが，この当事者による相互支援活動の英語名は，Mutual Aid Self Help Group であり，日本語にすれば，「助け合い（互助）自助グループ」となる。この Mutual Aid（互助）と Self Help（自助）が，SHG においてどのように連動しているのかについて，トマシナ・ボークマン（Borkman, T.）は，次のように説明している。

「SHG とは，ある特別な形の共生関係のことを言う。それは，一人ひとりが助け合い（互助）の中で自己責任を受け入れることであり，仲間を助け，仲間に助けられながらそれでも自立していることだ。私は，SHG を，Self Help（自助）と Mutual Aid（互助）のコンビネーションが，相乗効果を生み出す共生関係（Interdependence）だと定義したい[22]。」

なかなかの説明だが，本当に生きる気力を失っていたり，追い詰められた状況にいる様々な障害や難病や嗜癖等を生きる人が，同じ困難・苦しみ・生きづらさと向き合いながらも，その困難・苦しみ・生きづらさを分かち合い，生きる気力と智慧をも分かち合い，支え合う姿を，この目で見てきたものとしては，納得がいく。それにくらべ，この2013年報告書の「自助」「互助」は，如何にもご都合主義で安っぽい。なぜ，そうなってしまったのかは，明らかである。

迷走が続くわが国の「自助」

わが国の「自助」について言えば，そもそもステイクホルダーA（サービス利用者）のもの申す市民性・当事者性や市民活動・当事者活動を恐れ，できる限りコントロール可能なものとして，それを誘導・規制・分断・去勢することが，わが国の中央省庁や地方行政の大戦略であった。そして，愚かにも立法府や司法府が，おのれのステイクホルダーとしての利益・利害に究極的には離反するような，行政府追随を行ってきたことが最大の問題である。ステイクホルダーA（サービス利用者）のもの申す市民性・当事者性の展開こそが，立法府の議員たちや司法府の弁護士たちの立脚点のはずなのだが，迷走は続いている。

「互助」については，これも松繁卓哉が次のように指摘している。

> 「(前略) 日本では，2006年の介護保険法改正以降，『互助』という概念が頻繁に強調されるようになり，地域住民の組織の再編成が意識されてきたが，イギリスにはこれに該当するような概念が，皆無ではないとしても，それほど前面に押し出されてこなかったところが対照的であり，(中略)
>
> イギリスの取り組みにおいては，地域互助の概念が必ずしも全面に出ずに，むしろセルフケア／自助／自己選択と，それを支援する各種のプログラムの充実が目立った点である。」[23]

松繁は，その理由として2点挙げている。

> 「第1に歴史的にイギリス国内においては，保健や福祉の市民活動の展開の規模が大きく，国がそれら市民活動組織に一定の権限を与えるなど，中間組織が地域住民の生活の基本的ニーズの充足にあたってきた点である。(中略) 第2に日本に比して高齢単身者世帯の割合の高いイギリスにおいて，地域互助というオプションが強力なメッセージ性を持ちえなかったのではないか。(後略)」[24]

ここにでてくる理由の1については，その通りであろう。各種の市民活動や当事者活動に対する，そもそもの姿勢の違いが，このような違いを生んできた。

理由2については，どうであろうか？　高齢単身世帯が地域互助と結びつかないというよりは，「互助」のイメージが，そもそも違うのではないか。

私は，アメリカ，カナダ，スウェーデン，イギリス等に調査に行ったが，地縁関係における近隣の助け合い活動を強調している地域にはお目にかからなかった。むしろ，干渉し合わない個人主義を前提とした近隣関係の下での，地域社会内外で，様々な興味・関心・生きづらさを同じくする仲間活動としての「互助」のイメージである。

　今後ますます，スマートフォンやパソコン等で様々な興味・関心・生きづらさを共有する仲間とのソーシャルネットワーキングを行う団塊の世代が高齢化してゆくとすれば，「互助」のイメージは，様々な興味・関心・生きづらさを同じくする仲間活動といえるであろう。

　そもそも，「自助」とは，可能な限り地域での自らの生き方・生き様を自己決定・選択してゆくことを目指す，各種のエンパワーメント戦略を意味し，さらにセルフヘルプグループ（SHG）のところで見たように，同じ生きづらさ・困難・障害・病気等をもつ仲間（ピア）の相互支援である「自助――互助」を意味する。

　繰り返すが，欧米でも，またわが国のこれからを想定しても，近所の助け合いとしての「互助」より，干渉し合わない個人主義を前提とした近隣関係の下で，様々な興味・関心・生きづらさを同じくする仲間活動としての「互助」が重要となろう。

　ただし，そのような「市民的自助――互助活動」を，行政や専門職が，側面から支援すれば，すべて何とかなるという訳ではない。

　たとえば，須田木綿子によれば，アメリカにおける市民活動には2種類あるという。[29]

　それを私なりに整理すれば，以下のようになる。

① 自分たちや自分の地域の健康問題・環境問題・学校問題といったセルフヘルプ的（自助――互的）市民活動
② 貧困問題・犯罪問題・ホームレス問題といった困難をかかえた人々のための，市民による援助活動

この①②に2分化され，結局のところ①の人々は自分たちで自分たちの問題

に取り組むことで，ますますエンパワーメントされ，②の人々は，その他者にしてもらう受動性のゆえ，ますますエンパワーメントを奪われる構図ができあがる。

アメリカにおいては，自立イズムとキリスト教博愛精神が，この市民活動という名の分断——排除の危険なバランスを，かろうじて支えているようにも見える。

では，このような貧困な「共助・公助の切詰・縮小」をじわじわと導入しようとしている政治・経済の方向性と，今始まったばかりで未成熟な「市民的自助——互助活動」という情況下のわが国において，私たちは，どうすればいいのか。

前者については，これはもう私たちの政治的選択，私たちがこの国をどのような国にしてゆくのかという選択の問題であるが，政党政治において，その選択肢が見えないところに，私たちのいらだちがある。この問題は次著でふれる。

後者の市民的実践については，市民間の分断——排除の構造を超える，当事者と地域住民の相互エンパワーメント活動戦略として，本書第5章で，青葉園の地域変革活動を見てみよう。

4 地域包括ケア研究会報告書における「介護」「生活支援」の定義

なぜ介護と生活支援を分離しているのか

最後に，地域包括ケアシステムの5つの要素の内，介護と生活支援について考察する。

そもそも，地域包括ケアシステムは，なぜ5つの構成要素からなるのであろうか。説明によれば，「介護」「医療」「予防」という専門的なサービスの前提として，「住まい」と「生活支援・福祉サービス」の整備があるらしい。

では，包括というのであれば，たとえば高齢者の生涯教育のニーズには，どこが対応するのか。まさか「すまい」までケアシステムに組み込んだのに，生涯教育はケアではないとは言えまい。つまりは，「介護」「医療」「予防」とい

う専門的なサービス以外のステイクホルダーは，専門的サービス提供者としては，相手にされていないということだ。さらに，この3つについても，なぜ，かつての一般的な「保健・医療・福祉」（たとえば，介護認定審査会運営要綱では，「認定審査会の委員の構成について委員は，保健・医療・福祉の各分野に関する学識経験の均衡に配慮した構成とする」とある）という3分類ではないのか。さらに，2010年の第2回報告書では，「医療・リハビリ」と表記されたり，「看護・リハビリ」と表記されていたが，2013年の「持続可能な介護保険制度及び地域包括ケアシステムのあり方に関する調査研究事業報告書」（以下，2013年報告書）では「医療・看護」「保健・予防」「介護・リハビリテーション」の組み合わせとなっている。

　私にはこの分類の変化について，厚生労働省老健局を中心とした各ステイクホルダーの思惑を分析する資料も能力もないが，誰が見てもわかることが，2つある。

　一つ目は，質量ともに圧倒的勢力を誇る「医療・看護」と，かなり見劣りはするがそれなりの，しかしやや食い合わせが悪い「介護・リハビリテーション」に比して「保健・予防」は，これまでもとやかく言われながら，その実態性に欠ける。ということは，生活支援コーディネーターの配置を含めいよいよ本腰を入れる戦略があるのか，ただの期待値の表れに過ぎないのか。という点である。

　そして，2つ目は，「介護・リハビリテーション」と「福祉・生活支援」の分離・分類の問題である。それを以下に取り上げる。

　2013年報告書の「生活支援を担う地域資源の確保」の部分を見てみよう。
　　「生活支援は多様であるがゆえに地域差も大きい。そのため，生活支援は『自助』『互助』を基本としつつ，必要に応じて『共助』『公助』で補うことが必要である。
　　　在宅生活を継続するために必要となる生活支援は，介護保険サービスよりも，住民組織（NPO，社会福祉協議会，老人クラブ，町内会，ラジオ体操会等）や一般の商店，交通機関，民間事業者，金融機関，コンビニ，

郵便局など多方面にわたる主体が提供者となりうる。弁当店や食堂だけでなく，スーパーマーケット，喫茶店，リネンサービス，ドラッグストア，理髪店といった一般住民を対象としたサービスは，そのほとんどが，要支援者・要介護者の生活にとっても必要なサービスである(27)。
(中略)
　こうした資源のマッチングの作業は，市町村が主導的な役割を果たしていくことが重要である。また，互助としての活動に取り組もうとする組織などに，場所の提供やコーディネートなども含めた一定の支援をするなどにより，インフォーマルな資源を，市町村のフォーマルな仕組みの中に位置づけ，地域包括ケアシステムを構築していくことも可能であり，この場合も，市町村の主導的な取組が重要になるだろう。
　要介護者であるからといって，すべて介護保険による介護サービスで支えるのではなく，こうした『自助』『互助』等による生活支援を取り入れて，まさに包括的に支えていく視点が重要である(28)。
(中略)
　生活支援は，元来，人々の生活に密着したものであり，多くの人にとっては自助や互助によって成り立っていることから，『共助』や『公助』で支える場面は限られてくる。しかしながら，『自助』や『互助』のための社会資源の立ち上げのための支援や，生活を成り立たせることが困難な生活困窮者には，『共助』や『公助』も活用しつつ，生活支援を実施する必要がある(29)。」
1994年報告書では，「地域社会の一員として様々な活動に参加するなど，自立した生活の実現を積極的に支援することが，介護の基本理念」であり，つまりは，地域自立生活支援＝社会参加支援＝介護の基本理念となっており，2003年報告書では，「日常生活における自由な自己決定の積み重ねこそが『尊厳ある生』の基本であり，在宅での生活であれば当たり前のことである。だからこそ，多くの人は自宅での生活・在宅での介護を望む」であり，つまりは，自己決定＝在宅生活支援＝介護の基本理念となっている。そこでは，介護と生活支

援が明確には分離されていない。

　ところが，2013年報告書では，「介護」と「生活支援」は，異なる要素として分けられ（「介護」は専門的なサービス，「生活支援」は住まいでの生活を構築するための土壌），「生活支援」は，主として「自助」「互助」を基本とする地域住民・地域社会によるインフォーマルな支援であり，それを地域包括ケアシステムとして市町村が主導的に取り入れてゆくビジョンが描かれている。

　では，生活支援や介護は，2013年報告書で，どう定義されているのか。

　2013年報告書では，「介護」については定義・説明すらなく（おそらく「医療リハビリテーション」モデルにもとづく訓練的な ADL 中心の身体介護しか残されていないのだが），「生活支援」については，「広義の権利擁護，調理，買い物，洗濯，見守り，安否確認，外出支援，社会参加支援活動，日常的な困りごと支援等」と説明がある。

　そもそもの介護保険のサービスメニューに，見守りや外出支援や社会参加支援が除かれており，さらに，2013年報告書では，介護保険の持続可能性のために，その対象から主に家事援助や見守りや金銭管理や外出支援や意思決定支援を必要とするいわゆる身体介護度の低い対象者や要支援の対象者を除かんとして，このような説明がなされているのであろう。しかしながら，それはあまりに介護保険制度の維持に汲々とする余り，「生活支援」なるものの，重要性と専門性を見誤っていると言われても仕方あるまい。

本来の生活支援

　「生活支援」とは，まさしく，多くの認知症高齢者や知的障害者や発達障害者や精神障害者の主要なニーズそのものであり，見守りや外出支援や社会参加支援の重要性は言うまでもなく，各種の困りごとや金銭管理や虐待等の多様な権利擁護をふまえた意思決定・表明支援のもつ，本人のエンパワーメント支援のデリケイトな専門性を，インフォーマルな自助・互助を中心にという発想そのものが，その困難性と重要性に対する軽視と無理解と言われても仕方がない。

　支援を必要とする本人とその家族と地域社会との文脈の違いの個別性ゆえに，

「生活支援」の多様性と複雑性は，それをアセスメントし，本人中心の支援体制をコーディネートする本人の意思決定支援の可能な相談支援専門員（SW）なくしては，そもそも成立しない。障害者への意思決定・表明支援の理解と研修も始まったばかりであり，それが障害児から高齢障害者にまで展開しながら一定確立するプロセスと，知的障害や発達障害や精神障害や認知症者に必要不可欠な支援サービスの展開と，市民や当事者の諸活動の成熟のプロセスとの接点の中で，様々なニーズを有する市民の地域生活が可能となってゆくものと思われる。

地域ケア会議等

可能であれば，本章第5節として地域包括ケアシステムの提唱する「地域ケア会議」の問題点等にも触れたかったのだが，また，一定の実践例が構築されてきて，問題点がより鮮明になった時点で，再度展開したいと思う。とりわけ気になるのは，厚生労働省老健局が各都道府県介護保険担当課あてに出した「地域ケア会議」に関するQ&A（2013年2月）問3への（答）で，「なお，サービス担当者会議においては，保健・医療職やインフォーマルサービス，住民組織等の協力者の参加が少ないという実態があります」とあり，地域ケア会議においては，医療関係者や住民組織等の参加を想定しているようだが，残念ながら，本人や家族や当事者団体の参加・参画は想定されていないように読み取れる点である。

障害者関連の地域自立支援協議会においても，本人や家族や当事者団体の参加・参画のない，行政と専門職と民生委員等の住民組織だけの地域自立支援協議会は，形式的で不活発なものが多い。ステイクホルダーA（サービス利用者）を抜きにしては，真の改革へのプレッシャーもなく，なんら創造的で大胆な改善・改革などあり得ないことに，わが国の全関係者ははやく気づき，目を覚ますべきである。

注
(1) 広井良典『ケア学』医学書院，2000年，15頁。なお，広井には『ケアを問いなおす』ちくま新書，1997年もある。
(2) イリイチ，I. 他／尾崎浩訳『専門家時代の幻想』新評論，1984年，98-102頁。
(3) イリイチ（Illich, I.）は，学校・交通・医療といった社会サービスの根幹にある専門家権力が過剰な効率性を追い求めるあまり人間の自立と尊厳を喪失させる現代文化を批判した。
(4) ガルブレイズ，J. K.／鈴木哲太郎訳『ゆたかな社会 決定版』岩波書店，2006年，206頁。
(5) 小山内美智子『あなたは私の手になれますか』中央法規出版，1997年，5-6頁。
(6) 同前書，59頁。
(7) 同前書，35頁。
(8) 上野千鶴子『ケアの社会学』太田出版，2011年，39頁。
(9) キテイ，E. F.／岡野八代・牟田和恵監訳『愛の労働あるいは依存とケアの正義論』白澤社，2010年，407頁。
(10) 最新のIHSSの概要については，Eileen Carroll et al. "Program Snapshot: IHSS" CDSS, 2013 等を参照されたい。
(11) 「平成24年度グループホーム及びケアホームにおける支援に関する実態調査」（厚生労働省平成24年障害者総合福祉推進事業，2013年3月）
(12) 大熊由紀子『物語 介護保険（上・下）』岩波書店，2010年。
(13) 「持続可能な介護保険制度及び地域包括ケアシステムのあり方に関する調査研究事業報告書」三菱UFJリサーチ＆コンサルティング，2013年，2頁。
(14) 同前書，3頁。
(15) *RAISING EXPECTATIONS, 2014*, 2nd ed., AARP.
(16) 前掲書(1)，246頁。
(17) 二木立『安倍政権の医療・社会保障改革』勁草書房，2014年，159頁。
(18) 同前書，160頁。
(19) 松繁卓哉「地域包括ケアシステムにおける自助・互助の課題」『保健医療科学』国立保健医療科学院，vol.61, no.2, 2012年，115頁。
(20) 同前書，117頁。
(21) 小澤温・大島厳編著『障害者に対する支援と障害者自立支援制度』ミネルヴァ書房，2010年，266-267頁。
(22) Borkman, T., *Understanding Self Help/Mutual Aid*, Rutgers, University Press, 1999, p. 5.

⑵3　前掲書⒆，117頁。
⑵4　同前書，118頁。
⑵5　須田木綿子『素顔のアメリカ NPO』青木書店，2000年。
⑵6　前掲書⒀，2頁。
⑵7　前掲書⒀，17頁。
⑵8　前掲書⒀，18頁。
⑵9　前掲書⒀，19頁。
⑶0　厚生労働省老健局振興課「『地域ケア会議』に関する Q&A」2013年，問3。

第3章

「本人と支援者の相互エンパワーメント」に至るまでの出会い

　本章では，私が，「本人と支援者の相互エンパワーメント」に至りついたプロセスを，時代を追って一瞥することで，「本人と支援者の相互エンパワーメント」のもつ意味を，その文脈と共に明らかにしたいと思う。

1　障害児・者との出会い

就学前障害児とその家族との出会い

　大学の教員になる前は，十数年間，大阪府下の市町の就学前の障害児通園事業の児童指導員等をしていた。もちろんその母親たちの支援もしていた。大学の教員になってからも，50歳過ぎまでは週1日は続けていたので，一番長く続いた仕事である。自閉症スペクトラムの何百人かの子どもたちとの出会いは，私の人生に最も深い印象を残しており，私の「本人と支援者の相互エンパワーメント」の「原点」となった。

　もちろん子どもたちもそうだが，母親たちのかかえるきびしい現実に対するパワーとエネルギーには，すばらしいものがあった。最初の頃は，結婚したばかりで，子育ての経験もない若造が，何度母親たちの子育てに注文をつけ，求められた通りやることを求めたことか！　様々な親と子に出会い，また自分が子どもを授かり，子育ての大変さに気づいてからの私が，少しはリアリティーのある仕事ができていたことを祈るばかりである。

　初期には，こんなことがあった。Tちゃんの母親が，よくボランティアに出かけては，他の障害のある子どもたちの面倒を見ているという。私は思わずそ

の母親に，「それもいいが，Tちゃんもしっかり見てくださいね」と言ってしまった。当時は，母親の辛さを受けとめる力量に欠けていたとしかいいようがない。他の障害児の面倒をよく見る母親は，一般に子育てが苦手でもなければ，きらいでもない。ただただ，そのわが子との関係で煮詰まってしまっているだけなのだ。でなければ，こんなに口うるさい，要求の多い私たちのところに通ってきたり，他の障害児のボランティアなどしないであろう。その煮詰まってしまっている親子関係を受けとめて，その解きほぐしと，新たな関係作りのお役に立つのが，私の仕事であったのに，悲しいかな，当時の私には，どちらもできてはいなかった。

　母親が，ボランティアをすることで何とか気持ちを切らさず，わが子からではなく，他の子どもたちからの「あなたは母親失格ではなく，こんなにやれるんですよ」という承認に支えられていることを，理解して受けとめることができていなかったのである。

　「自分の子どもから逃げるな」などという指摘は，うまくサポートできていない支援者のイライラを母親に押し付けているにすぎない。母と子のその期間は，クロノロジカルな時間はわずかでも，子どもにとってはほぼ全人生，母親にとってはその子の母としてのほぼ全人生なのだ。

　もう一つ，私に受けとめられなかったのは，その母親と本当に向き合うことであった。母親はなぜそうなってしまったのかを，本当は理解してくれる相手を求めているから，参加しているのだ。その理解や共感のプロセスにおいて私は，彼女自身の養育環境や結婚までのいきさつやこれまでのキャリアや，子どもができてからの父親の関わり具合やその不満等も受けとめなければならなかったはずだ。

　私は，問題をこじらせるだけで困ってしまい，先輩に打ち明けて自分がおかした初歩的なミスについて2つ指導を受けた。

　1つは，その母親の支援は，現在の私の経験と力量を超えており，誰かに引き続ぐこと。

　2つ目は，母子関係がこじれたケースは，親と子を1人で支援してはならな

い。親に対して，非受容的で批判めいた感情を子どもの支援者はいだきやすいので，最低，親担当と子担当は分けるべし。

こんな仕事をはじめた頃の初歩的なミスを書いたのは，「相互エンパワーメント」という理念が実践としてそれなりに結実するためには，様々な失敗と様々の支援を必要とすることが言いたかったからである。くわしくは，本書第4章4節の養育者と（障害児を含む）乳幼児の相互関係のところで，再度考察する。

自立生活障害者（運動）との出会い

30歳代半ばで，私が大学教員になって障害児者福祉論を教え始めたばかりのことである。

実は，私はここで初めて重度の身体障害者の生活実態を知った。20代から十数年間，障害児の仕事をしていたのにそんなことも知らなかったのかと笑われそうだが，悲しいかなそれが就学前（0～6歳），学齢期（6～18歳），成人期（18～65歳），高齢期（65歳～死ぬまで）と4分割されている，障害児者に対する支援や教育の制度設計の事実であり，当時の私のように，その中で仕事をしてきた専門職の愚かな実態なのである。

私の常勤職として初めての大学であった桃山学院大学は，一定数の身体障害学生を受け入れていた。その障害学生や卒業生たちから，「お前の授業は障害児者福祉論のはずだが，何で最後まで障害児のことばっかりやねん。お前，ひょっとしたら障害者のことをよく知らんのちゃうか？」と言われ，ひょっとしなくてもよくどころかほとんど知らなかったので，すぐにその卒業生たちの誘いに乗って，彼ら・彼女らの地域での自立生活（運動）を見学に行ったり，その勉強会に冷や汗をかきかき参加したりした。これは別に暴露本なんかではないつもりだが，こんなレベルの私が，常勤で採用されたのは，恩師のコネだけではなく，どうやら元気な障害学生や卒業生の対応に，一定耐えうる若手の教員求む！　ということだったらしいが，おかげで，私の次の人生が開けた。

重度身体障害者の地域での自立生活といっても，私にはたいした知識もなく，

アメリカのバークレイがその中心であること位は知っていたが，その制度的背景についてもさっぱりわからなかった。私は，5年後のサバティカル（長期研究休暇）を一日千秋の思いで待ち続け，もうそれこそ飛んで逃げるようにアメリカカリフォルニア州サンフランシスコで，8か月間親子ともども暮らすこととなったのだ。

ここでも，自立生活研究の大先輩の定藤丈弘のコネを十分生かして，順風満帆の出立の予定ではあったが，そのUCB（カリフォルニア大学バークレイ校）へのコネは，大阪府立大学教員用で，私は自力で受け入れてくれる大学を探さなければならない羽目になり，なんとかサンフランシスコ州立大学が受け入れてくれた。おかげで，バークレイに住む自立生活運動の中心メンバーであったジュディー・ヒューマンからは，少し離れてしまったが，それでも，ジュディーは小学校の先生をしていたことがあり，子どもたちが大好きで，私の子どもたちに会いたいあまり，私のあれやこれやのお願いは，いつもほぼ通ってしまったのだった。

私たちは，サンフランシスコ郊外の大学から歩いて3分の所に，2階建ての瀟洒なスペイン風の中庭（この中庭のおかげで，怖がりのわが息子も，自転車の一人乗りができるようになった）のある長屋（？）をみつけて，そこを根城に，もうそれこそカリフォルニアだけでなく，南部テキサスから，中部ミシガン，さらに北部ニューヨークやボストンまで，様々な調査見学に行かせていただいた。これらのほとんどは，ジュディー・ヒューマンの電話一本か，直接ジュディーのお供をして，連れて行ってもらうかであった（後に出てくるミシガン州セントルイスの自立生活センター（CIL）「パラクォッド」等の調査訪問に同行させてくれたのは，当時NHKで，できたてほやほやのADA法の特別報道番組制作を担当した杉本明ディレクターであった）。

1991年に帰国してからの10年余りは，わが国の障害者運動にとっても私にとっても，まさしく疾風怒濤の時代であった。私は多く大阪を中心に，知的障害者や精神障害者を含めたすべての障害者の，地域での自立生活やバリアフリーを目指す運動を地域で地道に展開してきた牧口一二や尾上浩二たち障害者

第3章 「本人と支援者の相互エンパワーメント」に至るまでの出会い

表3-1 わが国の障害者政策の展開

年　代	考　え　方	法　律　や　制　度
1981年	「完全参加と平等」の理念	国際障害者年 国連・障害者の10年
1986年	所得保障	国民年金改革 障害・老齢基礎年金
1989年	暮らしの場の展開	知的障害者グループホーム制度の開始
1990～1993年	ソーシャル・プランニング	老人保健福祉計画 障害者に関する長期計画
1994～2000年	移動保障　バリアフリー	ハートビル法，知的障害者ガイドヘルパー制度 交通バリアフリー法
2000年	介護の社会化と利用契約	社会福祉基礎構造改革 介護保険
2003年	事業所の多元化と地域化	措置制度から利用契約制度へ（支援費制度） 地域福祉計画
2006年	公費の適正化	障害者自立支援法 介護保険改革・予防給付
2007年	多様な共生（インクルージョン）開始	国連障害者権利条約制定 千葉県障害者差別禁止条例
2010年	多様な共生（インクルージョン）構想	制度改革推進会議で障害者基本法改正案 障害者差別禁止法案 障害者総合支援法案等検討
2013年	多様な共生（インクルージョン）展開	障害者政策委員会等で第3次基本計画 虐待防止法 差別解消法等権利条約批准に向けた展開

出所：筆者作成。

運動の当事者を中心に，それこそ岡村重夫や右田紀久恵の薫陶を受けた定藤丈弘や，交通バリアフリーに詳しい三星昭宏といった面々と，当時その時代性もあって，意欲に燃えた大阪府や市の職員たちと一緒にしゃにむに様々な活動を展開した。

2　1980年以降の障害者政策の展開

本節では，その歩みを含めて，表3-1を使って，わが国の1981年の国際障

害者年以降の障害者政策の展開を見ておきたいと思う。

　1980年以降の障害者政策の展開を大きくまとめると，その特徴は3つある。

ターニングポイントで，外圧を活用した施策の展開

　1960～70年代に脳性まひ者による「青い芝の会」運動等があったものの，障害者を市民的権利の主体として明確に位置付け，わが国の障害者施策の展開を促したのは，1981年の国際障害者年とそれをふまえた1983～92年の「国連・障害者の10年」であった。その間わが国は，国際障害者年の理念である「障害者の完全参加と平等」を目指して，障害基礎年金の確立やグループホーム制度の開始や市町村障害者計画の策定，さらには福祉のまちづくり条例や各種バリアフリー法を構築していった。

　また，1980年代には，アメリカからボストンCILのエド・ロングやバークレーCILのジュディー・ヒューマンやILRU（自立生活調査機構）のペグ・ノゼックたちが，自立生活の理念や自立生活センター（CIL）の活動や，ピア・カウンセリングの意味等を全国に紹介し，広めた。CILは，障害者が理事会の過半数を握り，トップが障害者という文字どおり当事者主導の組織であり，障害者が障害者に権利擁護やピア・カウンセリングや介助者紹介・派遣や住宅紹介等を提供する事業活動である。私も，1991年の帰国後，各地のCILの立ち上げに関わったが，現在わが国には，130のCILが存在する。

　そして，今度は，2006年12月の国連障害者権利条約の採択と，わが国の批准に向けた一連の政策展開である。2010年には障害者基本法を改正し，2011年障害者総合支援法，2012年障害者虐待防止法，2013年障害者差別解消法，同年障害者雇用促進法改正，同じく学校教育法施行令改正といった一連の政策展開を経て，2014年1月に国連事務局に寄託を行い，批准は成立した。

　では，1981年の国際障害者年の理念である「ノーマライゼーション」と「完全参加と平等」と，2006年の障害者権利条約の「インクルージョン」と「医学モデルから社会関係モデルへ」はどう違うのか？

　まず，「ノーマライゼーション」と「完全参加と平等」は，いまだ達成され

第3章 「本人と支援者の相互エンパワーメント」に至るまでの出会い

図3-1 ノーマライゼーションとインクルージョン

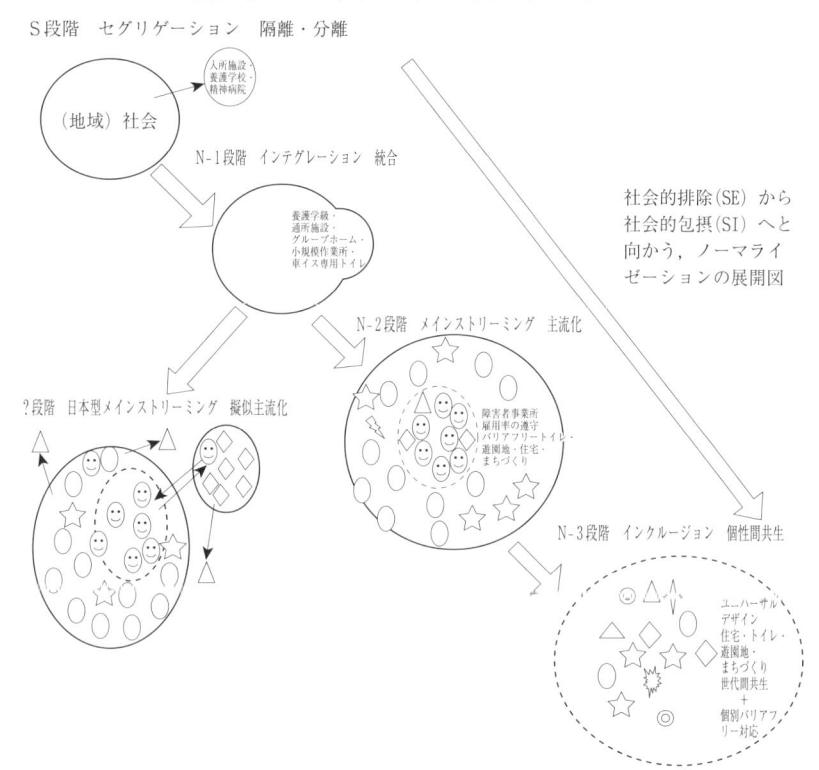

S段階　セグリゲーション　隔離・分離

（地域）社会

入所施設・養護学校・精神病院

N-1段階　インテグレーション　統合

養護学級・通所施設・グループホーム・小規模作業所・車イス専用トイレ

社会的排除(SE)から社会的包摂(SI)へと向かう，ノーマライゼーションの展開図

?段階　日本型メインストリーミング　擬似主流化

N-2段階　メインストリーミング　主流化

障害者事業所・雇用率の遵守・バリアフリートイレ・遊園地・住宅・まちづくり

N-3段階　インクルージョン　個性間共生

ユニバーサルデザイン住宅・トイレ・遊園地・まちづくり世代間共生＋個別バリアフリー対応

出所：筆者作成。

ていないということ及び，これらの理念は，2006年の理念とけっして対立概念ではないという理解が重要である。

「ノーマライゼーション」と「インクルージョン」について，図3-1を見てみよう。

図3-1にあるように，ノーマライゼーションとインクルージョンに共通しているのは，障害のある人とない人が，地域社会で共生するビジョンと，その際必要な支援が明確にされている点であり，その反対概念は，セグリゲーション（隔離・分断）や社会的排除（エクスクルージョン）である。それらは，障害のある人とない人が一定の緊張関係にあるインテグレーション（統合）のプ

ロセス（N-1段階）を経て，やがて，障害のある人もメインストリーミングされて，社会の一員として主流化される（N-2段階）ことになる。ただしまだこの段階では，障害者に対する特別な支援や配慮は続いていて，やがてインクルージョン社会（N-3段階）においては，障害者という形での特別な支援や配慮ではなく，すべての市民それぞれに必要な支援や配慮として展開してゆくものと思われる。つまりは，NICU（新生児集中治療室）から移行する重症心身障害児も，視覚障害の学齢児も，特別優秀な兄をもってしまった普通の弟も，発達障害の大学生も，DVで苦しむ女性も，就労中でうつ状態の労働者も，触法に追い込まれた知的障害者も，生きる意味を見いだせず苦しむ中年も，生活困難となった聴覚障害の高齢者も，老老介護が行きづまった老夫婦も，みんな時にはそれぞれに支援や配慮を必要とする市民であり，また時には他者や仲間に支援や配慮が可能な社会資源としての市民なのだ。

　問題は，図3-1にあるような，日本型メインストリーミング（擬似主流化）であり，主流化の流れの中で，こっそりと特定の人やグループを，社会的に隔離・分断したり排除し続ける傾向である。このあえて「特定の」と呼んでいるのは，たとえば中根千恵が『タテ社会の人間関係』（講談社現代新書，1967年）の中で述べているような，日本的な拘束的小集団関係に馴染めない人たちを排除する傾向性が，今も続いているからである。

　もう一つの「医学モデルから社会関係モデルへ」の方をみてみよう。

　障害者権利条約の前文5（障害の定義）には，「障害が（中略）障害者と障害者に対する態度及び環境による障壁との間の相互作用であって，障害者が他の者と平等に社会に完全かつ効果的に参加することを妨げるものによって生ずることを認め」とあり，これは図3-2にあるように，2000年のWHOの国際生活機能分類（ICF）の「機能障害——活動制限——参加制約における個人因子と環境因子の相互作用」という見解をふまえたものである。

　2011年のわが国の改正障害者基本法第2条における障害者の定義「身体障害，知的障害，精神障害（発達障害を含む。）その他の心身の機能の障害（以下「障害」と総称する。）がある者であつて，障害及び社会的障壁により継続的に

第3章 「本人と支援者の相互エンパワーメント」に至るまでの出会い

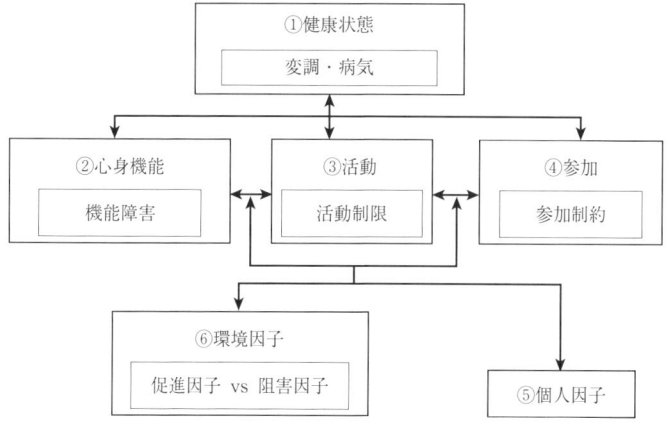

図3-2 国際生活機能分類（ICF）の構成要素間の相互作用

```
              ①健康状態
              変調・病気
        ↓        ↕        ↓
  ②心身機能   ③活動    ④参加
  機能障害   活動制限   参加制約
        ↓        ↓
     ⑥環境因子        ⑤個人因子
   促進因子 vs 阻害因子
```

出所：「国際生活機能分類国際障害分類改訂版」（日本語版）2002年。

日常生活又は社会生活に相当な制限を受ける状態にあるものをいう。」もまた，社会関係モデルをふまえて，機能障害と社会的障壁の関係を示している。この理解をふまえて，成人になった知的障害者や発達障害者をいつまでも治療・訓練して，本人の発達・理解を促進するという「医療・訓練モデル」から，知的障害者や発達障害者の理解を妨げている「わかりにくいコミュニケーション環境（＝障壁）」の改善・合理的配慮という「社会関係モデル」が成立し，それがひいては条約第12条の法的平等性で問題となる「意思決定・表明支援」に繋がる（条約第12条と「意思決定・表明支援」については，第5章4節で詳述する）。

　このように，わが国の障害者政策の大きな転換は，外圧を契機（活用）していることがわかる。

　それは，なぜなのかと問われると，わが国の障害者政策のレベルは，かつてはその程度だったのだということになってしまうが，それは，高齢者政策においても，女性政策においても，およそ市民の権利性に関する問題はそうであって，市民は権利の主体とは位置づけられてはおらず，措置される対象，支援してもらう対象でしかなかったと言える。もっと言えば，家族等による「自助・

71

互助」がその基本にあり，それがどうしても無理なケースにのみ，要生計維持者には，生活保護で対応し，要介護・要医療性の高いケースについては施設・病院収容という，行政による対策事業が為されたのである。ちなみに，障害者基本法の前身である心身障害者対策基本法が障害者基本法に改正されたのは，1993年であった。

  地域自治体での先駆的実践を，国の制度・政策として展開（2000年まで）
　たとえば，1989年の知的障害者グループホーム制度の開始以前に，兵庫県ではそれに取り組んでいる活動が存在していた（兵庫県のみならず，様々な地域でこのような先駆的な取り組みがあったものと思われる）。また1992年の大阪府福祉のまちづくり条例が，1994年の国のハートビル法に大きな影響を与えたことは周知のとおりである。
　定藤丈弘が1988年にアメリカから帰国後早速に，「1988年の障害のあるアメリカ人法案」を翻訳紹介し，さらに「1990年障害のあるアメリカ人法（ADA）」を精力的に紹介し，わが国の障害者運動にインパクトと高揚を与えた。そして，「福祉のまちづくり条例」制定運動が関西を中心に全国に巻き起こり，1992年に大阪と兵庫でほぼ同時に条例ができ，さらによりレベルの高い要綱が大阪市でできた。それは時代の勢いと，時代を見据えた障害者運動と，心ある行政関係者と，気概のある研究者のタッグマッチの賜物であった。ただし，その時私たちは障害者・高齢者を弱者扱いする「福祉のまちづくり条例」ではなく，みんながそこそこ大変なのだから，みんながそれなりに暮らしやすい「誰もが住みよいまちづくり条例」であることも求めていた。[1]
　さらに知的障害者のガイドヘルパー事業も，実際に重度の自閉症や知的障害者の地域生活支援を行っていた大阪市内のグループホームや作業所が，まさにボランタリーに展開してきた活動を，行政が認めて補助金を出したところから始まった。また，現在の金銭管理支援を中心とした日常生活自立支援事業も，まずは障害者の差別や人権侵害の実態調査を大阪府と障害者団体が行い，「障害者人権白書」を作成し，それをふまえて市と大阪府が共同して起こした「後

見支援センター」から始まった事業を全国展開したものである。このように2000年までは，障害当事者の地域生活に必要な様々な支援施策を，まずは地域自治体が先駆的に取り組み，それを国が全国的に普遍化するために法制化することが一般的であった。

　それは，ある意味当然であって，国も市町村も研究者も，障害当事者のニーズに基づく地域での小さな取り組みのもつ意味と重要性を知るところからしか，ニーズを把握しようもなく，ましてそれに必要な制度化のアイデアを持ち得ることなどあり得ないからである。その意味でも，時代を読んだ当事者活動の意義は大きく，またその重要性を受けとめる行政関係者と研究者の役割も忘れてはならない。

介護保険制度前提の障害者政策の展開（2000年の社会福祉基礎構造改革以降）

　介護保険の制定は，これまで貧弱であったわが国の高齢者福祉政策を，一挙に国際的に恥ずかしくないレベルにまで高めた画期的な政策であったことは，第2章で見たように間違いない。ただ，そこでも指摘したように，唯一弱点があったとすれば，それは，北欧のような知的障害等のノーマライゼイションや，アメリカ等の重度障害者の地域自立生活運動の洗礼を踏まえたものではなかったことである。

　第2章で見たように，介護保険が高齢者からスタートしたのは，老人病院や在宅での高齢者の悲惨な状況がクローズアップされたからであるが，ますます深刻化するこの問題について，壮大な構築を行った関係者の先見の明は評価に値する。ただ，わが国の比較的おとなしい高齢者を前提とした制度設計であり，やりやすい所から始めてしまうと，綻びは大きくなる。

　障害者施策は，2000年までは，自治体間の格差が大きかったこともあり，厚生労働省が障害程度区分や相談支援制度等を活用して，普遍化を図ろうとしたことは理解できる。また，裁量的経費を義務的経費化するための努力も無視できない。しかし，相談支援や移動支援やコミュニケーション支援や地域活動支援等の社会参加・参画に要する支援を，ナショナルミニマムを設定せずに，地

域生活支援事業に押し込めてしまったのは，介護保険との関係が露骨でいただけない。

　もちろん先に見たように，社会福祉基礎構造改革と介護保険の背景には，経済上の右肩上がりが終焉して，財政上の逼迫した問題があったことは確かである。しかし，財政上の逼迫した時代にこそ，国家省庁の真の政策力が問われる。右肩上がりの時代には，地域自治体のアイデアをとりこみ，降下してきたら，介護保険を死守してガードを固めるのは，いかがなものか？　いや，地域自治体からのアイデアが挙がってこないからだというのであれば，障害者支援に熱心で先駆的な自治体や支援活動組織に，省庁お墨付き団体の内容限定型ではなく，創造的な提案や活動に億単位の金を5年程度補助すればいいのだ。このご時世，地域自治体，とりわけ障害者支援に一定以上熱心な地域自治体に，そのような活動を助成する金などない。だから，2000年以降，地域自治体や様々な支援組織の活動やアイデアも，徐々に疲弊しつつある。

　たとえば，山本深雪たち当事者が，心ある弁護士たちと大阪精神医療人権センターを立ち上げ，意欲的な大阪府の職員たちと構想した，精神科病院へのまさに日本型のオンブズマン活動（ぶらっと訪問）は，紆余曲折を経ながらも，現在でも，大阪でのみかろうじて展開している。このような地域の重要な試みの全国展開のためにこそ，その知恵と金を国の省庁は投ずべきではないのか？[2]

　言うまでもなく，障害者支援施策の基本は，社会参加・役割支援である。社会参加に必要な，障害ゆえに個別にかかる支援サービスを必要な合理的配慮として認めずに，医療や身辺介護や生活費保障（生活保護）のみを支援施策としてしまえば，インクルーシブ社会はその基盤を失い，多くの障害者・高齢者は援助を要する依存的弱者と見なされて，多様で多彩で活力のある社会を創出する参加主体とは見なされなくなってしまう。

　これは，支援サービスを必要とする障害者・高齢者を，社会的自立のできない支援サービスに依存する存在としてとらえ，社会的自立を「支援サービスを使わなくなること」と考える，旧態依然たる医療・訓練モデルの「身辺自立」「職業自立」理解でしかない。

第3章 「本人と支援者の相互エンパワーメント」に至るまでの出会い

図3-3 障害者・高齢者を含むすべての市民への支援の3層構造
C合理的配慮は，A基礎的環境整備B普遍的社会保障が前提

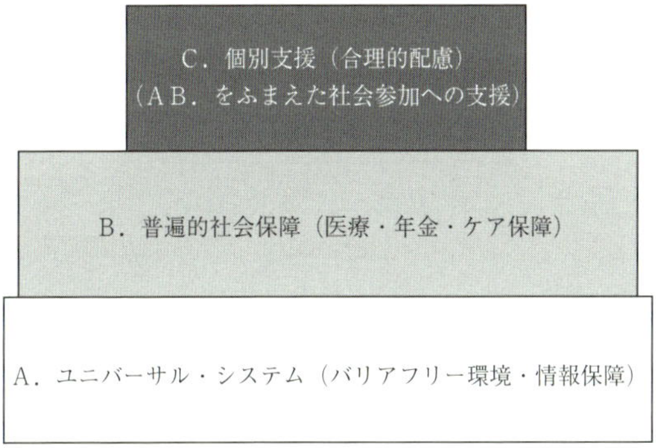

```
┌─────────────────────────────────────┐
│      C．個別支援（合理的配慮）       │
│   （AB．をふまえた社会参加への支援） │
├─────────────────────────────────────┤
│  B．普遍的社会保障（医療・年金・ケア保障）│
├─────────────────────────────────────┤
│ A．ユニバーサル・システム（バリアフリー環境・情報保障）│
└─────────────────────────────────────┘
```

出所：筆者作成。

　そうではなく，インクルーシブ社会をその社会の基本理念とするのであれば，すべての市民が，その社会参加に必要な支援としての合理的配慮を前提として（「障害者権利条約」では，社会参加に必要な合理的配慮を行わないことは差別と見なされる），その支援によって一般就労する者は一般就労し，それが現状では困難な者は，普遍的支援施策と合理的配慮を活用しながら，多様な社会参加（＝自立生活）をしてゆくことになる。そのことによって，21世紀後半には，その人口割合が過半数に達するわが国の障害者と高齢者が，社会のお荷物などではなく，活力ある社会生活主体として活躍できることになろう。

　図3-3は，そのことを図示したものである。要は，バリアフリー環境や情報保障や普遍的社会保障といった基盤整備もなしに，障害者や高齢者等に社会参加・社会貢献を求めても，居住や移動もままならない状況では，自由に働いたり，消費したり，学習したり，ボランティアしたりはできない。さらに，「障害者権利条約」に基づく2013年の「障害者差別解消法」においては，社会参加に必要な個別の合理的配慮が社会に求められている。支援サービスを必要とする高齢者は，言うまでもなく障害者でもあり，障害者差別解消法の対象に含まれる。

　ただ，イギリス型のソーシャル・インクルージョンが，そのような基本理念

75

図3-4　2つの人間社会の原理

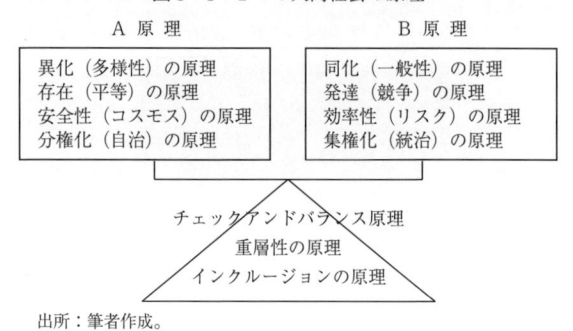

```
      A 原 理                    B 原 理
┌─────────────────┐      ┌─────────────────┐
│ 異化（多様性）の原理 │      │ 同化（一般性）の原理 │
│ 存在（平等）の原理   │      │ 発達（競争）の原理   │
│ 安全性（コスモス）の原理│      │ 効率性（リスク）の原理│
│ 分権化（自治）の原理 │      │ 集権化（統治）の原理 │
└─────────────────┘      └─────────────────┘
             \               /
              チェックアンドバランス原理
                 重層性の原理
              インクルージョンの原理
```

出所：筆者作成。

の下でうまく展開できているとは，とても言えない。逆に問題点も見えてくる。「さあ，共に生きる仕組みはできましたよ。どうして一緒に働いたり，学んだり，暮らさないのですか？」「一般的な市民に対する地域生活支援は準備されていますよ。なぜそれを使わないんですか？」というユニバーサルなあり方・生き方の押し付けがうまれる可能性がある。みんなが普通の市民でなければならないという訳だ。

それに輪をかけて，わが国のように，いまだOECD低位に位置する障害者支援の国の支援サービスの普遍化・一般化は，多様・多彩な人間のあり方を尊重しないし，できないのだ。「違うこと」との関係の中にしか，人間の豊かさは存在しないことがわからずに，「同じであること」で，安定・安心しようとしているとも言える。

もちろんこのことは，わが国に特有というわけではない。図3-4にあるように，この両者は，ある種のバランスの上に成り立っている。それぞれの社会の伝統文化や基本構造は，B原理の「(市場) 競争・原理主義」とA原理の「存在・平等主義」の間のどこかに位置づくといえるが，人間にとってはどちらの原理も大切である。

たとえば，乳幼児期には，エリク・エリクソンの言う「基本的信頼 (Basic Trust)」[3] やカール・ロジャースの言う「無条件の尊重 (Unconditional Respect)」[4] のA原理が重要であり，児童青年の教育の世界では，このA・B両

第3章 「本人と支援者の相互エンパワーメント」に至るまでの出会い

原理の兼ね合いが重要であり，大人の生産の世界ではB の競争原理が重要である。しかし，生産の世界でも，大きなリスクを有するその競争が真に展開されるためには，まさに，綱渡りの曲芸師が大胆な試みができるような，容易にやぶれないA原理のセーフティーネット（万が一落っこちた場合の受け網）が必要であり，再チャレンジできる仕組みや，そのような人にスティグマをあたえない文化が必要である。

　このように，一人の人生のライフサイクルにおいても，両方の原理が共存しており，まして様々な人種・民族・宗教・性別・年齢・障害・疾病・志向性の人間が共生・共存する私たちの社会が，一枚岩の原理でうまく機能することなどあり得ないのだ。

　それぞれの社会は，その時代において，それまで培ってきたその固有の伝統文化と基本構造を，まさにグローバリーゼーションという国際的文脈の中で，どのようにA原理とB原理のバランスを損なうことなく新たなる伝統文化と基本構造へと昇華・創出してゆくのかが，求められている。

3　大学教員としての出会い

教え子たちと福祉現場の情況
　私は，やがて重度の障害者の生活実態を少しずつ理解し始め，それがあまりにアメリカ・カナダやスウェーデン，デンマーク等（もちろん，並列に並べたこれらの国ごとにステイクホルダー間の関係構造は異なる）と異なって，ステイクホルダーA（サービス利用者）としては弱体であることに気づいて，自立生活運動の支援をはじめた。当時の私なりの戦略は，国や自治体の制度・政策について，戦略的にものが言える政策提言型の障害者運動を夢見ていたのだ。その問題提起自体は誤っていなかったつもりだが，その戦略等の様々な点において，甘かったと言わざるをえない。

　私が，見誤ったことのもう一つは，私が送り出した多くの卒業生たちの喜べない諸情況を，深くは考えていなかったことだ。私たちが，当事者運動やコン

シューマー運動を，わが国で何とか根付かせようとしていたまさにその福祉現場において，「専門家主導モデル」から「本人中心支援モデル」へ展開しようにも，支援者の専門性も労働条件も悲しむべき情況になってきたからである。

　これも，2000年の社会福祉基礎構造改革と介護保険制度と無関係ではない。その制度設計における規制緩和の大きな流れの中で，福祉サービス職員の「勤務条件の改善や十分な配慮」（「高齢者介護・自立支援システム研究会報告」1994年）とは逆行する，多くの職員を非常勤化する「常勤換算」の導入や，措置費に対応した必要な人件費の割合（単価に対する人件費比率）なき，惨憺たる非常勤・低賃金の介護・介助労働現場を生み出してしまったのだ。

　ちなみに，第2章で紹介した「高齢者介護・自立支援システム研究会報告」の「人材の確保」に関する，これも美しい一文を見ておこう。

　　「介護基盤整備の上で最も重要となるのが，介護サービスを担う人材確保の問題である。若年労働力人口の減少が予測される中で，介護サービスの中核を担う看護・介護・リハビリテーションなどの人材確保は最重要課題である。

　　このため，これら専門職員の養成体制の強化を図るとともに，勤務条件の改善や魅力ある職場づくり，社会的評価の向上を積極的に進めていくことが求められる。また，民間セクターへの業務委託についても，介護の現場で働く従事者の勤務条件に対する十分な配慮がのぞまれる。」

　厚生労働省も，一定の問題意識は持っていたようで，2003年12月の「総合規制改革第3次答申に対する考え方」の中で，以下のように述べている。

　　「厚生労働行政の分野は，サービスや規制の内容が国民の生命・生活や労働者の労働条件などに密接に関わるものであり，またそのサービスの大半が，保険財源や公費で賄われているなど，他分野とは異なる性格を有していることから，

　　①サービスの質や安全性の低下を招いたり，安定的な生活が損なわれることがないか（中略）

　　③規制を緩和した結果，労働者の保護に欠けることになったり，生活に不

安感を起こさせないか（中略）

などの観点から，慎重な検討を行うことが必要。」

　厚生労働省にもわかっていたように，支援者の生活の不安定が，サービスの質や安全性の低下を招くことは明らかであり，支援者の心身のエンパワーメント支援が，障害者の心身のエンパワーメント支援と無関係ではないことは，だれの目にも明らかである。

　ただ，この問題を一般的な賃金や労働条件の問題だけに，矮小化してはならない。なぜなら，これまでの障害者本人と支援者の関係において，労働条件の整っていた現場で「本人と支援者の相互エンパワーメント」が展開されていたとは，かならずしも言えないからである。

　それは，私たちの支援の実感からしても，十分リアリティーがあるのである。一定レベルの職員が一定数以下になれば，職員の多忙さやストレスは限界に達し，どこかで破たんやミスが起こらざるを得ない。一方職員が多ければ，当然，勤務休制には余裕ができるが，その余裕が支援の質につながるかどうかは，まさにその現場の哲学と姿勢による。

　本書の第5章では，西宮市青葉園の「本人と支援者の相互エンパワーメント」を取り上げるが，そこで登場する清水明彦は，青葉園の最重度障害者一人ひとりが真にエンパワーメントされるためには，本人と支援者との間に立ち起こるドラマ性を担保するために，基本的には1対1の支援者配置が必要であるという論理を構築して，つねに西宮市との交渉にあたってきたという。

　自立生活運動においても，たとえばジュディー・ヒューマンは私とのインタビューのなかで，「私の介助者は，一定の期間私と人生を共にするわけだから，だれでもいいという訳にはいかない。ちゃんと私を理解して介助できるようにトレーニングします」と語っている。

　私は，何人かのジュディーの介助者を知っているが，彼女たちがジュディーの生き様に触れて障害者の自立生活（運動）に理解・共感しているだけでなく，ジュディーもまた，介助者の英語力の向上や学生としての研修等に気を配っており，それぞれのもっている部分を活かし合い，支え合っていることがわかる。

これは，障害者の自立生活センターの問題だけではなく，福祉現場等のヒューマンサービス現場全体のもっとも重要なテーマなのだが，自立生活運動においては，サービスの消費者が，サービス提供者である介助者の雇い手であるが故に，介助者を，その理念と活動を共有する仲間として育てているのか，それとも，介助者をただの介護力の一こまとして使おうとしているのか，これが決定的な違いなのだ。介助者を人間として，仲間として迎え入れ，一緒に活動を創出して行けば，本人も介助者もエンパワーメントされるのだ。
　アメリカの一部の自立生活運動には，障害者が雇用者になって介助者に金を払えば，介助者に支配されることはなくなり，自分の思うがままの介助が受けられるという主張がある。確かに，これまでのサービス提供者によるパターナリスティックな支配——依存関係は，本人にも支援者にも相互エンパワーメント関係を形成しないが故に間違っている。
　しかし，それは逆に障害者が支援者をコントロールすれば済むといった問題ではまったくない。それを真に希望するのであれば，自分のコントロールのまま動く介護ロボットの開発こそが，自立生活運動の最大のテーマであろう。
　そのような貧困な介助のイメージが成立したのは，アメリカ文化の精神的自立への渇望の中で，自分たちは身体的には介助を必要としているが，精神的には自立していて，介助者を自分の命令で使って，やりたいことができるのだといった一部の中途障害者やポリオ後遺症者の劣等感の裏返しのようにも取れてしまう。それでは，障害者である自分自身が，他の障害者を差別する構造にはまり込む。しかもそれは，アメリカ社会の格差構造に根差した，カラード（白人以外のアジア人，黒人，ラテンアメリカ人）の最低賃金労働介助者に依存した，白人を中心とした消費者運動としての側面も否めない。たとえば，1990年代のデータによれば，ニューヨーク州で介助労働をする人の90％は，カラードだった。その後白人層の階層分化もあって，若干状況は変化してきているが，それでも，2010年のカリフォルニア州のデータをみれば，介助労働者の85％は女性で，70％はカラードであり，一般労働工賃（時間18ドル）に対して時間10ドルの最低賃金労働という状態はあまり変化していない[5]。

それに対して，わが国の地域での自立生活運動は，1960年代からの脳性まひ者による青い芝運動等を引き継いでいるために，知的障害者や精神障害者を排除するような運動とはならなかった（はずである）。

私は，この日本的情況をふまえて，

「医療モデル」を「サービス提供者としての専門家がその関係をコントロールし，サービス利用者は，専門家に依存あるいは従うべきことが原理的及び構造的に想定されている関係のあり方」，

「自立生活モデル」を「①個人の次元においては，障害者等が自分でやりにくい時やわかりづらい時に，仲間や支援者等の支援を活用して，自分で選んだあたりまえの市民生活を生きること。②障害者等に関する支援施策や施設サービスの次元においては，その計画から実行にいたるすべてのプロセスに中心的に参画し，コンシューマーコントロール（当事者主導）を行うこと」

と定義したのだ。

定義にもあるように自立生活は身体障害者がやりにくい時だけでなく，知的障害者や精神障害者がわかりづらい時に，支援者による障害者の個性と必要に基づいた情報提供や情報説明等によって，本人がその自己意思や自己選択を表明できるまで支援を活用することもまた自立生活だととらえている。

重度の障害のあるゼミ生との出会い

そしてさらに，私を根底から揺さぶる出会いがあった。

実は私が，この後紹介する図3−5に至りついたのは，ここでAさんとして登場する，ほぼ寝たきりで全介助のきわめて重い障害のある藤井規之と出会えたからである。彼と出会う前に，私が障害者の支援に関して描いていたのは図3−6であった。これでも，サービス提供者中心のイメージしか湧かない図3−7のような図と比べて，その時代を超えた，本人中心の支援図のつもりであった。

藤井規之は養護学校（現特別支援学校）を卒業後，私の勤務する桃山学院大学に入学したいと言い（「言い」といっても，彼はまったくしゃべれない。基

81

図3-5 本人の地域生活における様々な参加や役割関係上の問題の改善・調整

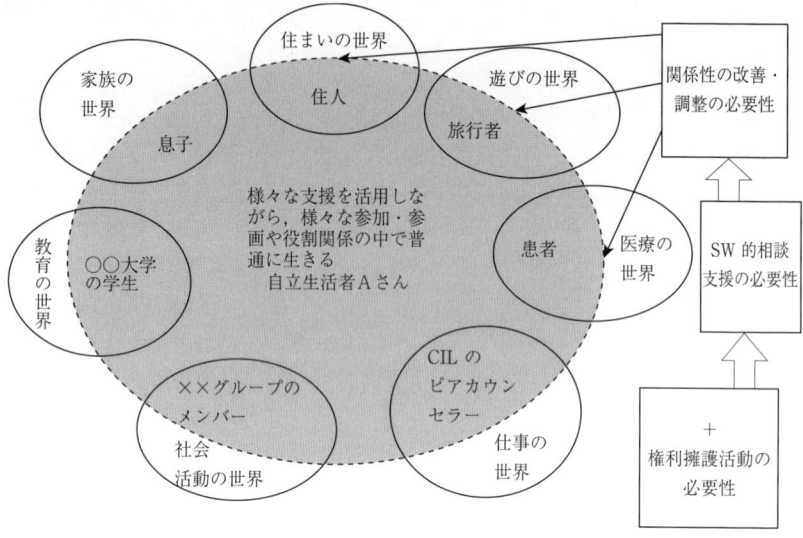

出所：筆者作成。

図3-6 本人を中心とした地域自立生活に必要な支援

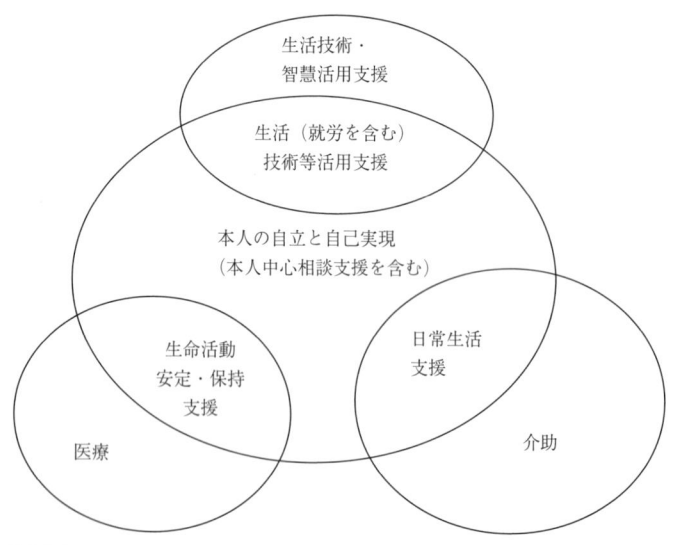

出所：筆者作成。

第3章 「本人と支援者の相互エンパワーメント」に至るまでの出会い

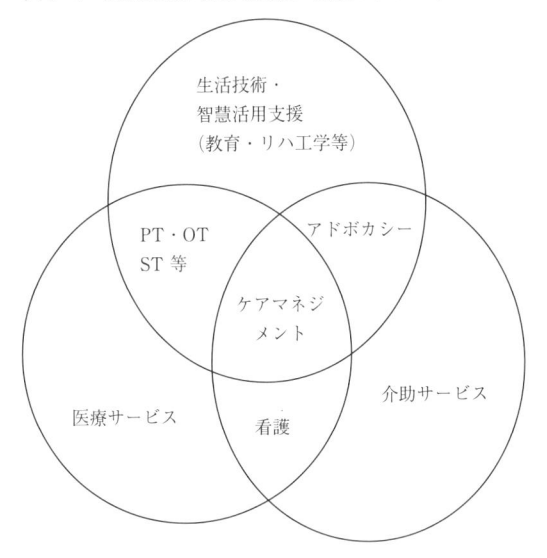

図3-7 地域生活に必要な支援の類型とケアマネジメント

生活技術・
智慧活用支援
（教育・リハ工学等）

PT・OT
ST 等

アドボカシー

ケアマネジメント

医療サービス

看護

介助サービス

出所：筆者作成。

本的なコミュニケーション手段は，随意運動が可能な眼球を動かすことで行うやり方と，これもかろうじて動く左足のかかとでパソコン入力するやり方のみである），それは叶わなかったが，やがて科目等履修生として入学した。ただしそこでも，履修生登録に関して，提出したレポートが本当に本人が書いたものかわからない等で教務課からクレームがあったのを乗り越えての入学であった。やがて3回生になると，私のゼミに参加を希望してきたので，学則を無視して，（要はモグリで）ゼミ生として受け入れた。

　彼がゼミに入って2，3回目のころ，私が質問してゼミ生みんなの意見を聞いていた時のことである。彼がなにやら必死でうめき声を上げてよだれを垂らすので，隣の学生に眼球運動で彼の言いたいことを聞き取ってもらうと，それは，なんと，私の質問に対するきわめてまっとうな意見であった。日頃学生や講演の聴衆には，偉そうに，人をその障害の程度やみてくれで判断してはならないなどと大見えを切っておきながら，自分のちっぽけなこれまでの経験に当てはめて，彼がそこまでの理解力を有しているとはつゆ思わずに，同じ年頃の

83

学生たちと交流したいのだろう位に思っていたのだ。この出会いのこの体験は，私のいい加減な認識と判断を，それこそ完全に打ち砕いてくれた，ありがたい出会いであった。

それからの2年間は，みんなでいっしょに勉強やコンパやゼミ旅行を大いに楽しんだ。自分ではまったく動けない全介助の彼は，やがてゼミ学生等を介助者として大学近辺のアパートでの自立生活を試みた。卒業後は，大阪市内の自立生活センターでピアカウンセラーとして働き，介助者を活用して，アパートで一人暮らしをしている。

ちなみに，かつては障害者の自立生活に欠かせないバリアの少ないアパートを見つけ出し，それを賃貸するのは想像以上に大変であった。障害者本人が不動産屋さんに行くと空きがないという理由で断られ，介助者が一人で行くと，入居OKだったりすることも多かった。結局何十軒回っても断られ，やむなく（戦略的に？）介助者が一人で借り，障害者が偶然（？）いっしょに住み込み，今度は介助者が交代で出入りする形を取ったりもした。

以前のアパートでは，複数の介助者の出入りのために，夜間も鍵を開けていることが知れて，本人の目の前で堂々と盗難に遭ったりもしたらしい。自立生活が，そのようなリスクと無縁でないことは，以前述べた通りだが，だからと言って，それを見過ごすわけにはいかない。より安全でかつ柔軟性のある管理体制の構築が，それ以降追及されたことは言うまでもない。

このような藤井規之との出会いと，彼の人生に少しでも立ち会えたことで，私の図3-6は，図3-5に進化することができた。つまりは，図3-6は一見本人中心の図に見えるが，どうしても様々なサービスや支援をしてもらうだけのイメージになりがちである。それに対して図3-5では，様々な社会関係や人間関係の中で，してもらうだけでなく，働きかける主体的・能動的な生活者のイメージが展開可能なのだ。一見最も受動的にしか見えない図3-6にぴったりに見える藤井規之が，私の目のうろこを取っ払ってくれ図3-5に導いてくれたのだ。

私は，聖書のイエスの言葉を噛みしめた。

第3章 「本人と支援者の相互エンパワーメント」に至るまでの出会い

「なぜ兄弟の目にある屑を見て，自分の目にある梁に気がつかないのか。あるいはどうして兄弟に対して，すいません，あなたの目から屑を取ってさしあげます，などと言ったりするのか。見よ，自分の目に梁がある。偽善者よ，まず自分の目から梁を取り除け。そしてその時，よく見えて，兄弟の目から屑を取り除けられるであろう（マタイ福音書 7-3～5）[6]。」

　私の目の梁は，藤井規之が，まさに目からうろこが落ちるように取り払ってくれたのだが，このような出会いは，私たちが彼をゼミに招かなければ成立しなかったと言えよう。

　まさに様々な支援を活用しながら，様々な人間関係と社会関係の中で普通に生きる自立生活者藤井規之の，社会生活上の様々な役割や参加遂行上の問題の改善・調整の支援こそが，私たちの求める本人中心相談支援であり，さらにそこでは，一定以上のコンフリクトや権利侵害状況に対しては，パーソナル・アドボカシーやシステム・アドボカシー戦略を駆使できる権利擁護が求められる。

　実際のところ，北野ゼミでもこの学年のゼミ生はレベルが高い。それは，藤井則之と共に学びあったからに他ならない。たとえ1泊2日のゼミ旅行の企画ですら，まずは，藤井規之の希望と他のゼミ生の希望とのすり合わせという，時間のかかるコミュニケーションから始まる。そしてわが国の一般的な旅行会社の障害者への無理解を知り，ではと自分たちで乗り物の手配や旅館の手配やアトラクションの手配等を試みて，障害者が使える駅や旅館やアトラクション等のあまりの貧弱さに気づく。その時本人と一緒になってその差別的対応に怒りを覚え，然りながら，怒っているだけでは何も参加できないので，何かあればこちらで対処します，そちらの責任は云々しませんといった，交渉のテクニックを身につけることになる。

　また，ゼミ生たちは移動，食事，排せつ，着脱，入浴等の日常生活介助を，自然に本人の希望する形で身につけていった。まさに「様々な人間関係と社会関係の中で普通に生きる自立生活者藤井規之の，社会生活上の様々な役割や参加遂行上の問題の改善・調整の支援」を地で行くことになった。彼ら・彼女らが，そのような形で「本人と支援者の相互エンパワーメント」関係を構築し，

エンパワーメントされた自立生活者と支援者になれたのは，当然と言えよう。

4 母への介助関係の中での出会い

　私の母の場合，パーキンソン症状は，徐々に彼女の選択肢を狭めていった。父が亡くなり，弟との府営住宅での2人暮らしが始まったのだが，ここでも，以前のエレベーターなし，風呂なしの府営住宅が建て直しのために，新築の府営住宅に転居することとなり，奇跡的に生活が一変した。私は，障害者の地域自立生活運動への支援として，長く大阪府や市の障害者計画や福祉のまちづくり条例等に関わってきたが，この時ほど，大阪の障害運動に感謝の念を抱いたことはない。なんと，新しい府営住宅は，まちづくり条例と要綱によって，通路等の共通スペースだけでなく，全室完全無段差状態となっていたのだ。エレベーターをおりて玄関を開けると，上り框もなく，まったくのフラットの状態であり，車イスでも悠々と移動できる廊下，ふすまの敷居も見事な設計で，これなら高齢者も子どももつまずくことはまずない。風呂場やトイレも足元はフラットで，車イスでの室内移動が簡単なだけでなく，母のリハビリテーションを兼ねた室内散歩も，足を取られることがない。

　私たちは雨の日や体調のあまりよくない日は，間隔をあけて飾られた父の写真や仏壇を巡る室内散歩を楽しんだ（といっても，パーキンソン病が進行してきた母にとっては，それはかなりの重労働だったに違いないが）。

　母は，意識不明の祖母を病院で面会もままならない情況で亡くしたこともあって，延命医療や入院治療を望んではいなかった。また母が施設や病院だけでなくショートステイすら嫌がっていたことも，よくわかっていた。

　私もまた，母や弟との話し合いや，母のケアマネジャー（母は強運の持ち主で，最初のケアマネジャーは母の以前の勤め先の元看護師さんであった）との話し合いの中から，私なりの選択と決断をした。時に「お母さんのために，よく仕事を辞められましたね」とくすぐったいことを言われることがあるが，そんなことはあり得ない。どうしても辞めたくなかったら，私は辞めなかったで

あろう。ケアマネジャーと話し合って，要介護5のマックスのサービスを超える自己負担分を，可能なかぎり目一杯負担して，母の体調が悪い時で，私が東京からどうしても戻れない時には，ショートステイを使ってくれるように，母に頼んだに違いない。

「本人と支援者の相互エンパワーメント」は，けっしてきれいごとではない。私には私の人生があり，母には母の人生があり，弟には弟の人生がある。そして，本人と家族介助者を支えるわが国の介護保険と医療保険があり，何と，母が死ぬ半年前には，パーキンソン病関連疾患ということで，難病の特定疾患医療費助成も受給できた。

それらを十二分に活用して，それぞれの人生（といっても，私たちの人生は深くつながっており，そのつらなり，関係性が私たちの人生の彩でもあり業でもある）を，それなりに目一杯生きることしかない。古風なところのある母は，長男である私が，施設への入所をお願いすれば，おそらくNOとは言わなかったであろう。これは，私がたまたま障害者の地域自立生活支援をしていて，その手前，自分の母を施設にはやれなかったといった問題では全然ない。私が，東京での教員生活や単身生活より，大阪での家族との生活や母の介助を選択したに過ぎない。母もまた，母なりに在宅での生活を維持するために，様々な人間関係と社会資源を駆使してねばったという他ない。

さて母の希望が叶って以前と同じ4階の南向きの明るい部屋で，介護保険を使って友人の経営する事業所で素敵な電動ベッドを借り（これも母の状態変化に応じて2回機種をチェンジしてもらった），いよいよベッド中心の生活が始まった。私もまた2人の生活を壊すことなくわが家からの週1，2回の通いから始めたのだが，大阪での仕事も徐々に増えてきて，知り合いの頼まれ仕事等で通いの回数が減ったりすると，食欲が減ったりやる気をなくしたりもする。母は母であり，妹であり，祖母であり，主治医や訪問看護の患者であり，ヘルパーの利用者であり，近所の世話役であり，近隣の庭のお花を愛でる人であり，デイサービスの懐メロの名歌手であり，アパートのおじいちゃんのガールフレンドだったりもする。

一般的な老化とパーキンソン症状の進行は，それらの期待された役割の遂行を困難にするが，人間関係は基本的に役割期待と期待役割遂行の連鎖からなる。つまりは，役割期待が母から奪われる時母は人間として役目を終えることになる。ただその役割期待が，いつまでも老化やパーキンソン症状の進行以前のままであれば，期待役割遂行は困難となり，本人はボケる他なくなる。いつまでも，昔の役割期待にこだわる本人を問題にする専門家もいるが，役割期待と期待役割遂行は人間関係の相互展開であって，現在の役割期待（「もう歳なのだから，そんなことしなくていいよ」）がかつての役割期待とあまりに離れていれば，本人のアイデンティティ保持機能（ささやかなプライド）は，立ちゆかないであろう。それでも役割期待をなくせば人間としての生き様は行き詰まる。支援者がプロであれば，その間をつなぐ支援を知っているはずである。

　母は，訪ねていく私が着ているものを見ては，「今日はこの後どこへ行くの？　講演会なら，そんな服装じゃね」などと母をしている時や，妻が母のデイサービス行きの服を買って行った時にうれしそうに義母をしている時や，孫に小遣いを渡してすこし満足げに祖母をしている時といった期待役割遂行が充実している時を一つひとつ大切にしながら，徐々に衰えていった。

　母にとって，私にしてもらうことが増えるのは，はじめは遠慮があったことは確かだ。母としての自負，女としての恥じらいもあったに違いない。ありがたいことに，そのような抵抗は老いが和らげてくれる。これまで，主に私に対してしてあげる人であった母が，やがて身体機能の衰えと共に，私の介助に身を委ねるようになり，そして，やがて一歩一歩死と隣り合わせとなって，すべてを委ねていくようにも見えた。

　花の好きな母が，春と秋の天気のいい日に車イスで散歩をするのを，最初は人目もあっていやがっていたが，やがてそれを楽しみにしているのが，こちらにも伝わってきた。日本の四季というものはありがたいもので，1月の水仙や蠟梅，2月の紅梅や白梅は寒くて出辛くとも，3月の桃や椿，4月の桜やモクレン，5月のバラや花水木は，大阪市内でも十分楽しめる。梅雨時となりアジサイを最後に7月から9月はじっと耐えるだけ，大坂夏の陣である。とてもム

第3章 「本人と支援者の相互エンパワーメント」に至るまでの出会い

クゲやサルスベリを見に行こうという気にはなれない。やがて10月ともなれば，金木犀やサザンカ，そして一時の紅葉のドウダンツツジやモミジが嬉しく，少々寒くても母は散歩を楽しむ。

母のほんとうの思いとは？

ところがである。何時の頃からであろうか，私が散歩に誘えばうれしそうにするのだが，母からの意思表示は消えていった。初めは外に出ようと思えば準備もあり，動かないからだでいす型トイレで出すものをがんばって出したり，トレーニングパンツ（紙おむつの美名）を換えて，服を着替えて準備万端してベットから車イスに移乗して，髪の毛を正してやっと出発となるのだが，そこまでの気力・体力が持たなくなってきだしたのだとばかり思っていた。それでも，いったん表に出て，いつものコースを辿れば，好きな子どもにも犬にも出会うし，何より母の好きな花の咲く草木が待っているのを楽しんでいるのだとばかり思っていた。

そう，確かに母は花の咲く草木が好きだ。私もまたそうだ。趣味が合うということは，介助にとっては確かに好ましいのだが，それも徐々に怪しくなってくるのだ。母からではなく，こちらからの誘いかけに乗って来る雰囲気が，心身は拒否気味だが，行ってしまえばそれなりに楽しいというイメージから徐々に，私がそうすれば喜ぶからに変わってきている気がしてきたのだ。

いやもっと言えばずっと前から，花の咲く草木が好きな私が母を喜ばせていると感じていることの役割期待を，実現・遂行することだけをその喜び・楽しみにしていたのではないか，と。

私は，その時多くの知的障害者や重症心身障害者の仲間とその支援者の交わし合う笑顔を思い出していた。彼ら・彼女らは，その役割期待と期待役割遂行を，きわめて狭い人間関係の中で営んでおり，その関係が狭ければ狭いほど，その笑顔に潜む役割期待と期待役割遂行のドラマをそれこそしっかり認識することが，支援者に求められているにちがいない。

それが，私たちの「本人と支援者の相互エンパワーメント関係」の主題の一

つである。

看取りの段階

そして母は、体調を崩すと舌根沈下が起こるので、体位交換には気をつけてはいたのだが、時に呼吸困難を起こし始めた。また、ちょっとした油断で、あっという間に褥瘡を作ってしまい、次の１週間の油断で、右足拘縮が進行してしまった。終り近くには、誤嚥性肺炎を起こして、食事困難となり、点滴と介護食の併用となり、徐々に痰の吸引回数が増え、やがて介護食を摂るのも困難な状態になり24時間点滴となった。やがて酸素濃度測定と酸素マスク装着、またちょっとしたことが重なって、褥瘡がひどくなってしまい、主治医や歯科医だけでなく、皮膚科医、それに普段の看護師、理学療法士、歯科衛生士、マッサージ師と医療関係者のオンパレードで、毎日何人かがすれ違うといった情況となった。

私も、通いなどと言っておれなくなり、母のとなりの部屋で泊りこみとなったが、悲しいことに移動介助はできないし食事介助は点滴が、排せつ介助は尿道カテーテルがやってしまうので、私のできることはどんどんなくなってきて、最後は一部着替えと、痰の吸引とバイタルチェックと、体位の交換ぐらいで、それもほとんど在宅医療・看護の面々が、みごとにこなしてゆく。母の大好きなヘルパーたちも来てくれるのだが、少しずつその領域を狭められてゆくのが手に取るようにわかる。それでもそれは私も同じで、母の普段の人間関係そのものであり、言葉をかけ合い、慰め合い、いたわりあい、手を握り合い、顔を奇麗にして、髪の毛を梳いて、可能な着替えをし（といっても、点滴の位置によっては、着替えも困難となる）、少しでも気持ちよく過ごしてもらおうという気持ちが伝わってくるし、何よりありがたいのは、その信頼関係のおかげで、ヘルパーたちのいる間だけは、私が緊張の糸をほどいて休めることであった。医療・看護の面々は時間も短いし、大体が緊迫している場面が多くて、家族は休むどころではない。それでも、看護師のテキパキとしたプロとしての手さばきや動きを見ていると、家族は限りなく励まされる。

在宅の支援においては，両者ともに本当に貴重な戦力であり，信頼できるヘルパーと看護師の2大戦力なくしては，家族がどんなに頑張っても，本人の最後を歌いあげる白鳥の歌は聞こえない。

主治医から，これはもう在宅で見るような状態ではないし，いつ何が起こるかわからないと言われ，それでも在宅での支援をお願いし，主治医の海外出張のわずかの日以外は在宅で母は生ききった。そしてその前日に大好きなヘルパーに「ありがとう」とかすかに言って，「本人と支援者の相互エンパワーメント」の何たるかをみんなと共有して，88歳の誕生日の4日後に，眠るように死んでいった。

5　宗教との出会い

これは，出会いの順番でいけば，最後ではないのだが，はじめにでも述べたように，私は路頭に迷った若き時代に，教会にひと時出入りした。またその後，お寺に拾われた経験もあり，宗教と無縁とはいかない。

言うまでもなく，宗教は援助関係の「源」であるが，私には，どうしても，キリスト教の黄金律がひっかかる。

「人々になしてほしいと思うことをすべて，汝らもまた人々になすがよい。(マタイ　7-12)

第1は（中略）汝のすべての心から（中略）主なる汝の神を愛すべし。

第2は（中略）おのれの如く汝の隣人を愛すべし。

(マルコ　12-29〜31)

では，私の隣人とは誰でしょうか。（中略）

一人のサマリア人が道を来て同じ場所に通りがかり，（強盗に半殺しにされた）その人を見て，憐れみ，近寄って，その人の傷を縛り，オリーブ油と葡萄酒を注ぎ，自分の家畜に乗せてあげて，旅籠まで連れて行き，そこで世話をしてあげたのです。（中略）

行って，あなたも同じようになさいな。（ルカ福音書　10-29〜37)[7]」

田川建三によれば，ルカの一文が，「如何にもイエスのものの言い方である」[8]ということになる。また，隣人とは，「ユダヤ教においては，同じユダヤ教の信仰を持ち……ユダヤ人として生きている者」[9]であって，イエスは，それに対して「そんなお題目を嬉しそうに唱えていたってしょうがないので，重要なのはあなた自身が現実に何をやっているかということだよ，という（イエスのものの言い方）」[10]で，有名なサマリア人のたとえ話をしたらしい。
　私は，ロバの子に乗ってエルサレムのユダヤ教の神殿の境内の押し入り，そこで商いをしていた者たちを追い出し，その店を壊して回るイエス（マタイ福音書21-12）が，嫌いではない。
　宗教的共同体のもつ排他的な権威性は，権力志向の倒錯した表れであり，ユダヤ教の宗教権力が，ローマ帝国権力に対する倒錯した権力志向だとすれば，イエスの教えにも，宗教権力に対する無意識の反権力的執念を感じてしまう。
　「人々になしてほしいと思うことをすべて，汝らもまた人々になすがよい」というキリスト教の黄金律に対して，中村元は，こう述べている。
　　「ただし，神の愛は限定されていて，選ばれざる者は黙殺されてしまう。
　　ところがブッダの場合には，契約の観念がない。救われる存在の範囲は無限に開けている。慈悲はいかなる生存者にも及ぶのである。」[11]
　さらに，孔子の場合は，「自分のいやなことは，他人に仕向けぬよう」だったらしい。[12]
　こうも書かれている。
　　「子貢『わたしは人からされたくないことは，こちらからも人にしたくない』
　　孔子『賜君，君にやれることじゃないね』」[13]
　私は，この孔子の消極的な表現にひかれる。
　支援の理念や目標は，「相手が望むこと（＝役割期待）を，本人のエンパワーメントとして，行う（＝役割期待遂行）こと」であろう。
　一方キリスト教の黄金律は，「自分がしてほしいことを，相手にせよ」であり，孔子は「自分がしてほしくないことは，相手にもするな」であった。

その2つの教えには，ある種のリアリティーがある。というのは，相手が何を本当に欲しているのかも，またそれをすることがよいことなのかも，簡単にはわからないからである。

とすれば，「自分がしてほしいこと」は，確かにこちらの価値観の押しつけではあるが，する側としては，自信と責任の持ちやすい判断ではある。まして，一定の状況判断に基づいて「このような場合には，私だったらこうしてほしい……だから……」と判断しているのだとすれば，その状況判断が誤っていなければ，本人の自信と責任感は一段と高まる。

つまり，「相手が望むこと（＝役割期待）を，自分がしてほしいことを本人のエンパワーメントと見なして，行う（＝役割期待遂行）こと」がキリスト教の黄金律ということになる。

ただし，このような判断は，ある種の押しつけがましさを，どうしても伴う。相手が，自己主張の困難なあるいは共通言語を持たない，子どもや高齢者や障害者や外国人や異教徒の場合には，とりわけそのことが昂じよう。

これが，その宗教を信じてはいないものが一般的に感じる，宗教的介入の不寛容な権威的ありようである。

一方「自分がしてほしくないこと」も，確かにこちらの価値観の押しつけではあるが，それを相手にはしないのであるから，押しつけの度合いは低い。しかしこれは，支援の原理としては苦しい。相手が求めているらしい場合は，どう判断すればいいのかとなれば，「余計なことはしなさんな」ということになりがちで，関係原理として魅力的ではあるが，ある種の押しつけがましさのもつ能動原理には対抗できまい。

キリスト教の黄金律は，やがて，権威的宗教者を超えて，権威的専門職の黄金律となる。

つまりは，「自分がしてほしいことを，相手にせよ」は見事に，「相手が望むことを，相手が自分の支援を必要としているのだと見なして，相手にせよ」となり，きわめてパターナリスティクな「医療・専門家主導モデル」として完成する。

ただし，支援の理念や目標は，「相手が望むこと（＝役割期待）を，本人のエンパワーメントとして，行う（＝役割期待遂行）こと」であり，どのような支援においても，「本人のエンパワーメントとして」という一項を省くわけにはいかない。私たちは，本書の第2章で支援を「本人の意思決定を促したり，容易にするための働きかけを含む，本人の希望や意思をふまえた，本人のエンパワーメントに対する働きかけ」と定義したが，そこでも，支援は「本人の希望や意思を実現すること」と言いきってはいない。
　それが，何を意味しているかは，これから一緒に考えよう。
　さて，私たちのこの本での黄金律は，人と人との関係の基本である，「役割期待」と「役割期待遂行（成就）」の関係のダイナミズムをふまえた，「本人と支援者の相互エンパワーメント」である。
　この関係は，宗教的関係世界の如くには，救済を求めてはいない。また，医療的関係世界のごとくには，治癒を求めてもいない。宗教的関係や医療的関係は，一方的な権力・権威関係を生みやすい。それは，パターナリズム（権威依存関係）が，「役割期待」と「役割期待遂行（成就）」の関係が陥りやすいイネルティア（惰性・なれあいの法則）の典型だからである。
　その際，本人が救済を希求しているから救済が提供される，あるいは本人が治癒を求めているから治癒が与えられるのだという，多くの宗教者や医療者の構えや答えは，そこで起こっている事態の一端をしか表していない。それが，本人と支援者との相互の役割期待と期待遂行であれば，その宗教者や医療者が，本人の自己表出を，そのような役割期待として認識したというにすぎない。「自分で何とか事態を理解・掌握して，自分らしく面白く生きてゆきたい」という本人の基本的な希求は，そこでは，見事にすり替えられる。実際には救済や治癒というものが，もしそれが与えられるものだとすれば，そこでは本人に内在する自己変容力や自己治癒力は搾取され，召し上げられているのだ。もちろん，この自己変容力や自己治癒力は，「本人と支援者の相互エンパワーメント関係」において開花するが故に，他者（支援者）の存在は不可欠ではある。何事も関係性のレトルトの中で培養されるのだが，一方的搾取関係はいただけ

ない。

　私たちが必要としているのは、「自分で何とか事態を理解・掌握して、一緒に自分らしく面白く生きてゆきたい」という本人の基本的な希求を、「本人と支援者の相互エンパワーメント関係」において展開できる、本人と支援者の面白い相互変容関係である。個々の支援者のプロとしての智慧と技術は、その触媒として活かされ、ますます高められるであろうが、決してそれは、本人から召し上げられたものではなく、逆に本人に全力で奉げることによって、相互に培養されるものであり、本人にとっても、支援者にとっても戴くものなのだ。

　本人は、支援専門職にその生き様を決められたり、拘束されることなく、支援者のプロとしての意思決定・表明支援を介して、ますます「自分で何とか事態を理解・掌握し」、支援者のプロとしての技術を介して、ますます「自分らしく面白く生きて」ゆくことになる。

　ただし、私たちが目指す「本人と支援者の相互エンパワーメント」もまた、パワー（力）が介在しており、誤れば、その力のイネルティアに引きずり込まれる。自己実現（actualization）等ではなく、エンパワーメントという言葉を使用するのは、私たちの概念形成の前提に、ステイクホルダー間の利害・利益という力（パワー）の相克があるからだ。きれいごとで何とかなるように見える世界は、基本的にパターナリズムや力（パワー）のイネルティア（惰性・なれあい）に安易に依存した世界だと思って、まず間違いない。

　では、次章でエンパワーメントと「本人と支援者の相互エンパワーメント」の定義を行い、その後、養育者と（障害児を含む）乳幼児の相互関係をふまえて青葉園における「本人と支援者の相互エンパワーメント」関係の検証を行いたいと思う。

注
(1) 北野誠一「まちづくり条例をどう作る」定藤丈弘編『福祉のまちづくり――誰もが暮らしやすいまちをもとめて』（朝日福祉ガイドブック）朝日新聞厚生文化事業団、1994年、67頁。
(2) たとえば、竹端寛『権利擁護が支援を変える』現代書館、2013年、第3章や、吉

池毅志「精神病棟に市民の目を」大阪精神医療人権センター編『はじめての精神医療』2013年，等を参照されたい。
(3) エリクソン，E.H.／小此木啓吾訳編『自我同一性』誠信書房，1973年，第2部第2章。
(4) 伊東博訳編『カウンセリングの理論』（カウンセリング論集2）誠信書房，1968年，第7章。
(5) "california's direct-care workforce fact sheet," Paraprofessional Healthcare Institute, December 2010.
(6) 田川建三訳著『新約聖書 訳と註1　マルコ福音書／マタイ福音書』作品社，2008年，65頁。以下のマルコ福音書・マタイ福音書からの引用は同書より。
(7) 田川建三訳著『新約聖書 訳と註2上　ルカ福音書』作品社，2011年，43-44頁。以下のルカ福音書からの引用は同書より。
(8) 同前書，288頁。
(9) 同前書，287頁。
(10) 同前書，285頁。
(11) 中村元『普遍思想　下巻』（中村元選集第19巻）春秋社，1976年，505頁。
(12) 同前書，509頁。
(13) 同前書，510頁。

第4章

エンパワーメントの定義と「本人と支援者の相互エンパワーメント」

1 自己決定とエンパワーメント

支援の目標としてのエンパワーメントとは

　社会福祉やソーシャルワークにおける支援の大原則として，バイスティクの7原則の中心に位置する「本人の自己決定の原則」がある。ともすればパターナリスティックになりがちな，わが国の医療・福祉の現場で本人支援に関わるものにとって，この「本人の自己決定の原則」はきわめて重要である。ここで「本人の自己決定の原則」とは，支援の実際においては「エンパワーメント支援の原則」でなければならない。

　そのことを明らかにするために，実際の支援の問題について考えてみよう。たとえば現在入所施設や精神科病院で暮らす知的障害者や精神障害者の地域移行は「希望するすべての人たちの地域生活を実現する」のか，それとも「すべての人たちの地域生活を実現する」のかに関してである。後者にすれば，地域移行を希望せず，施設や病院に留まることを希望・自己決定する人を，施設や病院から追い出す（自己決定を無視する）ことになるというのが，前者を主張する人たちの言い分である。

　それは，一見きわめて正論に聞こえるが，本当にそうなのであろうか？

　この件では，アメリカで ADA（障害のあるアメリカ人法）を根拠としたオルムステット（Olmstead）連邦最高裁判決がつとに有名である。[1]

　その判決では「不必要な施設入所は，家族との関係，社会との関係，労働関

係，さらなる教育，豊かな文化的楽しみといった日常生活の諸活動から障害者を切り離してしまうために，それは障害者に対する差別とみなされる」と述べている。ここで問題となる「不必要な施設入所とは何か」については，「地域生活が可能で，本人が地域生活に反対しない人に対する施設入所」がADA上の差別であるとした。ここでも，「地域生活が可能か？」を誰がどのように判断するのかという問題は残されたままだが，すくなくともそれは，本人が地域生活を「希望しなくても，拒否しなければ」，地域生活を推し進めることを意味する。

そのような判断には，4つの理由が存在する。

① 自己決定・自己選択（＝希望）するには，それに必要な選択肢を経験・認識していることが必要
② 自己決定するには，そもそも「選択するという経験」が必要
③ 自己決定・自己選択するには，本人が自由に自分の思いを表現できる状況（相手の顔色を見なくてもいい状況）が必要
④ 自分は障害者だから，そんなことを希望してはいけないという諦め（がまん）に対する精神的及び実際の支援が必要

わが国の知的障害児・者の「特別支援教育」や「入所施設」での現状を考えれば，①②③④がほとんどなされていないと言わざるをえない。ということは，知的障害者本人の諦めにも似た現状における「本人の自己決定・自己選択」を直ちには第1原則にはできないということだ。

「本人の自己決定・自己選択」を，「真に自己決定・自己選択」たらしめる支援の原則がそこになくてはならない。

それが，「エンパワーメント支援の原則」である。

そこでまず，支援の目標としてのエンパワーメント（共に生きる価値と力を高めること）を定義しておこう。

① 本人（家族・支援者等）が，どうせ私（たち）は障害者（年寄り・子ども・女・その家族・その支援者）だからと，諦め（がまん）させられている希望・社会参加・市民的役割・選択（肢）・人権（地域で普通に暮らす

権利)・自分らしさ・可能性・愛し愛されること・仲間で助け合う力・成熟する力・自然治癒力等を自覚し，明確にすると共に，
② その心理的・組織的・社会的・経済的・法的・政治的阻害要因（ICFの阻害的環境要因）と対決して，問題を解決する力を高め，
③ 必要な支援（ICFの促進的環境要因）を活用する力を高め，
④ 自分の弱さ・恐れ等を他者に投射することなく受け入れ，自分も他者も抑圧しないあり方を創出すること

つまり，「自分らしく・人間らしく共に生きる価値と力を高めること」である。

次に定義の①②③④について簡潔に見ておこう。

① 障害者やその家族等が諦め（がまん）させられていることは多い。とりわけ，社会参加や市民的役割あるいは仲間で助け合う力（セルフヘルプ力）がそうである。これらの活動や参加は，支援する専門職のコントロールを超えて，「無力で依存的な」障害者像から「社会に参加し役割を遂行する」障害者像となるだけでなく，非生産的で不必要な支援を減らすという点でも，その社会的意味は大きい。

②，③ その市民社会—国家のどの次元の問題なのかによって，その対決・解決方法は異なるが，一般に社会的・法的な権利（性）に関わるエンパワーメント支援の技術や方法として権利擁護（Advocacy）があることは，本書第1章でみたとおりである。②と③の違いは，本人がその阻害要因と直接に対決するのか，それとも，それぞれの阻害要因との対決を，その道のプロに委ねるのかでは決してない。私たちは，その道のプロを自認する医師，弁護士，教師，政治家たちのみがエンパワーメントされて，支援される側には何のエンパワーメントももたらさないこれまでの専門家——クライエントの関係性ではない，本人のエンパワーメントのためにプロを使いこなす，しなやかな（あつかましい）関係性を創造する必要がある。つまりは障害者や高齢者本人が，②のプロセスをその道のプロに委ねてしまうのではなく，③のようにそのプロセスに嬉々として参画し，プロという

脇役に支えられながらドラマの主人公を演ずることが求められているのだ。
④ については，次節で詳しく述べる。

エンパワーメントとは何か
　ところでここで，私は，このエンパワーメントを敢えて日本語訳していないが，それをまるで「能力開発」か何かのように訳したり使用している場合がある。これは，古川孝順もその著[2]で指摘しているように，二重の意味で誤りである。

　1つは，エンパワーメントという言葉が生まれた歴史的背景を捨象していることである。この言葉がもつ，黒人やラティーノ等のマイノリティたちや女性たちが置かれていた差別的状況に対するシビアな認識と，その権利獲得の歴史的重みにも理解にも，それは欠けている。私が，ここでエンパワーメントを「共に生きる価値と力を高めること」と仮に訳したのには意味があるのだ。

　前章で「ステイクホルダー間の利害・利益の相克があるなかで，きれいごとで何とかなるように見える世界は，基本的にパターナリズムや力（パワー）のイネルティア（惰性・なれあい）に安易に依存した世界だと思って，まず間違いない」と書いた。「共に生きる価値」を，権利として社会に認知させ，「力（パワー）を高めることで」その権利を実現してゆかねば，国や自治体の行政担当者やサービス提供専門職のパターナリズムや力（パワー）のイネルティアに，引きずり込まれることは必定である。

　2つ目は，能力という言葉の持つ，現状追認的センスである。現行社会のマイノリティに対する差別的構造と状況を前提にして構築させられた能力なる概念を使うことは，エンパワーメントに対するセンシティビティ（感度の高さ）に欠ける。このことは，ICF（国際生活機能分類）の現在の「実行状況（Performance）」と「能力（Capacity）」をどうとらえるかとも関係する。Capacityを，「能力」と訳すこと自体の問題もある。それは「潜在的能力＝可能性」といったニュアンスの言葉である[3]。

　障害の理解に基本的に必要なのは，「その社会のその年代・性別の市民の一

第4章　エンパワーメントの定義と「本人と支援者の相互エンパワーメント」

般的参加と役割の幅（広がり）」と，その特定の障害者の現在の実行状況（Performance）との乖離状態を理解し，その阻害的環境要因をいかに促進的環境要因に変えることによって，その乖離を埋めるかである。障害者支援の目標としてのエンパワーメントは，基本的には，この乖離状況を埋めることにあるはずである。とりわけ，本人中心のエンパワーメント支援は，できる限り可能な選択肢の中から，本人が希望する本人のライフスタイルにふさわしい「参加と役割」を支援することにある。

　ICFの実行状況（Performance）と能力（Capacity）の間に，ある種の医療・リハビリテーションモデル的目標（Goal）をおいたものが，エンパワーメント支援と解釈されたがために，能力開発などと訳されることになってしまったのだ。それは，たしかに，ICFの機能障害に対する医療・リハビリテーションモデルの治療・訓練目標として間違っているわけではない。しかし医療・リハビリテーションの治療・訓練（目標）がエンパワーメント支援（目標）なのではない。医療・リハビリテーションの治療・訓練目標と医療・リハビリテーション計画は，あくまで本人の希望に基づく地域での「社会参加と役割」をベースとした本人中心支援計画がうまく達成されるように，それをサポートする個別支援計画の一つなのだ。

　では，ICFの言う，「その社会のその年代・性別の市民の一般的参加と役割の幅（広がり）」と，本人の希望に基づく社会参加と役割との関係はどうなのか。

　前者はその社会の達成基準（図4-1のA）として後者は本人の現行の支援を活用した希望と目標（図4-1のH）として存在する。本人の希望が，たとえ現在の機能と活動の実際状況（図4-1のC）から遠いものであったとしても，さらには潜在的能力（図4-1のB）からも距離があったとしても，それがその社会のその年代・性別の市民の一般的参加と役割の幅（広がり）（＝社会達成基準）（図4-1のA）の内に収まるものなら，それを補うのが社会的支援の存在であり，介助や支援テクノロジーや各種のサポートシステムなのだ。本人のしたい・やりたい希望が，その社会の一般的な達成基準を超えている

図4-1 ICFにみる本人の社会参加・役割と「障害者総合支援法」等の現状

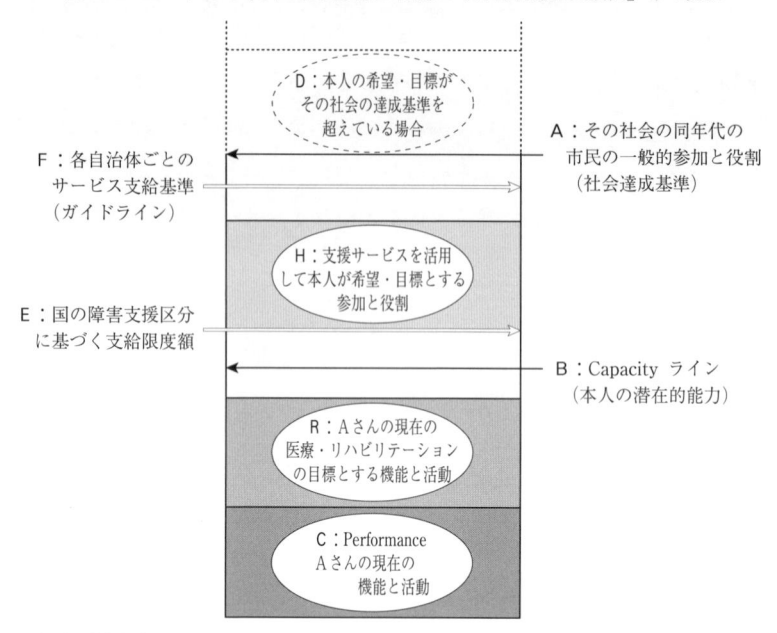

- D：本人の希望・目標がその社会の達成基準を超えている場合
- F：各自治体ごとのサービス支給基準（ガイドライン）
- A：その社会の同年代の市民の一般的参加と役割（社会達成基準）
- H：支援サービスを活用して本人が希望・目標とする参加と役割
- E：国の障害支援区分に基づく支給限度額
- B：Capacity ライン（本人の潜在的能力）
- R：Aさんの現在の医療・リハビリテーションの目標とする機能と活動
- C：Performance Aさんの現在の機能と活動

出所：筆者作成。

（図4-1のD）場合，たとえば本人がどうしても障害者の世界会議に参加するために南アフリカのケープタウンに行きたいという場合はどうだろか。自分の旅行費用だけでなく，介助支援者の旅行費用も準備できているのか，それに必要な健康管理はできているのか，主催国から世界会議に参加するよう要請があったのか，あるいは本人の意気込みや意味が関係者に理解されているのか，といった基本ベースがクリアされた場合には，後はどこまで介助者の費用を支給決定するのかは自治体の裁量による。たとえばスウェーデンでは，その会議に招待された障害者の介助費用は国が支給決定する場合があるのだが，それはそれで良しとする一定の市民的合意がベースにあるのであろう。

ただし，その達成基準に対して，社会的支援の支給基準をどこに置くのかは，その社会の政治的・社会的・文化的成熟度による。図4-1の左側の，「国の障害支援区分に基づく支給限度額」（図4-1のE）が，わが国の一般的な支給基

準であり「各自治体ごとのサービス支給基準」(図4-1のF)が,わが国の市町村独自のガイドラインに基づく支給基準である。各自治体のサービス支給基準は,一般的に国の支給限度額よりも高いが,その基準は,総合支援法では自治体の裁量に任されており,格差がかなり大きい。

2 「本人と支援者の相互エンパワーメント」とは何か

相互に影響しあいながら構築する関係

96-97頁で紹介したエンパワーメントの定義の①で,その主体として本人とその家族だけでなく,支援者をも組み込んだのには訳がある。それは,両者は相互に関係・影響しあいながら,それぞれのエンパワーメントを構築していかなければならないからである。わが国のその現状においては,障害者や要支援高齢者や要養護児童といったエンパワーメントを阻害された存在を主に支援するソーシャルワークやケアワーク等の支援者もまた,社会的にはエンパワーメントされているとは言い難い社会的評価と労働条件のもとにいる。

それゆえに,それぞれのエンパワーメントとしての「共に生きる価値と力を高めること」を提起し展開する必要がある。もちろん,その関係にこれまでの医療モデルや教育モデルのような権力・権威関係をもちこんだり,お互いが相互に反エンパワーメント(エンパワーメントの剝奪状態)にならないようにしなければならないことは言うまでもない。

ここで,本人エンパワーメント(=本人中心)支援計画と支援者エンパワーメント支援計画の関係をみておこう(図4-2)。

この図で重要なのは,下部の「本人と支援者のおもてに見える関係以外の内なる関係」と,それをふまえた「本人エンパワーメント(=本人中心)支援計画」や「支援者エンパワーメント支援計画」である。いやもっと言えば支援する――される関係を超えた,エンパワーメントを目指す相互関係の確立に向けた「本人エンパワーメント(=本人中心)計画」と「支援者エンパワーメント計画」である。

図4-2 「本人と支援者の相互エンパワーメント」の可能性

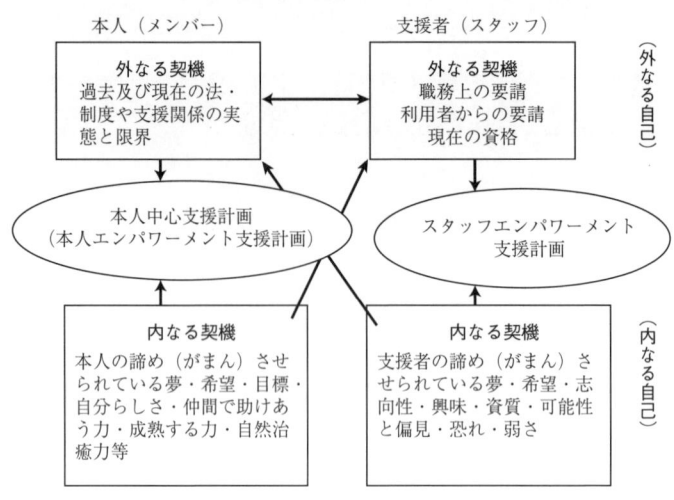

本人（メンバー）　　　　　支援者（スタッフ）

外なる契機
過去及び現在の法・制度や支援関係の実態と限界　　　　↔　　　　外なる契機
職務上の要請
利用者からの要請
現在の資格

（外なる自己）

本人中心支援計画
（本人エンパワーメント支援計画）　　　スタッフエンパワーメント支援計画

内なる契機
本人の諦め（がまん）させられている夢・希望・目標・自分らしさ・仲間で助けあう力・成熟する力・自然治癒力等　　　　内なる契機
支援者の諦め（がまん）させられている夢・希望・志向性・興味・資質・可能性と偏見・恐れ・弱さ

（内なる自己）

出所：筆者作成。

　図の右上にもあるように，支援者は基本的に，自分の現場での職務上の役割を果たさねばならない。まず，その法人施設のミッション（社会的使命）がある。それは，その施設の根拠法で謳われた理念・目的と，法人独自の理念・目的や理事長・施設長・上司それぞれの考え方等を含む。そして業務の中心である直接的な支援以外にも，様々な間接的な準備作業や各種ミーティングやペーパーワークがある。自分の担当の利用者の個性や特性に応じた対応や，それに必要な研修等も必要となる。さらに，自分の持っている資格・免許上の規則がある。社会福祉士や介護福祉士や看護師といった資格は，それぞれの専門業務内容だけでなく，すべきこととすべきではないこととを規定した倫理綱領を有する。それぞれの養成校で教えられたやり方といったものも支援者に影響を与える。つまりは，自分の持っている資格・免許の役割期待と職場の業務上の役割期待等が，時には矛盾したりしながら，現状を規定しているわけだ。
　イギリスでは，現場で虐待等の反エンパワーメント関係が起こると，その関係職員に資格・免許を与えた養成校にも監査が入る。つまりは，それだけ資格・免許の持つ専門性の権能が大きい。これは，職場での指揮関係が圧倒的に

第4章　エンパワーメントの定義と「本人と支援者の相互エンパワーメント」

強いわが国では想像しがたいが，家庭内虐待を主に想定した「児童虐待防止法」「高齢者虐待防止法」ではなく，施設や職場での虐待を主に想定した「障害者虐待防止法」が機能するためには，虐待等の反エンパワーメント関係を隠蔽することなく，反エンパワーメント関係を生みだした阻害要因を明らかにして，それをエンパワーメント関係に促進する方向に導くことが，これからの社会福祉士や介護福祉士といった専門職の重要な役割となってゆくものと思われる。

　この職場での指揮関係の強さと，専門資格関係の弱さの問題は，中根千枝の『タテ社会の人間関係』(1967年) における日本的集団独特の序列化からも説明可能であるが，普遍的な問題でもある。たとえばカリフォルニア州でかつて州立入所施設の権利擁護活動をしていた職種を，施設外の権利擁護機関に委託してそこから派遣される形をとったのは，同じ組織の人間が同じ組織の人間に対して緊張関係のある権利擁護活動をすることが困難だったからである。

　そのことは，わが国の組織内緊張と同じことを意味しており，その業務に対する指揮系統の問題と，専門職の業務独占の問題と，組織内役割関係が微妙に絡んでおり，これもわが国同様他組織からの派遣形態を取ると，一定のよそよそしい関係のために，人権侵害等の調査が困難になるデメリットも起こるという。

　ここでは，現場での職務上のミッション（社会的使命）と，他の様々な役割の間において矛盾が起こりかねない。それを防ぐために，一番大切なことは，「本人のエンパワーメント支援」という大きなミッションを共有する仕組みを，職場・現場で構築する他ない。デイビッド・フェターマンたちのエンパワーメント評価の調査項目の中心は，その事業の関係者（利用者・その家族・経営者・支援スタッフ・地域住民・行政）がどのように参加・参画しながら，その事業の目標（Goal）とそれに向かう実行課題（Objective）を作り上げるのか，どのようにそれをみんなでモニタリング（検証）しながら，目標を達成しようとしているのかである。

　エンパワーメントは一定の方向性を目指す相互関係であり，実行するのは本

人と支援者なのだから，そこでの提案とは，それぞれがその目標に向かって「みんなと一緒に，これこれのことをやりたい・やります」ということに尽きる。つまりはみんなで納得しあった事業全体としての使命・目標に対して，「本人エンパワーメント支援計画」「家族エンパワーメント支援計画」「事業ミッション展開計画」「支援者エンパワーメント支援計画」にそれぞれ結実することとなる。

それを妨げる原因

では，その展開を妨げているものは一体何なのか？

経営者や支援職員や家族や利用者本人のやる気のなさなのか？　あるいは，支援職員のやる気を挫く職員配置と賃金の低さが原因なのか？

実際，私が先進諸国を調査研究しての感想は，わが国の障害福祉現場の職員配置はあまりにも貧弱で，その賃金もアメリカ同様ほめられたものではない。何よりキャリアアップの仕組みや，研修体制やそれを実践に生かす仕組みが貧弱である。

アメリカで私が見てきた福祉現場の職員と比較しても，わが国の一般的な福祉現場の職員は，あの人員配置でよくやっているが，もう利用者にとっても職員にとっても人権侵害スレスレのところも多いと思われる。[5]

職員配置が貧弱なため，支援がきわめて集団管理的あるいは安全・危機管理的にならざるを得ず，そのために，エンパワーメント支援を支える仕組みがないまま，そのルーティン業務以上の利用者とのエンパワーメント関係を形成しようとする人ほど，バーンアウトしやすくなる。これは，笑えない誤解だが，生半可なマネジメント研修を受けた人ほど，リスクマネジメントを，エンパワーメント支援やアドボカシーと混同しがちとなる。リスクマネジメントをきっちりとやっているから，様々な試みも可能になるというのは，言い訳がましいだけでなく，恐らくそんなことを言う管理・経営者は何も新しい試みなどしないと思われる。そうではなくエンパワーメント支援を行っているから，リスクはマネジメント可能となる。事業所が経営上かかえるリスクと，利用者本

第4章　エンパワーメントの定義と「本人と支援者の相互エンパワーメント」

人が反エンパワーメント関係に巻き込まれるリスクを混同してはならない。

現場での関係者が相互に納得したエンパワーメント支援と，それでも起こり得る可能性のある事件・事故に対するリスクマネジメントの両者に目利きのできる管理・経営者が，本物といえる。

「本人のエンパワーメント支援を目指す相互関係」の構築に，もっと踏み込んでみよう。

図4-2に戻れば，たとえば利用者本人のMさんは，図の左上にもあるように，これまでの家族関係や受けてきた医療・教育・福祉支援等によって，その障害への理解と，それをふまえた生き方を形成している。そして，現在のわが国の障害児・者に対する法・制度に基づいた，実際の現場での支援関係の現状にMさんの生き方は大きく規定されている。本人の支援事業所がTであり，その支援者がAでありBであることが，支援がなければ普通の市民としての社会参加・参画が困難なMさんにとっては，他の市民以上に大きな意味を持っている。

支援者A・Bは，そのT事業所で様々な業務と役割を，ときには矛盾を持ちながら行っているが，何といってもMさんにとっては重要な存在だ。では，支援者A・Bは，どうすればもっと利用者Mさんのエンパワーメント支援を目指す相互関係を作れるのか？　まさにそのために「本人中心（エンパワーメント）支援計画」と「支援者エンパワーメント支援計画」が考案されたのだ。

ここでは，図4-2の下部にあたる，エンパワーメントの定義の①にある障害者本人や支援者の「諦め（がまん）させられている夢・希望・社会参加・市民的役割・選択（肢）・人権（地域で普通に暮らす権利）・自分らしさ・可能性・愛し愛されること・仲間で助け合う力・成熟する力・自然治癒力等」が，重要になってくる。しかもそれをエンパワーメントの定義の④にある「自分の弱さ・恐れ等を他者に投射することなく受け入れ，自分も他者も抑圧しないあり方」で実践しなければならない。

ここでは，なんでも知っている・なんでもできる全能の支援者や，素直に支援を求め，なんでも受け入れる受動的な障害者はかえって危険ですらある。障

害者が、自分のうちに秘められた「可能性・仲間で助け合う力・成熟する力・自然治癒力」等を内に抑制するだけでなく、無意識のうちに全能の支援者（？）に差し出す（投射する）必要はさらさらない。支援者もまた、図にあるように特定の障害者に対する恐れや偏見や自分の弱さを障害者に投射して（押しつけて）、強がりをする必要もない。どこまで人生の経験や研鑽を積んでも、いやその人生の様々なトラブルとトラウマのゆえに、得意な対象と苦手な対象が生まれるのは当然であって、むしろ誰とでもうまく対応できるようなふりをすることが、反エンパワーメント関係を生み出す土壌の一つなのだ。できないこと・わからないことをすなおに認めること、弱さを人に押し付けないことが大切である。

　反エンパワーメント関係を押し付けてきた、オールマイティーでありたい支援者は、障害者がエンパワーメントして、自分が知らないことを知ることを恐れる。だから余計に指導的・命令的になってしまう。それは、本当のエンパワーメント関係では起こらない。それを目指しているからという理由だけでなく、それぞれの強さも弱さも認め合っているから怖くないのだ。

打てば響く関係

　では、支援者はどうすればいいのか。

　まずは、胸に手を当てて、障害者福祉の現場に飛び込んできた時の、不安と期待を思い出せばよい。

　たとえば、支援者Aは、学生時代はスポーツマンで野球も得意で、福祉の現場でも、知的障害者の野球チームのコーチなんかできればいいなと思っていたとしよう。ところが、自分のかかえる現場は重度の障害者が多く、なかにはボールを摑んだら離さなかったり、あらぬ方に投げたりするし、何より、日中活動も、クラブ活動もほとんどなく、歩行訓練という名のだらだら歩きと、農作業という名の草むしりや日向ぼっこが、その施設のメインプログラムであった。何年かするうちに、Aは、夢を見失っていた。ところが、研修である施設現場に行ったとき、そこでは、自分の現場とあまり変わらない重度の障害者の

第4章　エンパワーメントの定義と「本人と支援者の相互エンパワーメント」

人が，ワイワイと野球を楽しんでいる現場に出くわした。

　それをきっかけとして，Aの施設でも重度の障害者が野球に取り組んでいる様々な現場で学んだり交流するという，研修という名の「支援者エンパワーメント支援計画」を立てて実行できた。これには，長年の現場経験とキャリアの中でAに一定の発言権が認められ出したこと，行政監査で日中活動の問題や新体系移行に向けた指導があったこと，現状の日中活動やクラブ活動がおかしいという意識のある職員や家族の思いをもはや抑制できない社会的雰囲気が生まれつつあることなどが作用した。今では地域の高校生や大学生のボランティアなども参加して，ワイワイと展開している。

　では，利用者本人は，どうなのか？　利用者の中にはTVで野球を見るのは大好きで，ちょっとボールを投げるまねや打つまねをしたり，応援団のまねをする人もいるが，利用者のMさんも，その一人だった。サークル活動で何より彼が楽しんだのは，ボールを捕まえることと，ユニホームを着ることと，どこかに行けること。それらのことが，「本人中心（エンパワーメント）支援計画」の中の，本人の余暇に関する部分に組み込まれた。つまりは，支援者Aの「支援者エンパワーメント計画」と利用者Mさんの「本人エンパワーメント計画」は，打てば響く関係となったわけだ。支援者のエンパワーメントがなければ，本人のエンパワーメントも展開しない，これが，「利用者本人と支援者の相互エンパワーメント関係」のきわめてわかりやすい一例と言えよう。

　もちろん，相互エンパワーメント関係とは，このような打てば響くような関係ばかりではない。管理的あるいは権威的に，本人と支援者のエンパワーメント関係を抑制するのではなく，それを促進する方向性がふまえられていれば，まずはOKといえる。

　たとえば，ある現場では，年に一度の利用者の1泊旅行を，どこに行って何をするのか，利用者と職員とみんなでワイワイ言いながら決めることにした。ところが，全然盛り上がらない。これまで，職員が勝手に決めていたのだから，勝手が違いすぎたのだ。「やっぱり，知的障害の人には，そんなこと無理だよね，どこに行きたいとか，そこで何をしたいかなんて判断できっこないよね」

などと嘯く職員すら現れだした。ところが大胆にも，「〇〇〇に行きたい」という利用者が現れた。「こりゃ，さっき見たTVの受け売りじゃないのか？」などと言いだす職員もいたが，そもそもその職員だって，どこか知らない所へ旅行に行くときは，妻や子ども，TVかガイドブックか仲間の受け売りがほとんどな訳である。あとは意見が出ないので，「じゃそれで行こう，明日は旅行社の人に来てもらって，そこで何をするか決めよう」ということになった。ところがその時，大異変が起こったのだ。何人もの利用者が，「あれがしたい」，「あそこに行きたい」と言い出したのだ。

なぜそんなことが起こったのかは，御推察のとおりである。知的障害と言われる人たちは，職員との力関係の中で生きている自分の状況をかなり正確に摑んでいて，言ってもしてもらえなかった経験をしこたまため込み，初めはがまんしやがて諦め，それでも職員さんはいつも私たちのために忙しいのだと思い込もうとしているのだ。その定義にもあるように，抑え込まれたがまんや諦めは，エンパワーメントの最大の敵なのだ。

今，そのいつもの力関係の結界の一角がくずれ，自分たちの望んだことがなんとほんとに実現しそうなのだ。ここではじめてみんなは重い口を開き始める。結局何箇所か候補地が挙がって，次の日に旅行社の人にも参加してもらって，予算としたいこととの関係で今回の1泊旅行の行き先と，やることが決まるまで，あっけにとられていた職員もいた。その職員は，その時発言をしたSさんという利用者が，そんな難しい発言ができることを，いや考えることができることすらを，想像だにしていなかったのだ（まるで，かつての私と藤井規之のようではないか！）。喜ぶべきか嘆くべきか，こんな時には，むしろ予断をもたない旅行社のスタッフの方が，ずっとエンパワーメント支援が上手で，まさに言える人もうまく言えない人も入り乱れて，ワイワイガヤガヤ賑やかな一日となった。普段はあまり発言しない（しにくい）若手の職員からも声があがった。

さてその後，この関係の顚末は如何に？

そう，職員にとってはうれしい悲鳴で，みんなで決めた1泊旅行が実現して

第4章 エンパワーメントの定義と「本人と支援者の相互エンパワーメント」

からというもの，もう様々な場面で様々な思いや要望がこれまで出なかった人からも出てくるようになったのだ。おそらく言わせるだけ言わしておいて，結局職員や事業者側の都合でそこで決まったことを反故にしてしまっていたら，一段と大きなあきらめと陰湿な沈黙の世界がやってきていたに違いない。職員の勤務や配置上の問題，利用者の健康管理の問題，積立金や予算上の問題，家族の同意等，言い訳はいくらでもできよう。そうではなくそのような条件は話し合いの初めにきちんと提起されてそれらをふまえて，それらをもクリアする作戦が話し合われるべきなのだ。

エンパワーメント支援のできないところでは，「そんなことは，知的障害の彼ら・彼女らにはできっこない（わかりっこない）」「そんな難しいことを求めて，その責任を負わせるのは，かわいそうだ」といった，結局は「無力でしてもらうだけ」の恩恵的・保護的な障害者像がしゃしゃり出てくるのだ。もっとはっきり言えば，彼ら・彼女らをそのようにしてしまっているのは，専門職と言われる，私たち医療関係者・福祉関係者・教育関係者ではなないか。普通の民間人である旅行社の人の方がずっとましだったなど恥ずかしい限りでなはないか。

1990年にアメリカのカリフォルニア州のピープル・ファーストの集会に参加した時の驚きを，今も鮮明に思い出す。その集会で議長をしていた男性のFと，書記をしていた女性のGの力強い雰囲気に圧倒されて，この人たちは，よほど身体能力や知的能力の高いダウン症の人なのかと思っていた。ところが長い間見ていると，そのかなり勝手な司会ぶりや，恣意的な書記ぶりがわかってき，時には背後でサインを送っているらしい支援者（ファシリテーター）の存在も確かめられ，ああFは日本で私の知っているKとよく似ているなとか，GはJに似ているとやっと気づいた。それでもその雰囲気のあまりの違いに，思わず，日本のどちらかといえばおとなしくて愛想のいい，自己主張の弱い障害者を，わが国の本人——支援関係がその「相互役割期待——役割期待遂行関係」によって作り上げ，助長してきたのだと，つくづく思わずにはおれなかった。スコットの『盲人はつくられる——大人の社会化の一研究』[6]（1992年）等で，そ

のことは文献では分かっていたつもりだったのだが，自分たちが形成してしまった（今もしている）障害者像のというものの重大さを，実感させられた。

もちろん，このアサーティブな（自分の意見をできるだけ表明する）あり方が，アグレッシブ（攻撃的）なあり方とどうちがうのかというと，微妙なところもあり，何でもアメリカがいいとはとても言えない。しかし私たちの知的障害者支援が，やっと意思決定支援を言い始めたのであれば，それは意思決定・表明支援でなければならないと思う。

3 エンパワーメント評価について

支援活動やプログラムが本当にエンパワーメント支援たり得ているのかを評価するものとして，エンパワーメント評価（empowerment evaluation）がある。それは，アクション・リサーチや関係者参加型リサーチの流れを汲むものである。エンパワーメント評価研究・実践の牽引者の一人であるデイビッド・フェターマン（Fetterman, D.）によれば，エンパワーメント評価は「参加者の意識を変え，エンパワーメント技術を共同で開発し，プログラム評価の仕方を変えるだけでなく，そのプログラム自体を変革する手法」[7]である。

エンパワーメント評価は，自己決定（self-determination＝SD）や可能性構築（capacity building＝CB）に焦点を当てると言う。彼によれば，自己決定とは，「エンパワーメント評価の理論的基盤を形成する，人生を自分にふさわしい方向に導く力のことである。それは，以下の相互に関連する諸力から成る。つまりそれは，自分のニードを理解し表現する力，希望や目標やそれを達成するための計画を立てる力，そのために必要な社会資源を見抜く力，様々な選択可能性から最適な選択を行う力，目標に到達するために必要な適切な実行課題を積み上げながら着実に進む力，必要な寄り道や回り道をも含めて計画や目標を見直す力，短期や長期の達成度を測る力，その目標に向って必要に食い下がる力等である」[8]。

もう一つの可能性構築（CB）とは，要するに，その活動やプログラムの関

第4章 エンパワーメントの定義と「本人と支援者の相互エンパワーメント」

係者自身が自己評価を行う能力を開発することによって，そのゴールやミッションに向かって最適な布置が可能となることである。このことは，関係者（障害者・支援者・家族・理事者等）が，そのゴールに向かって最適の参加と役割をどの程度実行できているのか，その実行を阻害する要因は何か？ 促進する要因は何か？ を関係者自らが問い評価することに他ならない。それは，自己開発といった個人訓練プログラムはなく，相互エンパワーメントのために，相互に身を切ることであり，学び直すプロセスなのだ。私たちは，この可能性構築をふまえたエンパワーメント評価を，西宮市の本人中心支援計画（サービス等利用計画）のモニタリングシステムと様式に取り入れた。そのことについては，第6章で見てみよう。

フェターマンによれば，エンパワーメント評価は以下の3ステップを一定期間ごとに繰り返し，そのプロセスの中で，そのプログラムはその使命（ミッション）に向って展開してゆくことになる。[9]

「ステップ1　その組織・プログラムのミッション（使命）について，ステイクホルダー（管理者・職員・利用者を含む利害関係者）間で，一定の確認・合意形成を行う。

ステップ2　その使命にとって重要な活動だと思われるものを，その組織の一定のグループごとに話し合いながら，重要だと思われる順に一定数選択し，その活動の現時点での評価を行う。

ステップ3　その重要な活動の今後の目標と，それに向けた戦略とその戦略の基礎となるエビデンスを関係者で話し合いながら明確にする。

　その3つのステップを繰り返し，関係者の民主的参画と意識改革を伴いながら『学習しあう組織（Organizational Learning）』へと展開し，その組織・プログラムの改善・改革を達成する。」

これらを鑑みれば，このエンパワーメント評価は特に，エンパワーメント支援をその究極の使命として抱く，教育・医療・福祉関連事業の評価において有意義であり，今後わが国において展開すべきヒュマンサービスにおける自己評価や利用者評価を組み込んだ第三者評価において，きわめて有効な手法だと思

われる。

4 障害児・者と養育者・支援者の相互関係の展開

　本節では，乳幼児と養育者の育児関係の分析を中心にすえて，私たちが，それぞれの意思・要求を如何に，その相互関係を通して形成しあい，理解共感しあい，「相互エンパワーメント」していくのかを考察する。

すり合わせていく子どもたち
　たとえば，鯨岡峻は，『ひとがひとをわかるということ』（ミネルヴァ書房，2006年）の中で，こう書いている。

>　「誕生後の数カ月の間は，たいていの場合，乳児が養育者に訴えている訳ではなく，いまだ不快な状態を外に表出しているに過ぎないことがほとんどです。にもかかわらず，養育者はその表出を『自分に訴えているのだ』と受け止めて，対応しています。その受け止めがどこまで正しいのか，養育者の思い込みに過ぎないのかを議論し出せば，（中略）『藪の中』に入りこみかねません。どこまで正しいかはともかく，養育者は，『ああ，○○ちゃんは，こうしてほしいのね』とあたかも乳児がしてほしいことを養育者に訴えているのだと受け取って，『じゃあ，こうしようね』と対応を紡ぎだしていっています。そして，そもそもの対応が功を奏さなければ，あるいは嫌そうな表情や声のトーンから，その受け止めが間違っていることが分かれば，そこから対応を修正していくのが常です。（中略）つまり，間主観的把握は，それが絶対の真実を保障してくれるものでない以上，いつも『こう把握してよいのか？』という問いと背中合わせになっているのでなければなりません。」[10]

>　「われわれの見方では，（中略）一個の主体として受け止めてもらう経験，つまり自分の気持ちを養育者が間主観的に把握し，それに則って対応してくれる経験がまず先行し，その養育者への信頼とその裏返しとしての自分

への自信が生まれ，その結果，養育者への取り入れ同一化のメカニズム（『まねぶ』という働き）が働いて，今度は子どもの側が少しずつ養育者の思いを受けとめられるようになるというかたちで成り立つものだと考えます。」[11]

「大人と子どもの圧倒的な経験の厚みの違いが主体としての厚みの違いをもたらし，大人の側が広く分厚い配慮性を身につけていることが多いというのはその通りです。しかし，相手の気持ちを摑むという点でいえば，例えば保育の場にまだことばが十分でない障碍の子どもが入ってきた時に，かえって保育者よりも他の子どもたちの方が，当の障碍の子どもの思いを間主観的に摑むことが容易な場合があるように思います。実際，『せんせい，○○ちゃん，こうしてほしいって』と障碍の子どもの思いを代弁できる子どもは決して少なくありません。（中略）ここで，間主観的な把握は広義の情動の動きを基盤になされると述べてきたことを思い起こせば，かえって幼児の方が感性的な世界に豊かに開かれている分，その様に容易に把握できるということなのかもしれません。」[12]

基本的に，この理解でいいと思う。ただ，鯨岡の表現は，相互主体性という割に，子どもたちの方が，主体的に選び取って，「すり寄ってゆく」「すり合わせてゆく」ことに対するとらえが弱いように思われる。「養育者への取り入れ同一化のメカニズム（「まねぶ」という働き）が働いて」「養育者の思いを受けとめられるようになる」という以上に，乳幼児は，その発する役割期待に対する養育者の無理解リアクションである誤役割遂行という役割期待に対して，その養育者の子どもとして生ききるために，「すり寄ってゆく」「すり合わせてゆく」という役割期待遂行を行っているのだ。

私なりに整理していうと，乳幼児と養育者の相互関係は，基本的に，以下のような「役割期待」と「役割期待遂行」の相互関係と考えられる。

「役割期待」と「役割期待遂行」

生後初めの数か月間は，乳児の生理的緊張からおこる泣くという行為に直面し

て，養育者は，何とかそれに応えようとする。乳児は無力で無防備で，ほおっておくことなどとてもできないオーラを発する。ところが，その泣き声の周波数は一定という調査研究もあり，これはもう「空腹なのか，寒いのか，熱っぽいのか，抱いてほしいのか，退屈なのか，何か不快なことがあるのか……」は泣き声だけではわからないのだ。

つまりこの時点で乳児がある種の役割期待のサインとして送っていると見なして，養育者がそれに対してなんとかその期待されている役割を読み取ろうとし，ある種のリアクションをする。

ではこのリアクションは本当に役割期待遂行といえるであろうか？

これは，まるであのキリスト教の黄金律「相手が望むこと（＝役割期待）を，自分がしてほしいことを相手のエンパワーメントとみなして，おこなう（＝役割期待遂行）こと」ではないか。

子育ての仕方が，自分の親の子育てのしかたに似るというのは，まさに，自分の受けた養育を，相手が望むこと（＝役割期待）と見なして，行う（＝役割期待遂行）ことであり，親子はそのための「アクション―リアクション（反応の仕方）」が似てくるのだ。

では，乳児がなんとなく不快なだけで，別にお腹が空いているわけではない時に，おっぱいを与えるとどうなるのか。乳児によって生理的体力や反応力にそれなりの違いがある部分はさておいて，いったいどの時点で，乳児は養育者に発信したはずの役割期待の誤読に対しても応えんとする，つまりは逆に養育者からの役割期待を読み解いて合わせてあげようとするのか。

明らかな誤読が続けば，親子関係は軋（きし）んで，お互いにうまく「役割期待」と「役割期待遂行（期待成就）」の関係が立ちゆかなくなる。そうならないように，それぞれに修正する作業を行うわけだが，鯨岡の言うように「大人の側が広く分厚い配慮性を身につけていることが多い」ゆえに，養育者の修正作業がまずは想定される。

養育者は，「前にミルクをいつ，どれくらい飲んだのか」，「いつもの状況ではこんな場合が多い」，「顔色やいきみ具合はどうか」等々で最初の対応を行い，

第4章 エンパワーメントの定義と「本人と支援者の相互エンパワーメント」

うまくいかなければ，次の策を講ずるという訳だ。その際，乳児はまったくの受け身というわけではない。生理的ではあっても，しつこかったり，声が大きかったり，弱々しかったりする。また，養育者の対応がなければ，疲れ切って泣きやんだり，もうかなりしつこかったり，すぐに泣きやんだりする。本人の持って生まれた生理的体力なのか，それとも生理的緊張が弱いのか，ほとんど泣かない子もいる。一方，反復による条件反射（つまりは，なんども無対応（＝相手にされない）だったので，自然とそうなった）で泣かない，一見おとなしくて扱いやすい子（？）になったと思われるケースもあろう。つまりは，乳児なりに相手の反応に対してそれなりのリアクションを行っていることになる。

　逆に，生理的緊張がなくなれば，「いい顔」をしておとなしく眠りに落ちることになる。この相互の成功体験は，やがて，ある種の相互役割期待となる。乳幼児は，自分を生理的緊張から解放して気持ちよくしてくれることを「泣く」という行為で期待し，養育者は，本児が「いい顔」でおとなしく眠りに落ちることを期待し，その期待は成就される。「いい顔」が，最初は生理的自然であったとしても，やがて，養育者の期待に沿った「いい顔」を見せることが，役割期待成就であり，繰り返しそれを養育者に求める役割期待が，その期待の不成就と不快を含めてやがて本人の期待意識としての欲求を分化させる。さらに，この意識という時間観念がおぼろげにであれ形成されるということは，イコール，快――不快の積み重ねの中で，「いい顔」をしておくことが，あとあとの「本児――養育者の役割期待関係」にいい影響を及ぼすことを学習し始めたということでもある。ということは，その時点での対応に若干の不快・不満があったとしても，「いい顔」をしておく無意識の戦略がとられることになる。さらに，養育者の抱き方・あやし方や，飲ませ方・食べさせ方や生活習慣や生活リズムや感情の起伏等にも，合わせられる範囲で合わせてゆくことになる。親が，子ども一人ひとりの個性や潜在力に合わせるよりも，おそらくは，子どもが親に合わせることの方が大きいがゆえに，子どもたちはその対人関係の対応のしかたを，親に似せてゆく。

乳幼児は，初期の養育者を選択することはできない。子どもが「合わせられる範囲」が，その親や家族の文化ややり方であり，子どもが「合わせられる範囲」を超えている場面の積み重ねが，虐待ということになる。これも，子どもの感受性や基礎体力等も関係する。
　世間では，「あの親は，子どもをあんなにほったらかしにしているのに，上の子が，下の子たちの面倒をちゃんと見ているから，みんないい子に育って，なんてことでしょう」などということがあるが，それはもう子どもたちが「合わせられる範囲」を超えていないのであって，両祖父母や夫婦の文化ややり方が，上の子に対する「役割期待」を上の子が「役割期待成就」できるような，「相互役割期待――期待成就関係」を形成しているに違いない。

養育者の都合を察する子ども
　私が言いたかったのは，支援者や養育者の考えている以上に，被支援者や被養育児は，主体的に選び取って，「すり寄ってゆく」「すり合わせてゆく」ものだということである。
　家族の都合を察して，希望していないデイサービスやショートステイや施設入所を選び取るのは，高齢者だけではないのだ。
　子どもたちは，その成長・発達の過程で，「相互役割期待――期待成就関係」の中で養育者の希望・選好を無意識に身につける。
　「〈保育士のコメント〉　5，6月頃から，Kくんは自分の意見を通そうとし過ぎて一つ上の年長児たちに責められ，泣いていることが稀にありました。その度にそっと抱っこし，Kくんのいまの気持ちを言葉にしてあげたり，どうすればよかったかなどを静かに話したりしながら，Kくんが自分で自分の気持ちを落ち着かせられるまで待つことがありました。そういうことを何度か繰り返すうち，(中略)自然とKくんが，『もう大丈夫』と思う瞬間が，不思議なことに膝の温もりを通して感じられるようになってきました。」[13]
　「そういうことを何度か繰り返すうち，(中略)自然とKくんが，『もう大丈

第4章　エンパワーメントの定義と「本人と支援者の相互エンパワーメント」

夫』と思う瞬間が，不思議なことに膝の温もりを通して感じられるようになってきました」というとき，Kくんの側では，己のもっと甘えていたい気持ちや他のことをしたい気持ちと，他児からの視線や保育士の諸状況といった一連の文脈の中で，まさにその時点における保育士の本人に対する役割期待を以心伝心で感じ取って成就しているにちがいない。このとき大切なことが2つある。

まずは，その時点の役割期待を遂行することにより，以降の本児の保育士に対する役割期待が成就をもたらすことが確信されていることである。つまりは一定の信頼関係が形成されていなければならない。

もう一つは，ダブルバインドな役割期待のメッセージを子どもに送らないことである。「ここにいてもいいのよ，でもあなたは邪魔なのよ」というダブルメッセージを送ってしまうと，子どもはどうしていいのかわからなくなるだけでなく，フラストレーションがたまるので，ずっと抱っこを要求したり，逆に拗ねてしまって難しい事態となってしまう。素直に，「また何時でもいらっしゃい，でも今日はここまで」が，「相互役割期待――期待成就」として成立可能である。

そんなことを子どもに選び取らせるのはかわいそうといった判断は間違っている。一人の保育士のやれることは限られており，どのような場合にどこまでしてくれるのか，子どもたちはそれなりにその勘どころは押さえて生きているのであって，勘どころを鈍らせるような思わせぶりをすることのほうが罪深い。

もしほんとうにかわいそうな事態が起こっているとすれば，それは，ずっと支援者の都合優先で，子どもが「合わせられる範囲」ギリギリばかりの場合であろう。

では，このような，子どもと支援者との関係を，障害児と支援者の関係に広げてもよいのか，あるいは最重度障害者との関係にも援用することが可能なのかと問われれば，私たちの実践の中での経験知として，一定可能であるとしか言えない。〔ただし，ここでは，自閉症スペクトラムの問題や発達障害の問題には触れない。彼ら・彼女らの場合には，ここで行っている幾つかの仮定が当てはまらない場合が多い。ここでこの問題を扱えば，別のテーマの本と化して

しまうので，またの機会に展開する〕

とりわけ障害児の場合は，それを援用することが持つ意味は深刻である。というのは，障害児の場合には，家族・保育者・医療関係者・教師といった支援関係者とのわずかな関係で，生活はほとんど完結してしまうからである。

これも鯨岡がいうように，子どもたちのほうが，その「間主観的な把握は広義の情動の動きを基盤になされる[14]」がゆえに，障害児の気持ちを受け止める可能性があるとすれば，また，さらに類推して，一般に情動の発達はそれなりに成熟してゆく障害児のほうが，支援者の気持ちを受け止める可能性が高い場合も想定しうる。

エンパワーメントの支援者であるための重要な点

それらをふまえて本人のエンパワーメントの支援者であるには，以下の2点が，きわめて重要なポイントとなる。

① 乳幼児と養育者の「相互役割期待——期待成就」を鑑みれば，そこには，相互に歩み寄り，摺り合わせあう関係が，明確に存在する。お互いが，その個性的な対応によって，相手の個性的対応に一定の影響力を持つことは，自然なことであり，それ自体が問題なのではない。鯨岡が「相互主体性」といい，清水明彦が，「立ち起こる相互の主体化」と呼んでいるのは，どこまでが本人の意思・選択から生まれ，どこからが支援者がそれに付け加えてヨイショしたものかなど，ここで乳幼児と養育者の関係で考察した通り，簡単に分けられるものではないことを意味している。

それが，本人の豊かな経験や人生の選択肢の展開（＝エンパワーメント）に寄与しているのであれば，それが協同的営為（＝面白い活動）の中で「立ち起こる相互の主体化」としての「本人と支援者の相互エンパワーメント」関係の展開なのだ。

② だだし，常に支援のプロとして，自覚的でなければならないことがある。それは，重度の障害者であればあるほど，障害者本人の人間関係・社会関係の選択肢の幅が狭くなり，その限られた特定の人間関係との限られた共通体験が，

第4章　エンパワーメントの定義と「本人と支援者の相互エンパワーメント」

障害者本人の志向や嗜好や選択に大きな影響を及ぼすことに対してである。

　これは，極端にいえば，ある女性の周りには常に特定の男性しかいなくて，その女性は意思決定や選択といったこともなく，特定の男性をそのパートナーとして生きる，ということと同じだと言えよう。実は，これがある種の支援者にとっては，多大な影響力と頼られている快感というパターナリスティックな世界を保持しようとする強いインセンティブを，意識的無意識的にもたらしているのだ。

　このことに自覚的であるということは，重度障害者の支援者が，プロとして成立する基本要件である。

　このことのもつ両面を，エヴァ・フェダー・キテイ（Kittay, E. F.）は，こう表現している。

　　「依存労働（dependency work）は，脆弱な状態にある他者をケアする仕事である。依存労働は，親密な者同士の絆を維持し，あるいはそれ自体が親密さや信頼，すなわちつながりを作りだす。」[15]

　　「依存関係における権力の不平等と，不平等な関係における支配を区別する必要がある。力の不平等は依存関係につきものだ。しかしその不平等すべてが支配となるわけではない。」[16]

　　「依存労働者も被保護者もどちらも依存関係を支配関係に変えてしまう可能性がある。たしかに，依存労働者は弱い被保護者を虐待しやすい立場にありそのような行為は道徳的に（十分でない場合もあるが）強く非難される。（中略）被保護者は，不正な要求をすることによって，また関係を通じて生まれるつながりに乗じ，依存労働者の思いやりや配慮，義務を搾取することによって，一種の専制を発揮しうる。」[17]

　　「依存労働と依存者の関係は，片や苦役，片やパターナリズムの間をさまよっているように見える。（中略）依存労働者は助けが必要な他者のニーズに応答し，それを解釈する恐るべき力を持っている。（中略）依存労働の外側の世界では依存労働者の立場が弱いことを問題にする場合に注意すべきは，関係の内側では依存者は依存労働者の権力にさらされやすい

ということだ。(中略) 依存関係を適切に配慮するシステムとは，依存労働者が，自分自身の利害関心を持てる様にエンパワーし，可能な限り，依存者の依存を減らそうとするものであるはずだ。依存をやむなく陥る結果として片付けるのでは，ケア提供者も被保護者も十分な役割を果たせない。」[18]

ここで，キテイのいう依存労働とは，「脆弱な状態にある他者をケアする仕事」のことだとしている。彼女が，この「依存状態にある」とか，「脆弱な状態にある」とは，どのような状態としてとらえているのかといえば，「依存労働者は助けが必要な他者のニーズに応答し，それを解釈する恐るべき力を持っている」という表現にあるように，「支援者に助けてもわらなければ，その生活に支障をきたす状態で，かつ，本人がニーズを判断するのではなく，支援者がそれを行うような状態」と判断しているように読める。

キテイは「依存関係」は「支配関係」ではない，と言い，「依存関係を適切に配慮するシステムとは，依存労働者が，自分自身の利害関心を持てる様にエンパワーし，可能な限り，依存者の依存を減らそうとするものであるはずだ」ということは，支援者のエンパワーメントを支援することが，「依存関係」を「支配関係」にしない戦略だととらえているということだ。だから，「依存労働者にとって，非保護者の安寧と成長が労働遂行上一番の関心事である。つまり，非保護者の安寧は依存労働者の責任である。これが，依存労働の模範的事例である」[19]という形で，最後は支援の倫理的責任感に依存することになってしまう。しかし，「制度化されたケアでは，ケアの担い手で在りながらケアする気持ちがないことがあまりにも多い」[20]と，その現実も認めている。

「可能な限り，依存者の依存を減らそうとする」支援のあり方についても，言及しているところを見れば，「本人が支援者と依存関係ではない」戦略もあっていいはずだが，いかんせん最初に重度障害者等を「依存者」として定義・認識してしまったがために，それを「可能な限り，依存者の依存を減らそうとするもの」という量的にも読める表現となってしまう。ただ次の「依存をやむなく陥る結果として片付けるのでは，ケア提供者も被保護者も十分な役割

を果たせない」という表現は微妙であって，それを量の問題ではなく，そもそもの認識の問題，相手を「依存者」として認識するのではなく，その認識こそが，判断できない「依存者」と判断してしまう，パターナリスティックな「依存労働者」を生み出しているという認識に至るまで，もう一歩だとも言える。

しかし彼女の展開はそうはならない。それは，「依存労働」を典型的な「女性労働」として位置づけようとしているからでもあるが，とりわけ，それは，母親としての彼女と，重度の障害のある娘セーシャと，その献身的な住み込みの介助者ペギーのきわめて個人的な物語が，その認識の基調（ベース）となっているからである。

ただ，彼女の重度の障害の子をもつ母親としての認識の普遍化は，秀逸である。

「母親にはおそらく，子どもを受容していても，子どもの障害を完全には受け入れられない根源的な感覚がある。（中略）その社会化には２つの部分がある。第１に，私はわが子を『普通』ではないと見たくない。セーシャのやることは彼女にとって『普通』なのだから。これは何が正常なのかの再定義である，セーシャの個性だと認めることだ。そのような受容なしに私は，子どもを世界に送りだすことはできないだろう。同時に，私は，わが子と他者の間を調停し，受容を交渉するために，他者がわが子を見る視点でわが子を見る必要がある。親の仕事は２つある。受け入れられるために子どもを社会化することと，できる限り，子どもが受け入れられるように世界を社会化することだ。」[21]

「専門家と母親の間の不一致は，（中略）専門家は『（子どもの）一部分，事実上，障害の部分のみもっぱら焦点を当てる』ということを意味する。しかし両親にとっては，息子，娘，きょうだい，孫，学生，遊び仲間，教会メンバーとしての子どもの役割は，その子の障害に先だってある。」[22]

これは，障害児・者本人の生きる意味や価値をふまえた支援者にとっても，それはほぼ同じだと言える。まさに，本人と支援者との相互エンパワーメント関係においては，それは個性と個性との相互関係であるが，その認識には至っ

ていない私たちの一般社会においては，その個性と個性を社会的役割の中で位置づけ，社会から必要な支援と合理的配慮を勝ち取ってゆくプロセスが，本人と家族を含む支援者との相互エンパワーメントである。

アメリカの強烈な自立観

ところが，キテイは次のようにも述べている。

「自立に焦点を当てることや，コミュニティーの『普通』の生活に障害者を包含していくことがインクルージョンだと理解されるなら，インクルージョンという目標に焦点を当てることすら，市民とは『自立し五体満足な』者のことであるという概念に傾きすぎると私は信じている。(中略) 能力を高めるために，環境の調整を強調することは，セーシャの人生にとって重大なことだ。車いすなしには，彼女はベッドからしか世界を見ることができない。しかし，どんなに環境を調整してもセーシャを自立させることはできない。(中略) 自立を強調することは，セーシャを人間以下の存在にしてしまうのではないかと私は恐れる[23]。」

ここでは，文字どおり，子どもの障害をどうしても受容できない母親としてのエヴァ・キテイが，垣間見える。そこでは，自立や能力といった，アメリカ社会の価値観そのものが，ある意味で否定形のようなポーズを取りながら，むき出しで登場する。

私は，アメリカの重度身体障害者の自立生活運動の様々な活動家に出会ったので，アメリカのむき出しの自立観が，彼らの運動に強い影響を与えていることは知っているつもりだ。たとえば，タルコット・パーソンズ (Persons, T.) は，アメリカ社会における自立と障害者の関係について以下のように述べている。

「中心的な重要性を持つ依存―自立の軸による解釈が，(中略) 他の社会よりもアメリカ社会において，より重要であるという点を単に示唆するだけでなく，この解釈が精神疾病におけると同様に，身体疾病にも等しく適応すること示唆したい。(中略) アメリカ社会における小児まひに対する特

第4章　エンパワーメントの定義と「本人と支援者の相互エンパワーメント」

別な関心もまた，永続的な障害が生み出すに違いない依存に対して持つ，われわれの恐れに関係するものであるという点も示唆されよう。自己の役割を果たせず，他人に依存し続けるということは，死んだも同然ということなのである。」

　何とも強烈な表現であるが，パーソンズは，アメリカ文化は自立にウエイトをおく文化であって，依存し続けることは，死ぬに等しいことなんだと言うのだ。まさに小児まひ（ポリオ）であった，エド・ロバーツやジュディー・ヒューマンの起こした自立生活運動も，またキテイの自立や能力主義に対する反発も，その価値観に強く反発しながら生み出されたものであるが，とりわけキテイの場合はそれにとらわれ過ぎていることが気にかかる。

　一方，キテイと当時27歳セーシャとの関係は，どこまで行っても親と子，母と娘との関係性の展開であって，セーシャは，「依存的な可愛い娘」の役割を全面展開する他ないのだ。ところが，セーシャには，献身的な住み込みの介助者ペギーというもう一人の母親（？）がいて，キテイは，まるで自分は家父長のようにペギーに金を払い，ペギーが介助しているかのごとくだと，やや自嘲気味に書いている。

　「私にわかるのは，サービスが自由にかつ幅広く利用できるのであれば，より多くの母親が，配偶者とだけでなく，ケアにあたる他の人々とともに，依存的存在への責任を共有することが出来（中略）またセーシャのように特別な人を愛する喜びを共有できる相手が多く得られるだろう。」

　セーシャは27歳で，キテイは彼女を娘としていとおしんではいるが，介助は主に住み込みの介助者ペギーが行っており，セーシャは，いわば，在宅で２人の母から娘としての役割期待を受けて，それなりの期待遂行を行っている。難しいのは，ペギーに対するセーシャとキテイそれぞれの役割期待が，セーシャの娘化・子ども化と個人化・成人化という矛盾する部分もある役割遂行に，どんな影響を与えているかが，わかりにくい点である。なんといっても，ペギーの雇用主はキテイなのであり，その規定性が，セーシャのペギーに対する役割期待への期待遂行や，逆にペギーのセーシャへの役割期待に対するかなりの圧

125

力として作用しているにちがいない。

　子どものままであれば，アメリカ文化の自立や能力主義にぶつかったり，抵触する心配は少ないという母親の想いはわからないではない。しかし，どんなに障害が重くとも，なんといってもセーシャはもう27歳であり，お金と稀有な人材に恵まれたから今の生活がベストだと本当に言えるのか？

　「本人と支援者の相互エンパワーメント」を志向する私たちにとっては，とてもそれでいいという訳にはいかない。

　乳児ですら，かなり早い段階で，「相互役割期待——成就」をまさに，相互に営みあっており，一方的な関係ではない。「支援者に助けてもらわなければ，その生活に支障をきたす状態」は，乳幼児においても，介助の必要な障害者や高齢者や病人にも起こる。しかし，このような人たちをひとくくりに「依存者」「依存関係」としていいのか。いやそれにプラス，「本人がニーズを判断するのではなく，支援者がそれを行うような状態」が加わるとすれば，これは，本人が自分の思いや必要を，言語表出を含むいかなる形においても表現できないということを意味しているのか。もしそうだとすれば，その仮定は，誤っており，とても，「依存者」「依存関係」といった理解・認識を認めるわけにはいかない。それは，ただ「意思決定・表明支援を含む支援を必要とする生活主体者」であって，ただその支援の質量が異なるだけである。

　「意思決定・表明支援を含む支援を必要とする生活主体者」ではなく，「依存者」「依存関係」として，「相互役割期待——成就」関係を形成すれば，まさにそのような依存者として，本人はその期待に応えてしまう可能性が高いことは，これまで縷々述べてきたので，賢明な読者はもうおわかりのことと思う。

　北野誠一が，藤井規之に犯した間違いを，プロの支援者は犯してはならないのだ。

　それは，けっしてただの倫理・道徳の問題ではなく，支援者が独断で勝手な判断をせず，本人の意思決定・表明を支援することを基本とする専門性（プロフェッショナリティー）の問題である。

5 「相互エンパワーメント」の展開例

藤井規之と両親

まず第3章3節に登場した，藤井規之とその母との物語を語りたいと思う。

2014年現在38歳の藤井規之は，自分のこれまでの生きざまをみんなにさらして，重度の障害者でも地域で面白おかしく生きていけることを本にして，多くの同じような情況で生きる本人と家族と支援者に届けたいと考え，現在はそのためにそのエッセンスのエピソードを雑誌に連載中である。その一部分を本人の許可を得て掲載する。

「友達が段々とできるようになると，『自分自身で生き方を決めてヘルパーと付き合っていくこと。それが，ぼくの人生なんや』というように，価値観が大きく変わりました。そのことで，親との対立がすごく多くなりました。母は，『息子の行動をすべて知っていることが当然だ』と思っていたらしいです。

大学1年目のある日，親には内緒で高校の時の友達とすごく遊びに行きたかったから，ヘルパーを使って，その友達の家に行ったことがありました。というのも，家からなかなか出かけられなかったからです。

帰宅後，その子から家に『明日，カラオケに行こう』『今日，ごちそうになった。ありがとうございました』という電話があったらしいです。

母はそのことを聞いてびっくりし，電話を切った後，思わず『あんた，どういうことか言え！』と怒鳴りました。その時，『ごめんなさい』と謝りました。しかし，母の怒りはおさまらず，ぼくは何も言えない状態で車椅子から引きずり落とされて，『これは完全に虐待やでー』と思ったぐらいに怒られました。ぼくは，『子どもの行動を知って，ぼくに指図するのか？　そんなことはもう，いやだ！』と思い，『恐ろしい！　こんな家にいたら，死ぬー，早くひとり暮らしする』と決意しました。」

私は，藤井規之の両親とも長い付き合いで，私の母の介護ベッドも，その両

親が経営する事業所からのレンタルであった。

　私は，この文章に込められた真実というのか，重度の障害児とその母の関係のすごさを思わずにはおれない。この文章では，藤井規之の母は，どんなにエゲツナイ人なのかと思う人もいよう。だがそうではないのだ。

　この母は重度の身体障害をもった子のために，各地の病院や支援機関を転々とし，当時最新のボイタ療法やボバース療法にも満足せず，アメリカまでドーマン療法の勉強に行った母である。また本人が幼児の頃からテレビを見る時の表情や反応の中に本人の可能性を見つけ出し，一部の専門家が何と言おうと本人がわかるものと信じて必死に語りかけ，動かない手に手を添えて字を教えたのだ。さらにその可能性はその思いを引き継いだ地域の保育所や小・中学校で，様々な体験を味わうことによって高められた。

　そのことについて，藤井規之の連載雑誌の最初のエピソードではこう書かれている。

　「母は，脳性まひ児について，作業療法士（OT）・理学療法士（PT）・言語聴覚士（ST）などの専門家に意見を聞いたり，本を読んだりしていたそうです。そして，運動経験の不足から認知障害が生じやすいことを知り，幼児期から直接的な経験によって学習ができるようにぼくを育ててくれました。

　たとえば，りんごを教える時には，ぼくに触らせながら，『この赤くて丸い食べ物は，りんごや。皮を剝くと黄色い。甘くておいしい』と言ってくれました。また，母は，ぼくの緊張が強い右手でえんぴつを一緒に握って『これは文字で書いたら，"り・ん・ご"。これを読んだら"り・ん・ご"という言葉になるで』と，実際にぼくの身体を使いながら教えてくれました。

　ぼくは，なかなか口で話せなかったので，意思表示ができませんでした。何を聞かれてもニコニコしていたので，周囲も両親も『この子，笑ってたらOK（だいじょうぶ）だろう』と表情で判断していたようです。

　今思うと，周囲の『どうせこの子は，分からない』といった固定観念が

第4章　エンパワーメントの定義と「本人と支援者の相互エンパワーメント」

あったかもしれません。しかし、両親や母方の親戚は『普通の子どもと同じように、経験や体験することによって普通の感性や感覚に近づけると信じてぼくを育てた』と聞きました。

　もし、リハビリがなかったら、今のコミュニケーションやパソコンを使っての意思伝達ができず、『分からない子』で、育っていたと思います。そんな子が1人でも少なくなることを願っています。」

　その両親の必死の努力は、少しずつ実るわけだが、両親のこれだけの思いと実践がなければそのことは実らなかったが故に、その相互関係や業の深さは、半端なものではなくなる。

　この母は、わが国の多くの母のように子どもをオブラートに包んで、いとおしんだりはしない。真っ向から、自分の感情を子どもにぶつける。ここが、すごいと私は思わず思ってしまう。マザコンの私は、母のくびきを本当に理解したのは、22歳の時であった。母の希望通り内定していた大手企業に就職せずに留年した時に、母にハラハラと泣かれ、初めてこれはこのままではヤバいと実感した。藤井規之に、「こんな家にいたら、死ぬ。早く一人暮しすると決意」させたこの「本人と親の相互エンパワーメント」は、私はこれはほんとにすごいしそれでいいと思うのだ。

　実際には、母の介助と支援を中心に生きてきた本人に、そのような決意を可能にさせたのは、次の3つのことからである。

　①　本人の可能性を信じて、本人の意思決定支援と意思表明支援を、親とその支援者が必死に取り組んだ結果、本人が、自己決定する経験知と意思表明のためのコミュニケーション手段を獲得したこと（随意運動が可能なのは、眼球と左踵だけであったが、その左踵を使ってパソコンの意思伝達装置を開発してもらったことで、他者とのコミュニケーションが一挙にひろがった。）

　②　本人が、様々な人間関係・社会関係に参加・参画して、様々な生き方や役割を経験していたこと。

　③　一人暮らしに必要なノウハウを、大学等で一定トライして身につけていたこと

等であり，本人と母との口げんかは，ただのきっかけにすぎない。それでも，「母は僕の行動を全て知っていることが当然だと思っていた」あるいは，心配のあまり「子どもの行動を知って僕に指図する」のは，何も障害児のみの特別なことではなく，母なるが故の普通のあり方である。それが，一定年齢までは，子どもである本人の成長・発達の助けとなるのだが，ある時期を超えると本人の生き様とぶつからざるを得なくなる。心理学的に言うと，これまでの良い母（good mother）が，一定の段階を超えると恐ろしい母（terrible mother）として登場するわけだが，母自身が特段変化するわけではないのだ。子どもの側が，その成長のある段階を迎えたために，母との関係がそのように現れ，子どもは，その葛藤や対決を経験しながら大人になってゆくのだ。

母親にとっては，いつまでもわが子は子であるわけだが，とりわけ介助や支援をたっぷりと必要とする重度の障害児は，20歳を超えても，いつまでも大人になれない子どもとして役割期待されてしまいがちであり，その期待を遂行している限り，本当に永遠の子どもなのだ。

それでもそれなりの社会からの支援と働きかけがあればこそ，各家族メンバーの役割期待と，支援者や関係者の役割期待といった，様々な異なる役割期待に育まれて（の間隙をぬって），子どもたちは大人の役割を獲得し遂行してゆくことになる。

その意味でも，藤井規之とその母や支援者との関係の展開は，重度の障害を持つ人とその家族・支援者にとって，一つの可能性の展開の物語であり，必死に相互に自立生活を切り開いてきた読ませるドラマである。

鹿野靖明の物語

次は，人工呼吸器をつけて自立生活をする鹿野靖明の物語を，渡辺一史のルポルタージュの名著『こんな夜更けにバナナかよ——筋ジス・鹿野靖明とボランティアたち』（2003年）から拾い読みしてみよう。私はこの本によく出てくる，鹿野の友人である我妻武とは，一緒に活動をしたことがあるのだが，鹿野とはその記憶がないので，あくまで，本のストーリーに基づく。

第4章 エンパワーメントの定義と「本人と支援者の相互エンパワーメント」

　本書のこの後に登場する青葉園の多くの仲間たちの物語と，鹿野との違いは，彼が，己の思いを言語表出できるという点だ。しかし，医療（的）ケアも福祉（的）ケアもたっぷり必要でほぼ全介助であり，入所施設や病院ではなく，まさに地域で暮らしているという共通点をふまえれば，鹿野が，青葉園の仲間たちの思いを代弁している部分もあると思われる。

　　「『親とはいっしょに暮さない』と鹿野が決意したのは，1983年，23歳のときだった。『親には親の人生を生きてほしい。僕が障害者だからといって，その犠牲になってほしくない』という強い思いがあったからだ。またそう思わざるをえない，別の事情もあった。しかし，当時の障害者福祉の状況からすると，身体障害者の生きる道は，ほぼ二つしかなかった。一生親の世話を受けて暮らすか，あるいは，身体障害者施設で暮らすかである。鹿野は，そのどちらでもないイバラの道へと足を踏み出した。重度身体障害者がいどんだ『自立生活』への挑戦だった。[28]」

　私もまた人生の中で，多くの「鹿野」と出会ってきたが，大阪・東京等の大都市とその周辺以外の多くの地域では，まるで時間が止まっているかのごとくに，その選択肢の状況は変わらない。それも選択肢というよりは，親が元気な間は親元，親が介助できなくなったら施設という選択肢なき選択でしかない。

　　「しかし，何より鹿野が闘っているのは，マイナスカードの多すぎる人生を，あくまで主体的に能動的に生ききろうとする果てしなき戦いであるのだと私は思った。鹿野は24時間，他人の介助なしでは生きていけない。さらにここでは，（中略）食べたものの量，飲んだものの量，尿の排泄量，睡眠時間に到るまで，すべての欲求を鹿野は管理されている。プライベートはないに等しいし，ここでは，恋さえも隠せない。鹿野に秘密はほとんど存在しないのである。にもかかわらず，ここが鹿野の『家』だとしたら，それは結局のところ，『この家の主人は私である』という鹿野の強烈な自己中心性に負っている。もしそれが崩れたとすれば，『24時間他人に介助されるだけの』『すべての欲求を管理される』『プライバシーゼロの』ただなされるがままの受け身的な存在になってしまうだろう。[29]」

「鹿野に限らず，1日24時間，すべての介助を他人にゆだねる人間が，その主体性をどう確保するのか，というのは，実は想像以上に難しい問題なのだと思う。黙っていれば，親に，家族に，介助者に，生きるのに必要なことをすべて先回りでされてしまう。生まれながら障害を持つ人であれば，幼少期からそれが延々と繰り返されるわけだ。(30)」

このように主体性の確保の大変な鹿野の場合は，それでも黙っていないし，幼少期からの重い障害ではない。幼少期から重い障害があり，言語でのコミュニケーションが困難な多くの青葉園の仲間は，ではどうすればいいというのか。

「『そうじゃない，本当はこうしてほしい』……こうした障害者の思いは，往々にして，健常者が『よかれ』と思ってした行為や，安易な『やさしさ』や『思いやり』を突き破るような自己主張として発せられることが多い。介助者にしてみれば，つねに好意が打ち砕かれるような，激しさと意外性を伴う体験なのだ。(中略)『施設や病院はイヤだ。まちで暮らしたい！』『普通の生活がしたい。それは当然の権利なのだ！』これらの要求も，つねに『ワガママだ』とか『ぜいたくだ』という視線に阻まれてきたことを考えると，自立を試みる重度障害者たちは，そもそも健常者にとって，本質的に『ワガママ』な存在であるという言い方もできる。そうでなければ，何ものをも変えることはできないだろう。(中略) その背後には，つねに介助者に対して『ワガママ』が言えず，自分の気持ちや感情を押さえ込んだまま遠慮しながら生きざるをえない施設や病院にいる障害者たちの姿がある。(31)」

自立生活（運動）の隘路を切り開く

そのように私も思い，わが国の自立生活運動と自立生活センター活動を支援してきたつもりである。しかし，自立生活運動と自立生活センター活動が四半世紀を経た現在，問題も生まれている。

重度の身体障害者のステイクホルダーＡ（サービス利用者）の介助獲得運動としての側面だけが先行してしまい，他の障害者支援との連携が見えにくいだ

けでなく，介助制度の展開の中で，一部は自分たちだけの介助者と介助時間を確保し維持する，ステイクホルダーBの事業者としての守りの姿勢の活動と化している。

また介助の制度化は，それで食えるために，主な介助関係者は固定した専従となり，介助者の社会的広がりもインパクトも薄れてきて，一人ひとりの自立生活障害者の生き様の物語を支える視点が弱まっている。

さらに，介助の制度化は，自立生活障害者に，よりダイナミックな社会参加・参画，よりインパクトのある「ワガママ」な物語を可能としたはずだが，障害者に肩透かしを食らわす政治・行政・専門職団体といったステイクホルダーたちとの真の対決もないまま，社会にこじんまりと収まってしまっている。

そして以前にも述べたように，介助者を，共に理念と活動を共有する仲間として育てているのか，それとも，介助者をただの介護力の一こまとして使おうとしているのか，これが決定的な問題なのだが，介助者を人間として，仲間として迎え入れ，一緒に活動を創出してゆき，本人も介助者もエンパワーメントしてゆくことが，ともすればないがしろにされている。

これらが，私のただの杞憂に終わればそれに越したことはないが，運動が活動へ，さらに事業へと転化してゆく過程で失うものに対して，鋭く自覚的でない者たちには，未来は開けない。

結局藤井規之は，本人と家族・支援者によるダイナミックな関係性の展開の中で，意思表明のためのコミュニケーション手段を獲得し，大学の学友たちや自立支援センター・OSAKA「ぽらんぽらん」の仲間たちとの相互エンパワーメント関係の展開のなかで，本人が自立生活を自己選択できるだけの経験を積み上げることが可能となった。そして現在では，ピアカウンセラーという社会的役割を担い，介助者を活用してアパートでの自立生活を営み，一時しんどい闘病入院生活を経験し，「大好きな人と暮らしたい！」という思いをこめて，物語を紡いでいる。

一方，鹿野靖明は，徐々に進行する障害の重度化の真っただ中で，親元から自立生活を始め，途中の入院生活からも帰還し，最後まで，「ただなされるが

ままの受け身的な存在になってしまう」ことなく,「あくまで主体的に能動的に生ききろうとする果てしなき戦い」を挑み,命果てた。

　「自分が生きてゆくために,自分の体を教材にして,自分で育てた介助者に,自分自身の介助をしてもらう。(中略) しかし,そうやって育てたボランティアの多くが,やがて福祉や医療の専門家に巣立ってゆくことを考えると,鹿野の活動はれっきとした"教育活動"の一翼も担っていることになる。(中略) もし施設や病院にいれば,一方的に『介助を受ける』だけの受け身の立場に置かれがちだが,自立生活をした時点で,『介助を受けること』それ自体が,必然的にこうした社会的広がりを形成してしまう。[32]」

　鹿野靖明が,そのことをどれだけ自覚的にやっていたのかは,側にいなかった私にはわからない。わかるのは,鹿野靖明の様々な「ワガママ」に,これだけの介助者が懲りずに付き合ってきたことを思えば,彼にはただ介助者を己の手足の代わりに使うのではなく,鹿野の役割期待に対する相手の出方(期待遂行)や返し方(支援者からの役割期待)を,人間と人間の関係として,面白がっていた節がある。そのことが,「24時間他人に介助されるだけの」「プライバシーゼロの」人間が,時に自分の生き様を貫くために介助者が驚くような「ワガママ」を欲し,その命と健康を守るために「それ以外にない」対応を求め,そのまさにそれゆえに,「自分の体を教材にして」人を育て,人の輪を育て,金太郎飴ではない面白い社会を創造してゆくのだと思う。

　そして,この物語は,青葉園のメンバーたちに引き継がれていく。

第4章 エンパワーメントの定義と「本人と支援者の相互エンパワーメント」

注
(1) この判決については，北野誠一「アメリカにおける重度障害者が地域で暮らす権利――ADA に基づく裁判例の検討」『月刊ノーマライゼーション』2000年5月号，48-53頁が参考になる。
(2) 古川孝順『社会福祉原論　第2版』誠信書房，2005年。
(3) ICF と障害の概念については，北野誠一「障害者支援の諸理論とソーシャルワーク」基礎からの社会福祉編集委員会編『障害者福祉論』ミネルヴァ書房，2008年，が参考になる。
(4) 中根千枝『タテ社会の人間関係』講談社現代新書，1967年。
(5) 詳しくは北野誠一「北米における権利擁護とサービス質に関するシステム」『月刊ノーマライゼーション』（連載21～23）2001年，等を参照されたい。
(6) スコット，R. A.・三橋修監訳／金治憲訳『盲人はつくられる――大人の社会化の一研究』東信堂，1992年。
(7) Fetterman, D. M. & Wandersman eds. *Empowerment Evaluation : Principles in Practice*, The Guilford Press, 2004.
(8) Fetterman, D. M. Foundation of Empowerment Evaluation, Sage Publications, 2001, p. 13.
(9) 同前書，第3章。
(10) 鯨岡峻『ひとがひとをわかるということ――間主観性と相互主体性』ミネルヴァ書房，2006年，177頁。
(11) 同前書，180頁。
(12) 同前書，181頁。
(13) 同前書，136頁。
(14) 同前書，181頁。
(15) キテイ，E. F.／岡野八代・牟田和恵監訳『愛の労働あるいは依存とケアの正義論』白澤社，2010年，85頁。
(16) 同前書，89頁。
(17) 同前書，90頁。
(18) 同前書，94頁。
(19) 同前書，85頁。
(20) 同前書，216頁。
(21) 同前書，367，371頁。
(22) 同前書，374頁。
(23) 同前書，378頁。

⑷　パーソンズ，T.／武田良三監訳『社会構造とパーソナリティ』新泉社，1973年，383頁。
⑵⑸　前掲書⑮，353頁。
⑵⑹　藤井規之「ぼくのリハビリ物語」『臨床作業療法』Vol. 11, No. 4, 2014年，305頁。
⑵⑺　藤井規之「ぼくのリハビリ物語」『臨床作業療法』Vol. 11, No. 1, 2014年，61-62頁。
⑵⑻　渡辺一史『こんな夜更けにバナナかよ——筋ジス・鹿野靖明とボランティアたち』北海道新聞社，2003年，18頁。
⑵⑼　同前書，69，70頁。
⑶⑽　同前書，306頁。
⑶⑴　同前書，308，309頁。
⑶⑵　同前書，350，351頁。

第5章

青葉園における「本人と支援者の相互エンパワーメント」の展開と意思決定・表明支援

1 青葉園活動における最重度障害者の存在の展開

青葉園とは

　青葉園は，兵庫県西宮市（2014年現在人口約48.5万人）にあり，重い障害のある人は入所施設というこれまでの社会の常識を超えて，西宮市で暮らし続けていこうとする最重度障害者の地域生活運動の拠点として，1981年に立ち上げられた。西宮市社会福祉協議会の運営により市単独補助事業として発足し，現在は制度的には，障害者総合支援法の生活介護事業を中心として，指定相談支援事業や居宅介護事業等も併せ持つ総合的な地域生活拠点となっている。

　市内全域より通所する59人の人たちの大半は重症心身障害の人たちであり，既存の通所の「施設」では受けとめ得ない人たちの拠点として独自的な経過をたどってきた。

　日々集まって何をするのか？　という「活動」の模索から始め，一人ひとりの存在の価値につき動かされ，わかり合うために身体を通して関わり合い（「いきいき」活動），様々な場を共有・共感し（「のびのび」活動），一緒に社会に出向いていく（「どんどん」活動）等，多様な活動が展開されていった。一人ひとりを主人公にした物語を生み出していくような展開となり，関わりの広がりと深まり，その人らしさの発揮を目指す，個々人のプログラムへと向かっていった。

　さらに，こういった関係を基盤に，一人ひとりを社会の中で位置づけていこ

うとする活動プログラムが持たれるようになった。日々暮らす街中で継続的に地域住民と交流を深めていく，地元の公民館での「地域サークル活動」（「青葉のつどい」市内8か所）の展開や，住民と一緒に空き缶等のリサイクル活動やエコロジー活動等をすすめる社会活動サークルを結成し取り組みを進める等，地域の一員としての活動展開が模索されてきた。

こういった活動プログラムの展開の中で，青葉園の諸活動が，本人の希望や目標の一環となっているのかを評価・確認し，さらに展開していくためは，一人ひとりの活動の個人計画化がどうしても必要となった。現在の青葉園では「個人総合計画」と呼ばれる本人の計画に基づいて，一人ひとりの活動を進めている。

図5-1でもあるように，本人と支援者相互のわかり合いの経過をつづり（「相互主体レポート」），活動の中から本人の希望を文書化し（「個人計画書」），そして，その実現のための支援の詳細を項目化して確認する（「支援プラン」）形式で「個人総合計画」の整備を図っている。

また，とりわけ言葉で意思表示ができない人の地域自立生活においては，様々な支援の関与による一人ひとりの「支援の輪」が本人中心に稼動していくことがきわめて大切であり，権利擁護的関与も含め，どうしても一人ひとりについての支援の計画化が不可欠となっている。

現時点では，青葉園はその活動を，「地域共生チーム」「地域活動チーム」「医療・健康チーム」「総務・企画チーム」の4つの活動系に分化させて事業化している。その内「地域共生チーム」は，居宅介護事業と指定相談支援事業を展開しており，後者を通じて，これまでの青葉園からの「個人総合計画」をふまえて，基幹型総合相談支援センターと本人と家族と支援事業所等の参画の下で，「本人中心支援計画」会議を招集して計画案を作成し，その後は，その計画をそれぞれの関係者がどのようにどこまで展開したのか，またそうできなかったのはなぜか等の，エンパワーメント評価としてのモニタリング活動を続けている。[1]

一般に，中軽度の障害者は，ゴッフマンが『スティグマの社会学』（石黒毅

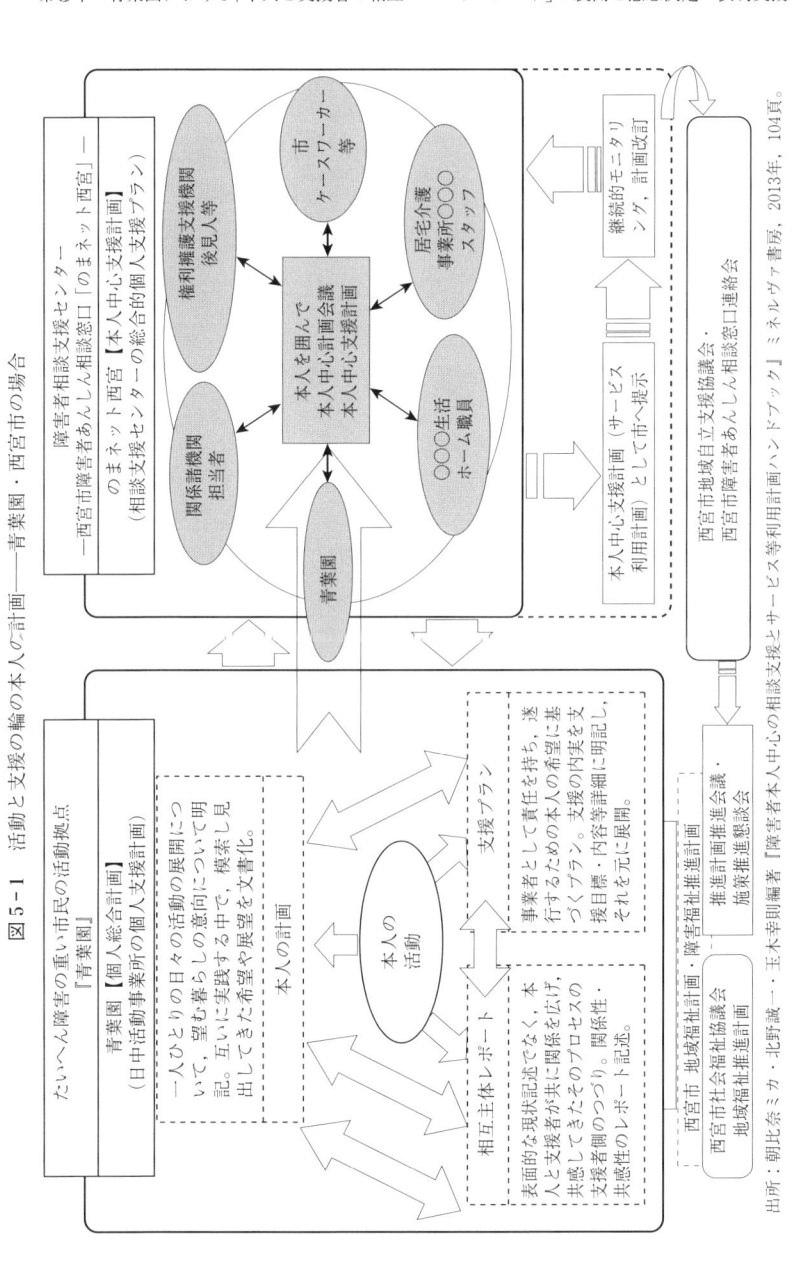

第5章　青葉園における「本人と支援者の相互エンパワーメント」の展開と意思決定・表明支援

図5-1　活動と支援の輪の本人の計画――青葉園・西宮市の場合

たいへん重い障害の重い市民の活動拠点
【青葉園】

青葉園【個人総合計画】
（日中活動事業所の個人支援計画）

一人ひとりの活動の日々の展開について、望む暮らしの意向について明記。互いに実践する中で、模索し見出してきた希望や展望を文書化。

相互主体記録レポート

表面的な現状記述でなく、本人と支援者が共に関係を広げ、共感してきたそのプロセスの支援者側のつづり。関係性・共感性のレポート記述。

本人の活動

本人の計画

支援プラン

事業者としての責任を持ち、遂行するための本人の希望に基づくプラン。支援の内容を支援の援助目標・内容等詳細に明記し、それを元に展開する。

西宮市　地域福祉計画・障害福祉推進計画
西宮市社会福祉協議会　推進計画推進会議・
地域福祉推進計画　施策推進懇談会

障害者相談支援センター
―西宮市障害者あんしん相談窓口【本人中心支援計画】
のまちネット西宮（相談支援センターの総合的個人支援プラン）

権利擁護支援機関
後見人等

市
ケースワーカー等

関係諸機関
担当者

本人を囲んで
本人中心計画会議
本人中心支援計画

居宅介護
事業所○○○
スタッフ

青葉園

○○○生活
ホーム職員

本人中心支援計画（サービス利用計画）として市へ提示

継続的なモニタリング、計画改訂

西宮市地域自立支援協議会・
西宮市障害者あんしん相談窓口連絡会

出所：朝比奈ミカ・干野則明編著『障害者本人中心の相談支援とサービス等利用計画ハンドブック』ミネルヴァ書房、2013年、104頁。

訳，せりか書房，1970年）で述べているように，ある種の障害者のイメージを演じることを期待されるのだが，それはその社会では弱者とされた役割（スティグマ）であり，それを演じれば社会からは一定の保護・恩恵が今度は社会の側の役割期待の成就として遂行される。かわいそうなのは，そのような形でしか自尊心を保持できない社会の方なのだが，自分たちが「弱さ」だと思い込まされている，過敏性・傷つきやすさ・涙もろさ・依頼心・心身の虚弱・スピード感に欠ける・リズムや雰囲気に乗れないといった，一定以上できなかったり・できすぎてしまったり・感じやすかったり・感じにくかったりといったことが，許容できない・つまらない社会情況を，訳もわからずに，必死になって防衛しようとしている。

　そのような社会関係では，自分の弱みを他者に出せないだけでなく，自分の弱みを他者に押し付ける（投射する）ので，押し付けられ方は，より弱いとされた他者にそれをさらに押し付けようとする負の連鎖が連綿と続く。より弱い他者を見つけ出しては，いじめたり，笑い物にしたりして，さも面白おかしく振る舞おうとするのだが，その顔はどこか引き攣っている。まさに倒錯した役割期待と役割期待成就からなる「相互ディス（反）エンパワーメント関係」である。

　一方，最重度障害者を排除することによって成立しているわが国の地域社会のありようと，そのことによって，家と特別支援学校と施設や病院しか経験できない最重度障害者のありようはどうかといえば，最重度障害者は簡単には，社会がその役割を期待できないという意味では，それはもう，隔離や放置としか言いようのない情況を生み出す。つまりは，どう役割を背負わせていいのかすらイメージが湧かないために，家族と特定の関係者のみが知る存在，ほとんどの市民はその存在すら知らない存在と化しているのだ。

　その存在を市民に知られていないという事実のなかに，逆説的可能性の世界が開ける。最重度障害者は，まったく無防備で全介助の乳幼児の発するオーラと，得体のしれない異形のものとしてのオーラの両者を持っているのだが，それが人をひきつける可能性がある。

第5章　青葉園における「本人と支援者の相互エンパワーメント」の展開と意思決定・表明支援

　私たちが，大学に藤井規之を，あるいは地域の公民館に青葉園の最重度の本人たちを，はじめは客人（マロウド）として歓待するのは，何かしてあげねばという，まったく無防備で全介助のオーラと，できれば見たくない・関わりたくない，でも見てみたい・関わってみたいという，壊れやすい異形のものとしてのオーラの両者に惹かれるからだ。

　ノーマライゼーションやインクルージョンは，戦略性を持たなければならない。

　ノーマライゼーションは，市民一般の排他性を煽ることなく，市民のもつ好奇心と，わずかな寛容性をとらえて，たとえば，知的障害者4人暮らしのグループホームを地域にまず1か所作り，市民が慣れたころに，次の2か所目を作るといった戦略を駆使してきた。

　インクルージョンは，それこそ，グローバリゼーションのもつ，市場原理上の機会均等や平等の権利性を駆使して，まずは商品やサービスを媒介とした関係性を構築し，その間隙をぬって，人と人とのエロスの交歓としてのコミュニケーション関係に持ち込めれば，そのオーラは，何ものにも代えがたい。なにせ，いったん関われば，ほっておけないオーラが満開となり，さらには，その無防備さが関係する人間の鎧をはずさせる効果を発揮する。

　『ネバーエンディングストーリー』という映画の一場面で，ナッシング（無）がやってきて，イマジネーションの世界を，それこそ根こそぎに破壊して消し去ってゆくイメージからすれば，グローバリゼーションが，世界を市場原理という統一原理の下に画一化・均質化するイメージは，これまでの日常生活と，それほど変化がなさそうにも見える。しかし実際はそうではない。

　そこでは，人間と人間のエロスの交歓としての協働とコミュニケーション関係が，商品と商品の交換と消費としての市場関係へと物象化されてしまっているのだ。

　たとえば私にとっては，その違いは1960年代までと，あの1980～90年代初期のバブリーな時代と，バブルがはじけて以降の時代の違いとして，歴然と感じられる。

私たち夫婦は，家賃を払うのが嫌で，1970年代に借金して小さな古い家を買った。1980年代には今度は，共稼ぎと子育てを両立させるために，妻の両親の近くの中古住宅に引っ越した。やがてバブルがやってきて，その中古は2倍以上の売値となり，子どもも大きくなってきたので，1990年代に今の中古住宅に引っ越した。時代はまさにバブルの真最中で，引っ越すたびに中古物件は値上がりした。ところが，1990年代半ばに，見事にバブルははじけて，今の中古の値打ちは半分以下になった。最もバブリーであったころの高値は，それこそ，まじめに働くのも馬鹿らしくなる位の値段で，おそらく若い人はいくら働いてもマイホームなど不可能に思えたに違いない。
　それからのわが国の経済はじり貧で，それは1996年以降の橋本内閣の行政改革，財政構造改革，社会保障構造改革，経済構造改革，金融システム改革，教育改革の6つの改革の成功・失敗にかかわらず，また2001年以降の小泉旋風の成功・失敗にかかわらず，一定の必然的な要因を有していた。安い労働力・安い海外原材料や燃料・高度な産業基盤を持たない生産品輸入国の存在・朝鮮特需やベトナム特需等の特需・産業化以外に社会的責務を問われなかった特殊国際環境といったすべての条件をそぎ落とされてきた訳であれば，もはや以前のバブル景気に戻るどころか，それ以前のいざなぎ景気に戻ることもあり得ず，ゆるやかにそこそこの経済文化国家になってゆく他道はない。
　バブル以降，「失われた10年」や「失われた20年」などという，まるでバブルの時代の継続があり得たような幻想ごっこはやめて，失われてしまったのは，ほんとうは，社会と家族と個々人の生きる意味・働く意味・それなりの目標であったことを，虚心坦懐に見つめるべき時にきている。それも，目標としていた，戦争に負けた国アメリカの中流家庭のマイホーム自体が，アメリカでも幻想と化し，中流家庭の縮小解体，貧富の格差の拡大，マイホームや核家族幻想の解体，高齢化を享受できない若者中心文化の行き詰まり等を迎えているのだ。
　私たちの持っていた（持たされていた）はずの目標が，それ自体大きな虚構であったと何度も気づかされながら，私たちは高度経済成長とバブルの幻想に浸ろうとする自分自身をどうしようもない。それもまた現実であったがゆえに。

第5章　青葉園における「本人と支援者の相互エンパワーメント」の展開と意思決定・表明支援

それでも，私が知っているもう一つの現実は，私の府営住宅の屋上からみえた環状線と大阪城以外は，小さな住まい以外何も見えない，沼地だらけの1950年代の大阪市である。当時，ザリガニ釣りと土爆弾ごっこは，やり放題だった。そのどちらもが現実であったとすれば，この後それ以外の現実が必ず私たちにやってくるに違いない。

　私たちは，戦前の大きな虚構の結果としての焦土でも，バブルの虚構の結果としての慢心・放心でもない，大きな虚構を必要としない生き様でもって，これからの現実を逃げずに生活主体者として受け止め，一つひとつの物語を面白おかしく紡ぐ他ない。

　アメリカから真に学ぶべきことは，ほんとうは他にあったはずだ。

　話は進み過ぎた。青葉園の本人と支援者の相互エンパワーメントに戻ろう。

2　最重度障害者本人と介助者の相互関係の聞き取り調査より

　ここでは，青葉園での日中活動以外の時間の介助者派遣システムとして作られた「あおば介助者の会　かめのすけ」の有料介助スタッフに対する聞き取り調査から，特に介助者の最重度障害者へのアプローチの仕方の部分を使って，その相互関係（役割期待——期待遂行関係）について考察する。この聞き取り調査は，当時大学院生であった山下幸子（現　淑徳大学総合福祉学部准教授）と村田陽子（現　千里金蘭大学非常勤講師）が担当した。ここでは，2人の研究報告を使わせてもらう[2]。

　実際この調査で行おうとしたことは，青葉園の利用者のような，音声言語表現が困難で，かつ本人の意思や思いを支援者が把握することがきわめて難しい障害者に対する支援者を，いかに養成すべきかという，青葉園や「かめのすけ」にとっては，切実な課題に基づいていた。

　私たちが最重度の障害者の地域での自立生活を支援する過程でわかったことは，介助者の頭数がそろっていれば，何とか地域での自立生活が可能になるわけではないということだった。

一般に重症心身障害者を中心とする最重度の障害者の地域生活のことを取り上げると，すぐに医療（的）ケアをどうするかが問題となる。医療（的）ケアの問題が声高に叫ばれると，「やっぱり最重度の障害者は，医療のある施設か病院で暮らすのが一番」ということになる。

　この一般論は間違っている。その第一点は，別に病院や施設でなくても，地域に開かれた医療があれば，それで十分なはずだということ，そして第二点は，医療的ケアは，なにも医者や看護師だけがやるものじゃないということだ。風邪をひいて行った近くの診療所で，「私には診れません」といわれて追い返された脳性まひの人が，「べつに脳性まひを治してくれって訳じゃないのに」という笑えない笑い話があるように，障害者をよく知らないし，知ろうともしない開業医ばかりでは，重度の障害者の地域生活は大変なのだ。

　重症心身障害児・者の場合は，本人の通常の心身状態と通常の医療的ケアの状況をある程度継続的に把握していないと，本人をよく知らない医療関係者による救急対応は，命取りになりかねない。必要なのは，本人のことをよく知っている地域の医療関係者と，本人の表現と状態をきちんとふまえて，普段の医療的ケアができる，プロの支援者である。

　そのプロの支援者をいかに養成すべきかが，その調査研究の課題だった訳である。支援者が，一日を細切れにして何人も入れ替わったり，また支援者自身が辞めて入れ替わったりすることは，最重度の障害者の場合には，心身ともに耐えられない。プロの支援者が，ある程度の時間連続して支援することが不可欠である。

　しかしこのことは，逆に支援者の側に様々な問題を引き起こす。インタビューの中で，支援者としての介助スタッフは，ぶつかった様々な不安や困難と，それをどう乗り越えたのかについて語っている。プロ（ベテラン？）と目される特定の固定された何人かがローテーションを組んで，一定の時間連続して１対１で支援するというときに，支援介助者に真に求められているものとはいったい何なのかを，彼ら・彼女らもまた問うことになる。

　ただ慣れ合いの関係になっているだけではなく，どこまでわかり合えている

第5章　青葉園における「本人と支援者の相互エンパワーメント」の展開と意思決定・表明支援

という確信があれば，プロの支援者と言えるのか。わかり合えていると勝手に思い込んでいるだけではないのか。どこまで自己決定・自己選択の確認が必要なのか。何か普段と違った状況が起こったときに，どこまでが自分たちの守備範囲で，どこから他の支援者や医療関係者の指示を求めなくてはいけないのか。そしてそのような支援が準備されているのか。

　そこで，ここでは山下たちによる聞き取り調査報告の事例とまとめを活用しながら，支援者が重度の障害者とどのようなプロセスや契機によってコミュニケーションを深め合い，彼ら（彼女ら）の自己決定・自己選択を支援（＝意思決定・表明支援）するようになるのかを見ておきたいと思う。

　第4章4節の子どもと養育者の関係でも見たように，介助に対して障害者の側から明確な指示がない場合，介助等の支援はともかく必要だと支援者側が理解・判断してなされる介助行為というアクションから始まり，それに対して障害者からの何らかのリアクションをふまえて次のアクションが修正されることになる。このアクション・リアクションの回路が何らかの理由で行き詰まれば，両者ははたと立ち止まってしまうことになる。重度の障害者の場合は，支援者の側がリアクションを読みとりにくいことが最初の問題である。

　ここでは，支援者が支援する本人と言語コミュニケーションが何とかとれる人の場合と，困難な人の場合の2つに一応分けて検討する。

言語をコミュニケーションの媒介として

　まず言語コミュニケーションが何とかとれる場合の支援者のインタビューを聞いてみよう。インタビューした支援者は複数で，若干の修正・省略のある部分もある。

(1)　こちらが聞き取れないということで，(中略) 何回も言ってもらうことにものすごく心苦しいものを感じました。(中略) 最初行くとわからないと思うんですよね。ある程度，言葉の癖をつかむのが大変だなっていう感じがしましたね。

(2)　やっぱりわかるまで (中略) 話を聞く。言ってもらう。こちらから尋ね

145

てはいないですけれども，こちらから見れば，苦痛に思われてるかもしれないなっていう気がするんですけども．

(3) 2回，3回とお会いする間にだんだんとこちらの方も理解度というか，言葉，言っておられる内容がわかるようになってきたかな．それが逆にいえば，介護している者としての何か，ちょっとした喜びでもあると思うんですよ．

音声言語コミュニケーションが何とかとれる場合には，支援者が障害者のリアクションを一定聴く力や聴こうとする思いがあれば，一般的にはこのような形で展開してゆくものと思われる．

その場合でも2つ大きな落とし穴がある．一つは障害者の側のこれまでの生活における経験の絶対量の不足による自己選択のための選択肢の不足や欠如である．これは相談支援に基づく「本人中心支援計画」でもっとも大きな問題となっている課題である．たとえ実際に選択肢は存在したとしても，選択肢を本人が実感できない場合の自己決定は，現状維持か選択なき拒否でしかなくなってしまう．

もう一つは，障害者の側の緊張やためらい・遠慮といった問題である．一見うまくコミュニケーションがとれているように見えるが，実際には支援者に愛される障害者（像）を演じさせられている（無理に演じている）だけの場合もある．この地点を超えてゆかなければ，コミュニケーションが深まっていかず，障害者の本音や真の思いを受け止めきれないままの支援に終わる危険性が高い．

(4) たとえば「8」まで言える支援者，「5」までしか言えない支援者とか，分けてはるんちゃうかなという気もするんですけどね．結構気遣われてるような雰囲気を感じるんですね．

(5) （支援者が）これができてなかったとか，あれができてなかった，とかいう話は，聞いてないし，実際にそういうネガティブな話っていうのは，やはり言いにくそうにされてますね．

言語でのコミュニケーションが困難な人の場合

次に,言語コミュニケーションが困難な本人の場合の支援者のインタビューを聞いてみよう。

(6) 私にとっては話すということがコミュニケーションと思っていて,向こうから何も言われないと,やっぱりすごくとまどってしまうんですね。

(7) たぶん,今と変わらなかったとは思うんですけど,「うーん」っていう返事をしてくれたとは思うんですけど,それが,こう,ちゃんと私が言ったことに対しての返事なのかな,わかってはるのかなっていうのが,ちょっとあって。しゃべったことに対する,返ってくる言葉っていうのか,反応にまだ自信が持てなかった。

(8) だから,頭をぽんぽんって叩いて,意思表示しはるんですけど,それが何で,何の意思表示かっていうのがわからなくて。そういう,ほんとにコミュニケーション,仕草とかですね,Cさんが出してるサインがわからなかったですね。

相互理解・コミュニケーションへの発展

ではこのような困難な状況は,どのようなプロセスや契機の中で,それなりの相互理解・コミュニケーションへと展開するのであろうか。まずは経験の積み重ねによって,その困難をそれなりに乗り越えることについての一般的な表現を見てみよう。

(9) 言葉が話せない人だったら,ほんとに感覚で読み取っていく部分も増えていくと思うので,定期的にしていきたいと思うんですよ。たまにぽっと行って,なんかして,まただいぶ期間が空いてではなくて,できることなら週1回とか,ができたら,コミュニケーションとかもだんだんとやりやすくなると思う。

(10) 熱高いのちがうのと思いながら,この人は大丈夫とかというところは,長く付き合わなければわからない部分があると思うんですよね。一応事前に(中略)いろいろ教えていただきますけども,わからない部分ってのは

結構多いですよね。ですから，その方とはやっぱり長く付き合っていてこそわかるから。

(11)　慣れてくると，だんだんその人の周りのこととかがわかってくるから，人間関係とか。(中略) 名前とか出したら，ああこの人も喜ぶしとか興味あることとかわかってきたんで。

(12)　やっぱりそういう表情見せはるので，そういうのを見だしてからですかね。苦しそうだったり，楽しそうだったりっていう，一通りの表情を。やっぱりいろんな機会があって，見るチャンスがあったんで，そういうのを見て，あ，今楽しいんかなとか，なんか楽しいんかな，なんかあったんかな，というふうに自然に思えてきた時があって。そしたらしゃべってても，あ，言うたことに応えてくれてはるわって。

　もちろんそれぞれはそれなりにニュアンスを異にする。(9)は文字通りかなり間隔を詰めてアクション―リアクションのサイクルを確かめる作業を意味する。(10)は同様だが，そこには文字通り命を支援する介助者の不安に対する解熱という部分が含まれる。(11)は本人の支援の輪（circle of support）の把握やエコマッピングを通じて本人の生きた経験の蓄積の全体に触れることによって，本人の自己決定・自己選択のサインをその文脈（コンテキスト）に基づいて理解しようとする努力である。

　さらに(12)は本人の表情が，支援者のアクションに対するリアクションなのかどうかの確信が持てないところから始まり，やがて様々なきっかけ（機会）の中でアクション―リアクションの連鎖の繋がり方が見えてきだすことが表現されている。

第三者の介在による発展

　この一般的な経験の積み重ねだけでなく，深く関係する第三者が介在することによって起こる理解の展開についての発言を次に見てみよう。

(13)　お母様見て，その方（ご本人）見て，自分（介助者）じゃないですか。園で見てとか，家で見てとか，いろいろ（見てわかってくる）。

⑭ 青葉園の職員さんが介助に入られているとき，あっ，この人はこんな職員さんが好きなんやとか，あっ，この人はこういうふうに接しているとか，顔が違ったりして，好きな（芸能）人っていうのがいるから名前をあげると，きゃーって喜ぶし。

⑮ 青葉園に行ったときに，Bさんと仲のいい青葉園の職員さんとの様子とか見てたら，すごい，むっちゃにっこりとか表情とか豊かやなっていうのがわかって，ああ，Bさんってそういうのってわかったんかな。まだ私はそこまで仲がよくないからわからへんと思ってて，でもだんだん私にもそういうふうにしてくれるようになった時はすごい嬉しかった。

これが外の第三者が介在することによって起こる理解の場合は少し展開が違ってくる。

⑯ 買い物に行った時にしゃべっていて（中略）ぐるぐる回っていたら，「こんなところ車イスなんて狭いんだから邪魔よ」みたいなこと言われて（中略）なんでそんな考え方できるんやろって。なんでそんなふうに見るんやろうと思って。私でもそんだけ嫌やねんから，本人なんて絶対もっと嫌やろうと思って。少しでもみんなが普通に接してたらそんなん減るんかな。

⑰ 電車乗って，Bさんのことなんも知らんのに，勝手に，障害者は勝手にこんなんやろうみたいな感じで言われて，（中略）Bさんもやっぱりそんなん嫌っていうのもわかるし，なんでそんなん言うんやろうって思って。電車で会っただけやからなんも知らんのに，Bさんのことを。Bさんのことを見て言ったんですよ。私に向かって。わからへんから（Bさんにはわからないだろうから）私に，みたいな感じで。すごい嫌やったし，そんなん知らん人にそんなん言われなあかんのやろうって。Bさんはわかってた，多分。だって，何もしゃべらなくて，ずっと何も。こうかたーく，なってるって感じやったし。

深く関係する第三者が介在する場合には，いわば自分のロールモデルとして，より経験を踏んだ家族や先輩支援者が介在することによって，おのれのいたら

なさや違った関わり方を見いだすことになる。
　一方無理解な（？）第三者が介在する場合には，おのれのいたらなさはさておいて，障害者の理解者・支援者としての自分自身のアイデンティティを高揚させながら確認することになる。この2つの介在は，支援者の障害者への理解の深まりにとって大きな契機になると言える。

特定のできごとを契機とした展開

　今度は，ある特定の事件というか，できごとを契機として理解と関係性が一挙に深まる場合である。

(18)　だから，頭をぽんぽんって叩いて，意思表示しはるんですけど，それが何で，何の意思表示かっていうのがわからなくて。そういう，ほんとにコミュニケーション，仕草とかですね，Cさんが出してるサインがわからなかったですね。(再記(8))

　　　（ところが，Dさんが介助を始めてから半年経った頃，Cさんとのコミュニケーションが深まるきっかけとなった出来事が起こる。それまでDさんはCさんの専属で介助を行っていたが，並行して他の障害者の入浴介助を行うことになった。そこでDさんがこのことをCさんに伝えたところ，Cさんは急にしょんぼりして，返事もしなくなった。それはCさんが，もうDさんは介助に来てくれなくなるのではないかという思いがあったからだと語る）。

　　　もう，それを聞いて，ちょっとねえ，なんか，すごく嬉しかったんですよ。それをわかった自分もあって，時間をかけて信頼関係を築けてるなっていうのもあったし。Cさん自身も，Dやっていうのを認識してくれてはる。何人もこの間，いろいろ立ち代わりで介助者が変わっているにもかかわらず，そういう仕草を僕に対して見せてくれるっていうのが，やっぱりよかったですね。

　　　めったにないことやと思うんですよね。完璧に相手のことがわかって，思ってることが伝えられるっていうのが。それがなかったら，あまり自信

第5章　青葉園における「本人と支援者の相互エンパワーメント」の展開と意思決定・表明支援

ないですね，コミュニケーションに関しては。

これも実際には関係する第三者が介在して起こった場合とも言えるが，それが経験を積んだ家族や先輩をロールモデルとするといった場合ではなく，特定の事件を契機とする場合である。実際には支援においてこのような形での確かめ合いというものは，頻繁に起こる。むしろこれが最大の契機になるといってもよいほどである。相互の経験（原体験）の積み重ねによって作られた人間関係の深まりが，あるきっかけ（突然の事故等で会えなくなる，あるいは遅刻するとか，ある種の誤解が生まれたりとか，支援者の取り合いによる嫉妬が生まれたりといったきっかけ）によって，突然強く関係の深まりが確信されるのである。

もちろんこのような関係の深まりの確信がイコール本人の自己決定・自己選択への理解や支援なのではない。そのような深まりを基盤としてそれは展開するのだと言える。

その意味で以下のような声もまた当然起こってくる。

⑲　ちょっと自分の中でこじつけ，こじつけになってしまってるというのは，絶対にあるなあっていうのはあって。でもそれは多分，これから先，絶対に，言葉で，ばーって言わはる人じゃないんで，絶対についてまわることじゃないですか。だからそこは追求していかないといけないかもしれないですけど，現状ではやっぱり，そこは満足してしまっているっていうのがありますね。

⑳　反応しかないですよね。だから「うん」って言ったっていって，どうなんかなって思っても，「うん」って言ったから，もう自分で納得するしかないっていうか。それを誰かに聞いたとしても，その人もどうなんやろって感じやし。だから自分で納得するしかないって感じで。

これは言語コミュニケーションが困難な人の場合に，どこまでもついてまわる問題である。経験が積み重ねられて，関係性も一定できてくることは，逆に言えば，勝手な思いこみやなれ合いやこじつけやおもねりがまかり通る状況をも生み出している。

⒇はアクション―リアクションという支援に立ち返った発言としてある。そこには様々なニュアンスの「うん（yes）」があり，様々なニュアンスの「……（無返答）」があるのだ。⒆で言うように，だからこそ絶対について回るこの問題に対して，現状に満足せず，追求し続けてゆかねばならないのだ。支援者は⒇でもあるように，納得したいし，一定納得できなければ支援などそもそも成り立ちようがない。

導き出された仮説

そこで最後に山下たちが作った仮説を考えてみたいと思う。

それはコミュニケーションがとれているととらえている支援者と，とれないととらえている支援者は，そもそも障害者観や障害者理解が異なるのではないかという仮説である。まずは先ほどの特定のできごとを契機に理解と関係性が進んだ⒅の場合である。

(21) 最初は一方的な自分からの問いかけやったんですけど，やっぱり，こう，これをきっかけに相手の気持ちをもっともっと考えるようになりましたよね。

この場合には，自立支援型の自立的・主体的障害者像を支援者はつかんだと言える。一方後見支援型の保護的・恩恵的障害者像を持っているとされる支援者は語る。

(22) 自立した生活を送れる人って，やっぱりコミュニケーションがとれたり，ちょっとは活動できるじゃないですか。やっぱりどっちかっていうと，Dさんは結構寝たきりみたいな感じに近いと思うので，それだとやっぱり自立した生活は難しいなってすごく思います。

(23) 自分の意思を伝えられへんのやったら，やっぱりそれ（自立生活）はできへんっていうか，その一人暮らしをしてるとかわからへんし，自立したいと思っているかどうか。

確かにここには，できない障害者像，無力な障害者像が全面に出てきているとは言える。

第5章　青葉園における「本人と支援者の相互エンパワーメント」の展開と意思決定・表明支援

しかし人間の出会いというものは，運命的に偶然の産物であり，特に支援者が最初に深く関わった重度の障害者の影響は，とても大きいと言える。それゆえにいかなる一般論も成り立たないとも言える。

さらに，最重度障害者支援の世界に一端深く足を突っ込みながら，途中で辞めてゆく支援者の感性や理解のなかには，ただのおもいこみやなれあいを認めないがゆえの決断・辞職といった，厳しさが感じられる場合も多々ある。私には，その支援者たちの気持ちもわからないではない。その支援者たちの余裕のない真剣さが，自分自身をそうさせてしまうのだ。

それでも私はこのように言うことくらいは許されてもよいと思う。

「支援者のこれまで培ってきた障害者像や障害者観が，両者の理解や深まりを生み出す契機を引き寄せるというのか，契機を契機たらしめると共に，そのような契機や試練を与えられることによって，その障害者像や障害者観がより成熟してゆくのである」と。

3　「本人と支援者の相互エンパワーメント」関係の展開

支援者と障害者の相互役割期待

インタビューに答えている介助支援者の多くは，経験の積み重ねの重要性について語っている。では一定の経験の積み重ねが重度の障害者支援にとって重要なのはなぜなのか。

ここでいう経験とは「支援者と障害者の相互役割期待——期待遂行というアクション—リアクション（応答関係）の繰り返しによる理解と確認の高まり」ととらえることができる。それがどちらからの働きかけであれ，まず，支援者が，本人の何らかの支援者に対する役割期待を感じ取って，アクション（役割遂行）を起こし，それに対する本人の何らかの反応（リアクション）を読み取ることで，本人の支援者に対する役割期待の理解がそれでよかったのかどうかを確かめるわけだが，実はこの理解自体が，その相互関係を読み取っていない一方的なとらえ方であることを，私たちは，第4章の乳幼児と養育者の相互関

係で学んだはずである。
　実はここには，もう一つの役割期待と期待遂行が行われているのだ。
　それは，本人が支援者の支援行為という役割遂行を受け取りながら，支援者がどのように本人の役割期待を理解したのかを薄々感じ取って（あるいは，感じ取れなくて），それを，支援者からの本人に対する役割期待として，さてどうリアクションすべきかというプロセスが，そこに絡まっているのだ。
　ということは，支援者が自分の行った支援行為はそれでよかったらしいととらえる（誤解してしまう？）場合が，5種類はあるということになる。

① 本人が，自分の支援者に対する役割期待（こうしてほしい・こう介助してほしい）をそれなりにわかっていて，支援者からその期待どおりの遂行があった場合

② 本人が，自分の支援者に対する役割期待をそれなりにわかっていて，支援者からの遂行がずれているが，許容の範囲内で，この関係を維持するためにも，好意的に反応している場合

③ 本人が，自分の支援者に対する役割期待をあまりわかっておらず，支援者からの遂行が何のことなのかもわからなかったが，大事には至っておらず，この関係を維持するためにも，好意的に反応している場合

④ 本人が，自分の支援者に対する役割期待をあまりわかっておらず，支援者からの遂行が，本人には心地よかった場合

⑤ 本人が，自分の支援者に対する役割期待をあまりわかっておらず，支援者からの遂行が，特段不都合ではなかった場合

①は，問題ない。②は，微妙だが，実際にはかなり多い反応だと思われる。それを支援者が読み解くことができるためには，たとえば無理がたたって，入院するはめになったりといった大失敗をやらかして，その微妙なニュアンスを理解し始めるといった場合だが，普通は関係性が進んで本人が関係の維持を心配することなく言いたいことが言えるようになってはじめて，ああそうだったのか，と気づくことになる。
　③は，②よりなお危ないが，これも多いにありうる。というのは，本人はイ

ンタビューにもあるように,支援者との関係がなくなることを恐れていることが多いからだ。④が,実は重要である。乳幼児の場合で考察したように,この心地よさと,繰り返しそれを支援者に求める役割期待が,徐々に本人の期待意識としての欲求を分化させるからだ。つまりは,この一連の期待遂行と役割期待が,「本人と支援者の相互エンパワーメント」を進化させてゆく。⑤は,③よりは危険性は少ないが,④のような相互エンパワーメントを進める展開力にかける。

はじめに,支援者の側が重度の障害者のリアクションを読みとりにくいために,最初のアクションがそれでよかったのかわかりにくいことが問題であると述べた。それはそうなのだが,自分を振り返ってみれば,自分が支援者という役割を持っている限り,孔子のように,「自分のいやなことは,相手にも行わないように」という消極的関与では済みそうにない。

ここは,キリスト教の黄金律的に,自分のこれまでの経験と英知を結集して,その情況を判断しながら,「相手が望むこと(=役割期待)を,自分がしてほしいことを本人のエンパワーメントとみなして,おこなう(=役割期待遂行)こと」にならざるを得ない。つまりは,支援者のバックボーンとしての専門的知識と,山下たちが仮定した障害者観や,これまでの経験知から類推する以外にしようがなく,それが時には私の藤井規之に対する無理解に基づく誤役割遂行のようになったりもする。藤井規之は私の無視や無理解に対して,よだれを流しながら叫び声をあげて,周りの注意を引き,自分の思いを表明する手段も経験知も持ち得ていたが,では,コミュニケーション手段がデリケートな多くの青葉園のメンバーはどうなのか?

支援専門職の専門性

医療・看護・リハビリテーションの専門職は,一般に,そのバックボーンとしての専門的知識と技術を基本に,その関係性を展開する。それは,以前にキティのところでみた,「専門家と母親の間の不一致は,(中略)専門家は『(子ども)一部分,事実上,障害の部分のみもっぱら焦点を当てる』ということ

を意味する」と関係している。

　実際には，医療・看護・リハビリテーションの専門職はその人間の障害の部分や機能のみに焦点を当てるからこそ，ある種の一般的類推が可能となるのであり，「しかし両親にとっては，息子，娘，きょうだい，孫，学生，遊び仲間，教会メンバーとしての子どもの役割は，その子の障害に先だってある」と言ってしまえば，かなりの付き合いを経なければ，何も言えない・できないことになってしまう。

　医療・看護・リハビリテーションの専門職が，「医療・専門職主導モデル」に陥らないためには，ある機能障害についてのきわめて限定的なプロとしての禁欲が求められる。

　たとえば松田道雄や毛利子来ではない普通の小児科医は，専門ではない子どもの養育や発達を含めた親子の関係や生活の問題に中途半端に立ち入ることをせず，求められた病気の治療と適切な家族への対応のプロとして活躍し，自分の専門以外のことは，その道の専門家を紹介すればいいのだ。この限定が，プロの仕事を，プロたらしめる。

　支援専門職の専門性は，支援者に大きな見通しを与えてくれるだけでなく，それが，一定の役割のみを遂行する役割ペルソナ（仮面）を与えてくれることによって，本人や親の希求や激情から，その人格を破壊されることを防いでいる。だから，エヴァ・フェダー・キテイ（Kittay, E. F.）は「専門家と母親の間の不一致」というが，それは不一致ではなく，それぞれの役割の相違であって，一致する必要などない。むしろ，その本質的役割以外の禁欲を忘れて，リハビリテーション関係者や教育者の指導・訓練的役割（ペルソナ）に越境してしまった母親や，限定された時間と空間での治療や訓練を超えて，本人や家族の人生の様々な決定にまで，善意からであろうと押し付けからであろうと越境してしまったパターナリスト専門職は，本人を限りなく混乱させ，「本人と支援者（家族）の相互エンパワーメント」を困難にする。専門性という仮面（ペルソナ）は，要は活かしようである。

　これは私の母がまだ何とか自力で歩けた頃のことである。母は，骨粗しょう

第5章 青葉園における「本人と支援者の相互エンパワーメント」の展開と意思決定・表明支援

症といった診断名で地域の整形外科の診療所に通っていたが、徐々に歩行がおぼつかなくなり、前のめりに倒れることが増えてきた。素人目にも、パーキンソン病の初期症状ではないかと思い、母に、医師に尋ねるように言うのだが、埒が明かない。母は、その口のうまい医師を信じたがっているので、やむを得ず私が乗り込んでいって、今の母の症状に対する医師の判断を聴くのだが、「私は、パーキンソン症状とは思わない」の一点張りである。「あなたが診断しないというのなら、その関係の専門医を紹介してほしい」と言っても、「私は、思わないので、紹介できない」としか言わない。

　結局、いろいろ調べて少し離れていたが、神経内科の専門医の診療所を訪ねると、あっさりと「パーキンソン病の初期症状と思われます。この薬を2週間続けて、何らかの改善があれば、ほぼ間違いないでしょう」と言われ、1週間もたたない間に、母の口から、「誠一、歩くのがふらついて怖かったけど、ましになった気がする。このお薬のおかげやろか」と言われて、もううれしいやら、悔しいやら。

　これも、故岡嶋道夫のホームページからの受け売りだが、各国の医師の倫理規則は以下のようである。

　外国の医師職業倫理規則を眺めてみると、「医師は常に自分の能力の限界を知らなければならない、能力の限界を超える時は他の人に依頼しなければならない」という趣旨の規定が存在することに気がつく。ということで、フランス・スイス・カナダ・ドイツ・イギリスを例に挙げている。たとえば、イギリスの倫理綱領では、「医療を行う場合のあなたの義務は：(a)自分の能力の限界を認識し、その範囲内で従事する（後略）」と表現されている。また、カナダの場合は、「自分の職業上の限界を認識し、望ましい場合には、追加の意見やサービスが受けられるように患者に勧める」とある。

　では、介助や相談支援といった、障害児・者の日常生活や社会的役割に深く関わらざるを得ない支援専門職の場合はどうなのか。「かなりの付き合いを経なければ、何も言えない・できない」となれば、初期の支援はどうすればいいのだろうか。

私は，障害児・者に拒絶されたりNOと言われる支援者の辛さや悲しさがわかるだけに，こう言い切るのはしんどいのだが，それでも，拒絶やNOを深くは経験していなかったり，そのことに気づきさえしていない援助者は不運であり，支援の初期段階で，真剣に拒絶やNOを意思表示する障害児・者に出会えた支援者は，ラッキーだと言わざるを得ない。
　そのことによって，目から一枚うろこが落ちるのだが，それはきりがない永久変革でもなければ，自己解体でもない。そんなことは，支援者も本人もできっこないし，する必要もない。人と人との関係の営みは，相互の役割期待と期待遂行の連鎖でしかないのだから，そのことをしっかりと認識する契機を，それも感性がヴィヴィドで慣性化（イネルティア）していない初期段階に与えられた支援者は幸いである。

言語コミュニケーションの多面性

　インタビューでは，言語コミュニケーションが可能な場合と，困難な場合に分けたが，ボディーランゲージの方が読み取れればある種の信ぴょう性があり，言語の方が，実は曲者なのだ。
　言語には，3つの意味がある。それが，①一般的に社会的に指し示す意味と，②本人が指し示す意味（何を言ったのか）と，③その発言自体が，その時・その場で・その相手に発せられた意味（なぜ言ったのか）の3つである。
　たとえば，Aさんが介助者に，「買い物」と言ったとしよう。
　①は，一般的には，何かを買いに行くことを指し示していることは自明である。②は，Aさんの場合には，大体は好きなぬいぐるみを買いにいくことを意味しているらしい。
　問題は③である。言語は，その発せられたタイミングと場面設定によって，つまりは発せられた文脈によって，まったく違う意味をもつ。
　それが，Aさんの大好きな介助者Bさんに発せられた「一緒にどこかへ行きたい」という意味なのか，Aさんのあまり好きではない介助者Cさんに発せられた「必要物品をひとりで買ってきて」なのか，新米の介助者Dさんのこまっ

第5章　青葉園における「本人と支援者の相互エンパワーメント」の展開と意思決定・表明支援

た反応を楽しんでいるのか，はてまた長い付き合いで本人をよくわかっているつもりの介助者Ｅさんが，「またぬいぐるみを買いにいって，どこに置くつもりなの？」という反応を予期（期待）して，「ぬいぐるみ以外の買い物をして出し抜いてやろう」としているのか……いろいろな設定（シナリオ）がありうる。

　「買い物」と言いながら，いやそうにしたり，しんどそうにする，といったダブルバインドのメッセージの場合もありうる。

　終りの頃の私の母のように，「買い物」は支援者への建前の役割期待に応えるメッセージであり，実際は，出掛けたくなかったり，気分がすぐれなかったりという場合もあるだろうし，無意識に２つのメッセージを発することによって，支援者を混乱させたり，ネガティブに巻き込もうとしているのかもしれない。

　とりわけ，支援者の方が若くて経験が浅い場合には，これも，以前にキテイのところでみた，「被保護者は，不正な要求をすることによって，また関係を通じて生まれるつながりに乗じ，依存労働者の思いやりや配慮，義務を搾取することによって，一種の専制を発揮しうる」[4]こともありうる。

　現場で起こる，若い職員との感情のもつれは，いろいろあろうが，障害者や高齢者にとっては，一生懸命の若い職員は，とりわけ異性の職員は，かわいいであろうし，自分の方を向いてくれなければ憎たらしいであろう。時には，人生を一定以上生きてきたその手練手管を駆使してその職員を振り向かせようとしたり，それがうまくいかなければ，様々なトラブルを起こしかねない。やがて，関係が煮詰まって，職員がバーンアウトして辞めるケースもあるだろうし，虐待関係にいたる場合もあろう。

　重度の障害者は受動的で傷つきやすいことは確かだが，一生懸命な支援者もまた脆く傷つきやすい側面を持つことを忘れてはならない。そのような混乱は一般に，障害者を受動的にとらえる発想から起こりやすい。何度も言うが，すべては本人と支援者の相互の役割期待と役割遂行なのであって，一方的なものではまったくない。それはよくよく見れば，ある種の面白い駆け引きなのだ。

それを面白いと思えない者にとっては，何の物語もそこからは立ち起こらず，障害者や高齢者の支援の現場は，つまらないただの３Ｋの職場にすぎない。

ただし，一生懸命が精一杯の若い職員が，ベテランの障害者や高齢者本人に巻き込まれている様を面白いと言っている場合ではない。それは，当事者２人にとっては「相互ディス（反）エンパワーメント関係」を引き起こしかねない。ここは，キテイのところでみた，ドーリアの原理の発動である。

「自分が生きてゆくためにケアを必要としたように，ケアを行う人を含めたすべての他者にも，ちゃんと生きてゆくことを可能にするだけのケアを提供する必要があるということを意味している。」(5)

支援者もまた支援されねばならないし，それも閉ざされた「本人──支援者関係」が，本人のエンパワーメントを阻害するだけでなく，支援者のエンパワーメントを阻害し，両者のエンパワーメント関係をダメにしてしまうことに注意すべきである。これは私が本書の第３章の最初で，大学教員になる前の就学前障害児とその家族との出会いの初期におかした失敗でのべたとおりである。私とその母親の関係は煮つまっていたし，子どもとの関係も何度も夢に出てくるような状態であった。まさに先輩たちからのドーリアの原理がなければ私自身の精神状態も安定を保てなかったであろう。

私は，大して現場のこともわからずに，偉そうに「本人と支援者の相互エンパワーメント」研修やセミナーなどを引き受けるので，私は，現場の個別事例のスーパービジョンができるらしいと誤解される。これは，とんでもない誤解で，現場職員の相互エンパワーメント支援をするのはその研修会のグループや全体会の参加者であって，私は，ただのファシリテーターでしかない。

閉ざされた現場の関係を超えて，自分のしんどい気持ちを少しでも共感してくれる仲間や関係者がいれば，それはもう最高だし，それがうまく言えなくても，その研修会の参加者の誰かが自分の悩みと少しでも似た話をするだけで，「ああ，こんなことで悩んだり，くよくよしているのは，自分だけだと思っていたけれど，そうだよな，やっぱりみんなしんどいんだよな」「みんなそんな時は，どうしているんだろうか？」と思えるようになり，自分のかかえている

第5章 青葉園における「本人と支援者の相互エンパワーメント」の展開と意思決定・表明支援

悩みやしんどさを，何とか仲間に伝えようとすることによって，その問題点やその背景や文脈を，今までとは違った視点で見ることなどを，そのグループの仲間や全体会からおのずと得ることができるのだ。これをピア（仲間）サポートやピアスーパービジョンと呼んでも，ドーリアの原理と呼んでもいいが，熱心な支援者が煮つまったり，バーンアウトしてしまわないしくみが絶対必要である。

このような研修やセミナーでファシリテーターの私が気をつけなければいけないことはだた一つ，その雰囲気を壊すような発言をしそうな発言者にあらかじめ気をつけ，それこそが，このエンパワーメント関係の最大の問題であることを，常に示し続けることだけである。

それでもまれに，そのグループを仕切ったり，指導したり，コントロールしたがる参加者が現れる。指導に飢えておられる，これらの気の毒な方々のお相手をすることだけが，ファシリテーターの大仕事なのだ。

4 意思決定・表明支援の展開

私たちは，ここまで，青葉園の本人と介助支援者との相互エンパワーメント関係の展開を考察することによって，次の①，②を見てきた。
① 重度の障害者を「援助を必要とする弱者」「援助者に依存する受け身的存在」ととらえて，「相互役割期待――成就」関係を形成すれば，まさにそのような依存者として，本人はその期待に答えてしまう危険性が高いこと
② そうではなく，重度の障害者を「意思決定・表明支援を含む支援を必要とする生活主体者」としてとらえて「相互役割期待――成就」関係を形成すれば，まさにそのような，生活主体者としての人生が，「本人と介助支援者との相互エンパワーメント関係の展開」のなかで創出される可能性が高いこと

またそれは，けっしてただの倫理・道徳の問題ではなく，支援者が独断で勝

手な判断をせず，本人の意思決定・表明を支援することを基本とする専門性・プロフェッショナリティーの問題であることを考察してきた。

そこで，この節では，ここまでの議論をふまえて，本人の意思決定・表明を支援することを基本とする専門性・プロフェッショナリティーにおける，「意思決定・表明支援」の中身について，考察しておきたいと思う。

その際，まずは「障害者の権利に関する条約」の批准の後，わが国で大きな論議を呼びそうな，第12条の2項・3項の問題からみておこう（以降川島＝長瀬仮訳，2008年）。

第12条（法律の前における平等な承認）

（前略）

2　締約国は，障害のある人が生活のあらゆる側面において他の者との平等を基礎として法的能力を享有することを認める。

3　締約国は，障害のある人がその法的能力の行使に当たり必要とする支援にアクセスすることができるようにするための適切な措置をとる。

これについての，「障害者の権利に関する条約」第34条で定められている各国から選ばれた国連障害者権利委員会による第12条の解釈案では，主に以下の①と②が述べられている。

①　法的能力と精神的能力は明確に異なった概念

精神的能力は，個々人の間で違いと幅があり，その人の周囲の環境や社会的要素を含む多様な因子に左右されるものと理解されている。一方法的能力は，権利と義務を保持すること（法的地位）と，これらの権利と義務を行使すること（法的行為主体）の能力であり，社会への意味ある参加を可能にする，本人が基本的に有する能力であるととらえている。

②　代理決定の制度を支援された意思決定に置き換える義務

障害者の多様性ゆえに，意思決定支援の方法や量の違いは非常に大きくなるが，たとえコミュニケーションが通常とは違っていたり，あるいは極少数の人にしか理解できなかったりしても，個人のコミュニケーションのやり方は意思決定支援を得るバリアとなってはならない，とされている。さらに，代理決定

第5章　青葉園における「本人と支援者の相互エンパワーメント」の展開と意思決定・表明支援

の制度を，支援された意思決定に置き換える義務は，代理決定制度の廃止と，支援された意思決定というそれに代わる代替案の開発の双方を求めており，代理の意思決定制度を保持するのと並行した支援された意思決定の開発では，第12条順守には不十分である，とされている。

　翻ってわが国の成年後見制度の現状を鑑みれば，そこには以下の①，②という2つの重大な問題が潜んでいることは明らかである。

　①　後見類型の偏りの実態

　2011年度の成年後見制度利用開始事例の内，保佐類型は12％，補助類型は3％しかなく，85％が後見支援類型という実態が，そもそもこの国の司法関係者の旧態依然たる保護・管理主義の実態を露呈している。日用品（食料品や衣料品等）の購入など「本人の日常生活に関する行為」は，自己決定の尊重の観点から，後見人に取消権はないというものの，そもそも，障害者の自己決定を尊重するのであれば，一人ひとりの最大限の意思決定・表明支援をどのように行うのかがまず重要であり，それでも本人の意思確認が困難な場合においても，これまでの生き方や生き様等を参考としたイギリスの2005年意思決定能力法のような手続きが不可欠である[6]。

　成年被後見人の選挙権剥奪は憲法違反とした，2013年3月の地裁判決の「成年被後見人とされた者が総じて選挙権を行使するに足る能力を欠くわけではないことは明らかであり，実際に，自己の財産等の適切な管理や処分は出来なくとも，選挙権を行使するに足る能力を有する成年被後見人は少なからず存すると認められる」という判決文は，障害者権利条約第12条のいう法的能力を前提として，一人ひとりの精神的能力の多様性と，それに対する支援の多様性を意味しており，最初から法的契約能力の欠如と代理権を前提とする後見人制度に疑問を投げかけていると言えよう。

　②　意思決定・表明支援の問題

　改正障害者基本法第23条では，「国及び地方公共団体は，障害者の意思決定の支援に配慮しつつ，障害者及びその家族その他の関係者に対する相談業務（後略）」とあり，また障害者総合支援法では，第41条でサービス事業者に，第

51条で相談支援事業所に，さらに附則第3条で施行後3年以内の検討事項として，障害者等への意思決定の支援への配慮とそのあり方の検討について謳っている。

つまりは，わが国における意思決定・表明支援は，いよいよ本格的に検討され実施されなければならない情況となった。

その際重要なのは，本書の第4章4節でも述べたように，それをけっしてただの倫理・道徳の問題とはせず，支援者が独断で勝手な判断をせず，本人の意思決定・表明を支援することを基本とする専門性・プロフェッショナリティーの問題として，まずは認識することである。

意思決定・表明支援で重要な4つの原則

以下において，今後わが国において意思決定・表明支援について検討する際，とりわけ重要な4つの原則を提示しておきたいと思う。

① 第1原則（エンパワーメント支援の原則）
エンパワーメント支援の原則のもとで，その社会参加の選択肢の幅を広げる体験を共に繰り広げ，本人の年齢・性別に一般的な社会参加・参画の広がりを本人と共に楽しめることをいう。

本人の理解や経験に根差した選択肢が存在しない場合，本人の「はい」「今のままでいいです」という発言や，イエスの身体サインを，本人の意思決定として絶対視することは，「エンパワーメント支援の原則」から逸脱している。

「共に生きる価値と力を高める」ことを意味するエンパワーメントが，本人にとっては，「その人間関係や社会関係において，自分の自己決定や参加や役割が，自分だけでなく，仲間や社会にも意味や価値があるのだというワクワクした実感や実態」であり，「反エンパワーメント」が，「その人間関係・社会関係において，他者や社会に仕切られ，自分自身をコントロールされてしまっているというミジメな実感や実態」を意味するとすれば，その社会関係・人間関係に意味や価値を感じるためには，強制ではない選び取った実感が欠かせないのは，障害があろうとなかろうと関係がない。社会参加の選択肢を広げ，本人

第5章　青葉園における「本人と支援者の相互エンパワーメント」の展開と意思決定・表明支援

のワクワクした生き方を支援することが，エンパワーメント支援であり，意思決定・表明支援における第1原則である。

② 第2原則（意思表明支援の原則）
本人の使いうるあらゆる表現・表出・表明方法を駆使して，本人がその思いを表明することを支援することをいう。

本人の自己決定を尊重するがゆえに，意思決定支援を行うということは，一見きわめて正論に聞こえる。問題は，これまで考察してきたように，それが本当に本人の意思なのかを確認することができるか，という点である。

家族や支援者の勝手な思い込み（＝あなた方にはわからないだろうが，私は本人のことをよく知っているので，間違いない）を避けるためにも，複数の支援者が確認できるように，本人がその意思を，言語的非言語的などのような形においてであれ，表明することを支援することが大切である。そのこともあって，ここでは，「意思決定・表明支援」と呼んでいる。

青葉園の本人の支援や，藤井規之の支援において，それが最も重要なテーマであったことは，見てきたとおりである。そこには，相互理解の展開を保障し促進する様々なコミュニケーション支援方法や補助機器等の開発も，当然含まれる。藤井規之や一定の状態のALS障害者等の場合は意思入力伝達装置が，聴覚障害者や盲ろう者等の場合はコミュニケーション通訳支援がなければ，相互関係の展開は望むべくもない。

③ 第3原則（自己覚知と民主的討議の原則）
常に複数の支援者と多様な専門職のチェックに開かれた状況を設定し，自分の立ち位置や影響力に自覚的であることをいう。

先の第2原則で見たように，特定の支援者の思い込みや引き回しを避けるためにも，複数の支援者や多様な専門職に開かれた支援状況が大切である。

それでも，そのことは，特定の支援者の大きな影響力を避けることを意味しないことも，これまでの考察から理解できよう。本人を深く思っている家族や支援者の影響力を避けるなどという考えは馬鹿げている。本人が深く関係している人は，影響力があって当然なのだ。好きな彼・彼女に趣味だけでなく，動

165

作や癖まで似てきたカップルを思い浮かべれば，十分である。

　本当に思慮の深い家族や支援者はむしろ，その影響力に自覚的な人なのだ。本人を抱え込み・囲い込んでしまわず，①で見た，エンパワーメント支援の原則のもとで，それが，本人の市民的な社会参加の選択肢を狭めてしまってはいないかが，それぞれの支援において問われている。これは，献身的な家族の問題だけでなく，一見熱心にみえるパターナリスティックな専門職の問題である。本人を中心として，家族と様々な専門職や関係者に開かれた場や本人中心支援会議等で，自由で対等な立場での話し合いがなされ，本人の主体的生活が支援されてゆくのだ。

④　第4原則（本人のリスクを冒す自由と，支援者の見守る自由の原則）
　リスクや失敗を冒す本人の自由を支えながら，本人のリスクやクライシスに関して，それを常に本人とコミュニケートしサポートすることをいう。

　いったん決めた本人中心支援計画（サービス等利用計画）に基づく日中活動やウィークエンド活動等を，本人が窮屈に感じたり，しっくりこなかったりしてやる気をなくしたりした場合，支援者は本人に振り回されているように感じることがありうる。

　だが，そもそも決められたプログラム（計画）に従って生きることを，障害者だけに求め過ぎてはいまいか。まして，人間関係や社会関係の広がりが持ちにくい障害者にとっては，狭い選択肢の中から何かを選び取らされ，それを忠実に実行することが求められていることが多いのではないか。

　本人中心支援計画（サービス等利用計画）が障害者にとって重要なのは，本人をそれに拘束するためではなく，各支援関係者が勝手に本人を拘束しないように，本人の希望や目標にもとづいた支援がなされることによって，個々のステイクホルダーである，医療関係者や福祉関係者や教育関係者の医療リハビリテーション計画や個別支援計画や個別教育計画に拘束されないためであることを忘れてはならない。個別の支援事業者に，その生活をコントロールされてしまわないために立てられた本人中心支援計画（サービス等利用計画）が，本人を縛りつけてしまってはいけない。

第5章　青葉園における「本人と支援者の相互エンパワーメント」の展開と意思決定・表明支援

図5-2　エンパワーメントからみた支援・援助の類型

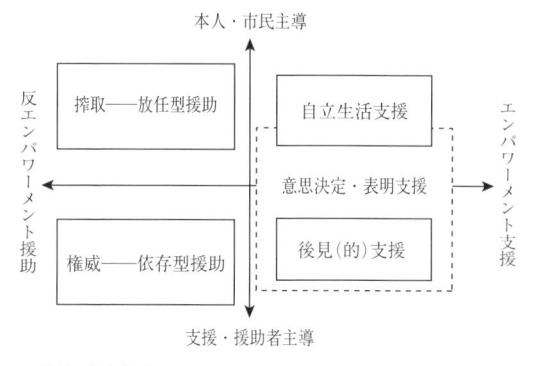

```
                    本人・市民主導
                         ↑
  反    ┌─────────┐   ┌─────────┐   エ
  エ    │搾取――放任型援助│   │自立生活支援 │   ン
  ン    └─────────┘   └─────────┘   パ
  パ                   ┆意思決定・表明支援┆   ワ
  ワ ←─────────────────→ ー
  ー                   ┆           ┆   メ
  メ    ┌─────────┐   ┌─────────┐   ン
  ン    │権威――依存型援助│   │後見(的)支援 │   ト
  ト    └─────────┘   └─────────┘   支
  援                       ↓              援
                    支援・援助者主導
```

出所：筆者作成。

　ここは選択や決定の失敗ややり直しや冒険もあってもいいはずだ。それが，本人のエンパワーメント支援の原則に反する可能性がある場合も，そのことで起こりうる本人が抱える可能性のあるリスクやクライシスに関して，それを常に本人と話し合いながらサポートする他ない。

　もちろん，ここでは，後見（的）支援との関係が問われてくる場面もある。では，次に，その問題について考察しよう。

5　後見（的）支援をどうとらえるのか

後見（的）支援とは何か

　後見（的）支援の対概念はエンパワーメント支援ではない。望ましい後見（的）支援は，当然エンパワーメント支援でなければならないからだ。図5-2のように，その対概念は当然，自立生活支援であり，反対概念は無責任な「搾取――放任型援助」やパターナリスティックな「権威――依存型援助」といった反エンパワーメント援助である。

　問題は障害者や高齢者支援のどこまでが自立生活支援で，どこからが後見（的）支援かである。その問題について考えてみよう。

　表5-1を見ればわかるように，旧来の後見（的）支援と新しい後見（的）

表5-1 旧来の後見（的）支援と新しい後見（的）支援の比較

旧来の後見（的）支援	新しい後見（的）支援
①本人の生命と財産の最大限の保護	①本人の自己決定・自己選択の最大限の支援と尊重
②全面後見（禁治産制度）	②部分後見（後見・保佐・補助の三類型）
③司法専門職中心のフォーマルな後見	③家族・友人・支援者中心のインフォーマルな後見
④時間も費用もかかるシステム	④簡便で安価なシステム
⑤金銭管理中心の後見	⑤生活介助後見を含む後見支援
⑥単一の後見支援のしくみ	⑥様々な支援のしくみの中からの選択

出所：筆者作成。

支援は，支援する障害者像が根本的に変化していることがわかる。

旧来の後見（的）支援を定義すれば，「第三者が介入することによって，本人を権利侵害からできる限り遠ざけ，保護し，本人の生命や財産権等を保護しようとするあり方」となり，それは保護的障害者像と受動的権利論の組み合わせからなる。

一方新しい後見（的）支援を定義すれば，「本人の選択や決定をできる限り尊重すると共に，それが困難な場合においてもできる限り本人の選択や決定が可能となるように支援することによって，自立生活の主体としての本人の選択権や決定権を支援するあり方」となり，それは主体的障害者像と能動的権利論の組み合わせからなる。

両者の違いは，後見（的）支援の中身やウエイトづけを根本的に変えてしまう。旧来の後見（的）支援は，その基本が「無力で権利侵害にさらされやすい本人をできる限り権利侵害から遠ざけ保護する」ことに力点を置くあまり，そのことを最大限やりきるためには全面的後見を前提にして，その危険性の度合いによっては保護の度合いを緩めて，本人に一部自己決定・自己選択を認めていくという方法がとられる。

一方，新しい後見（的）支援は，その基本が「どんなに重い障害を有していても，本人の自己決定・自己選択が何らかの形で支援可能であり，本人はそれをその生活の中で行っているのであり，そのことを最大限理解・共感し，支援・尊重すること」に，力点を置いている。そのために無限にゼロの部分後見を前提として，本人への代理（権）の絶対的必要性に応じて部分後見のウエイ

第5章 青葉園における「本人と支援者の相互エンパワーメント」の展開と意思決定・表明支援

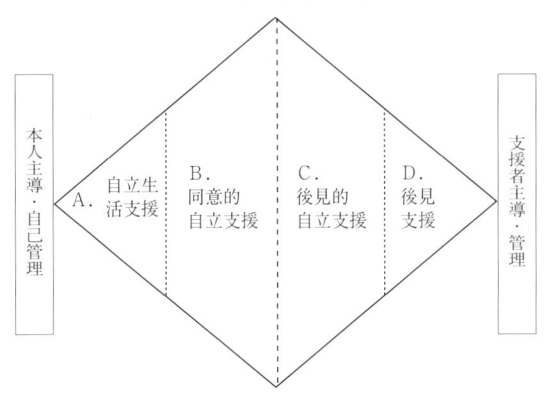

図5-3 支援関係の全体像

```
本人主導・自己管理 | A. 自立生活支援 | B. 同意的自立支援 | C. 後見的自立支援 | D. 後見支援 | 支援者主導・管理
```

出所：筆者作成。

トを増やしてゆく考え方である。

　その際支援者が中心的に判断せざるを得ない状況において，それが本人のこれまでの生き方や生き様に少しでも近づくように，そのことを最も熟知していると思われる人を法定代理人として，本人に関する生活の行為の一部を代理することを部分後見，本人に関する生活上の法律行為の全部を代理することを全面後見と呼ぶ。わが国において，2000年4月から導入された新たな成年後見制度によれば，後見人は財産に関するすべての法律行為についての代理権，保佐人は特定の行為についての代理権，補助人は代理権は保佐人と同じだが，同意権・取消権は本人の同意を必要とする。法定代理人による作為的操作や誘導をチェックするために必要な法的システムとして，監督人制度があるとはいえ，特定の代理権者によってはバイアスのかかる可能性もある。本人を中心として，本人のことをよく知っていると思われる複数の人間による相互チェックの働く形での後見支援が求められるところである。

障害者権利条約に基づいたこれからの支援体系

　続いて，障害者権利条約に基づいた，より根本的な，これからの支援体系について，図5-3を使って構想しておこう。

まず，A，B，C，Dという4つの支援の捉え方について説明する。
A　自立生活支援とは，自分で選んだ自分らしい市民生活に必要な支援を，自己管理すること
B　同意的自立支援とは，普段はAの状態の人が，病気等で一般的な判断や技術を超えた専門的な判断や技術の必要な支援を受ける場合に，可能な限りの説明責任がなされた上で，信頼関係と合意形成（Informed Consent）に基づいて支援を行うこと
C　後見的自立支援とは，本人が一般的な判断等が現状では困難な場合に，可能な限り本人の判断等を理解・尊重してその意思決定を支援し，合意形成を行いながら支援を行うこと
D　後見支援とは，本人の価値実現のために，必要な手続きをふまえた，専門家等の支援者による，判断・決定に基づいて支援を行うこと

　このとらえ方には，大前提がある。それは，市民生活において，自己決定・自己選択に支援の要らない人はいないということだ。
　たとえば，高度消費社会という一人では決められない位の圧倒的情報量とそのめまぐるしい変化の中で，私たちは消費者として，物品や各種サービスの選択を求められた時，自分より知識のある誰かに相談することが多い。私など一応パソコンを使って，ものを書いたり情報を収集したりしているが，パソコンがうまく機能しなくなれば即お手上げで，すぐに教え子（と言っても，今は著名な社協の中堅職員）に，携帯で連絡して支援を乞うし，新しいパソコンを買う時は，一緒についていってもらって相談の上購入しなくては，埒が明かない。
　また，私たちはなにか家族に関係したり，仲間に影響を及ぼしそうなことは，当然家族や仲間に相談して決める。もっと言えば，ひとりで生きているわけではないので，大きな決定は関係者と決めるのは当たり前のことだ。お金のかかることであったり，場所や時間を要することは，家族や仲間との折り合いが必要である。折り合いは支援ではないなどと言ってしまえば身も蓋もない。本人の最初の思いつきや思い込みが，「自分だけでなく，仲間や社会にも意味・価値があるのだというワクワクした実感と実態」となるために，「本人と関係者

の相互エンパワーメント」実践とそのプロセスを，すべての市民が生きているのだ。

　それゆえに，AとBは，市民生活においての通常であり，Aである場面もあればBである場面もあるというにすぎない。

　私たちがこのような形で支援を理解・分析できれば，自立（生活）支援と後見（的）支援の関係もまた明確にできる。図5-3のとおり，自立（生活）支援と後見（的）支援は対立概念ではなく，自立支援という概念はこれらの支援のすべてを基本的に含むが，本人が意識を失った状態での治療行為や本人の自傷他害行為に対する支援等，やむを得ず支援者が中心的に判断せざるを得ない場面が，支援には存在するのであり，それについてはDの後見支援が必要とされるということである。

　一方，判断しにくい時やわかりづらくて困った時に，本人の経験や理解をふまえた様々な説明や判断材料を提供することによって，その自己決定・自己選択を支援したり，様々な促しや見守りを活用して，本人がその個性や関心に基づいた本人らしい生き方を行うことをサポートしてゆくことは，自立支援の一つとしてのCの後見的自立支援と位置づけることができる。

　ただし，わが国においては，いまだ後見的支援という言葉は，禁治産者的取り扱いのイメージを払拭できていないがゆえに，できる限り後見的支援という言葉を使わず，意思決定・表明支援を基本とした後見的自立支援という言葉を使用する。

　国連の障害者権利条約第12条は，アメリカにおいても，大きな影響を与えつつある。

　たとえば，2013年にバージニア州の29歳のダウン症の女性が，これまでの後見支援ではなく，支援を受けた決定（supported decision making）に基づいて，誰とどこでどんな生活をするのかを決める権利を勝ち取る画期的な裁判があったことが報告されている[7]。

　以前は，彼女の両親の申請で，裁判所は両親を後見人として，彼女をグルー

プホームに措置し，そこでは，携帯電話やパソコンが取り上げられ，友人関係も制限された。彼女は，小さな販売店のオーナー夫婦と一緒に暮らしてその店で働くことを希望し，彼女の支援者たちと裁判を起こして勝訴したというのがその経緯である。

　幾つかの新聞が，彼女の裁判を記事に取り上げており，若干情報がわかりにくい点もあり，読者からのコメントも，きわめて多様であるが，重要なことは，彼女の意思決定とその支援が第一に大切にされ，さらにはそのためにはどのような地域生活支援が彼女に必要なのかが，きわめてまっとうに議論されているというその事態である。

意志決定・表明支援とインフォームド・コンセント

　続いて，私たちは，図5-3中のBの同意的自立支援の理解を深めるために，意思決定・表明支援とインフォームド・コンセントの関係について，考察しておきたいと思う。

　医療において「インフォームド・コンセント」がなぜ重要であるかについては，星野一正が明確に次のように表現している。

　　「インフォームド・コンセントでは，医師に重い責任を負わせながら，患者にはわがままではないかと思われるような要求まで患者の権利として認めています。それに対して，診療を受けようという患者でなくてはできない義務として，診療の前に，医学的侵襲を受けてもよいと医師に同意して，その診療を受ける同意書を作成することが，合法的な医療を受けるために与えられた患者の大切な任務であることを，理解して下さい。自分のために医療行為をしてくれる医師を不法行為から守れるのは患者自身の同意（コンセント）だけなのですから，患者は，インフォームド・コンセントにおける同意の意味を十二分に学んで，自覚して，忘れずに，医師に協力してあげて下さい。『インフォームド・チョイス』や『インフォームド・ディシジョン』では，法的にこれほど重要な意味を持つ『患者の同意（コンセント）』が入っていませんので，いかにインフォームド・コンセント

第5章　青葉園における「本人と支援者の相互エンパワーメント」の展開と意思決定・表明支援

が必須であるか，を忘れないで下さい。」[8]

さらに，パターナリズムの関係について触れた一文を引用しておこう。

「インフォームド・コンセントでは，医師が病名を付けられるようになるまで，患者に説明をしなくてよいわけではありません。いかなる医療行為でも患者に，精神的に，肉体的に，何らかの医学的侵襲を与えるものです。ですから，何らかの検査とか処置をする場合には，必ず患者に医学的侵襲を与えてしまうのですから，医学的侵襲が些細であろうと思われるような時にも患者に，何の目的で何をどのようにするのか，痛みなど，どのような不快なことを伴うのか，危険はないのか，などについて説明して，患者が納得した上で，実施しなければならないわけなのです。実際の臨床の現場では，インフォームド・コンセントと意識せずにこのようなことを，医療従事者は常識的に日常行っていると思います。もし，医師が行っていなければ，それは『医師のパターナリズム』として批判され，法的にも許されないことなのです。ですから，病名告知が，患者への最初の説明であってはならないことは，言うまでもありません。[9]」

アメリカの患者の人権運動とインフォームド・コンセントの法理を熟知している星野が，繰り返し医学的侵襲について述べていることに注意する必要がある。人体実験はもとより，患者の同意を得ずに，たとえば外科医が手術行為を決定し，実施することは，他者が刃物という凶器で本人を斬りつける殺傷行為・暴行と同じ側面をもつということだ。

そしてそのことは私たちのすべての支援行為においても同様である。支援とは，支援を必要と見なされている利用者に対する介入行為なのであって，それが本人の自己決定・自己選択と同意に基づかない場合には，それは余計なお世話であるのみならず，本人の自由な生活を抑圧する可能性のある不法行為なのである。

それゆえに私たちの支援は，その基本を意思決定・表明支援を含む自立（生活）支援におき，そのことがどうしてもできない場合における後見支援においても，「本人のこれまでの生き方と生き様に基づく支援」の名の下に，他者が

代理権を持つわけであるゆえに，その介入を二重三重にチェックする仕組みが求められるわけである。

意思決定・表明支援と危機管理支援

この節を終えるに当たって，本人の意思決定・表明支援と危機管理支援（リスク・マネジメント）との関係をふまえて，「最も制約の少ない選択原則（the Least Restrictive Alternative）」の編著者であるターンブルの意味深長な一文を見ておこう。

> 「知的障害者に対するケアと教育において，支援者たちは，知的障害者を失敗という経験から守りうる，特殊な教育環境（＝生涯入所施設）を弁護し始めた。この振り子は，さらに失敗の危険をなくすというところにまで行きすぎた。
>
> 　その結果，知的障害者は自分をコントロールする感覚，自発的な選択行為によって身に起こる物事をやりくりしうるという感覚を失ってしまうことになったのである[10]。」

まさに，そのとおりであり，それが隔離・分離の世界が生み出す，人生の管理の病（パターナリズム＝専門職全能感の病）なのだ。

では，どうすればいいのか？

> 「最も制約の少ない選択原則の意義の一つは，各人の最も適した選択の幅に対する尊重と，各人の選択肢を価値ある社会的目標のためという例外を除いて狭くさせないというところにある[11]。」

このきわどい，パターナリスティックすれすれの表現は，そのリアリティーとともに，私たちの胸を圧する。「各人の最も適した選択の幅」や「価値ある社会的目標」とは，いったい何なのか。

誰がどうやってそれを判断するのか。そして，さらにこう付け足して，すべてを台無しにするのだ。

> 「人はささいな選択に直面する場合，あきあきして満足や成長という経験を味わえない。また，手に負えないレベルの選択，すなわち統制を超越し

た選択に直面すると,欲求不満や恐怖さえも感じたり,失敗のリスクも生じてくる。(中略)しかし,ひどい失敗によってその選択自身が不可能となったり制約になってしまわないように,それらは,あらかじめ軽減されておかねばならない。」[12]

なんとこれでは,また,元来た道を引き返しかねない。

6 共同決定は医療モデルを超えているか

共同決定とは

　私は,本書の第4章で,「鯨岡峻が『相互主体性』といい,清水明彦が,『立ち起こる相互の主体化』と呼んでいるのは,どこまでが本人の意思・選択から生まれ,どこからが支援者がそれに付け加えてヨイショしたものかなど,ここで乳幼児と養育者の関係で考察した通り,簡単に分けられるものではないことを意味している」と書いた。

　ここで,言いたかったのは,長い信頼関係に基づく深い「本人と支援者の相互エンパワーメント関係」においては,相互の主体的関係性が,相互に様々な影響を与えあい,どこまでがどっちの思いや行動から生まれたものかも,また相互の役割期待と期待遂行の連鎖の中で,まったく最初にそれぞれが意図したものとは異なる物語が紡ぎだされることもあることを述べたにすぎない。

　それが,「本人の豊かな経験や人生の選択肢の展開(=エンパワーメント)に寄与しているのであれば,それが協同的営為(=面白い活動)の中で『立ち起こる相互の主体化』としての『本人と支援者の相互エンパワーメント』関係の展開」と記した意味である。

　それと比較して,共同決定(shared decision making)という言葉は,本章5節の支援を受けた決定(supported decision making)とは異なる次元で,危険性を孕む。

　先に考察したように,乳幼児と養育者の間には大きな人生経験知の格差がある。その格差は,養育者が乳幼児の役割期待を察知するにあたって,幾ばくか

の参考にはなることは見てきたとおりである。ところが，一人ひとりの乳幼児の感性や個性の相違（これもまさに相互エンパワーメント関係の産物であるが）は，養育者に，過去の経験知を超えた，異なる役割期待や役割遂行を求めることがある。養育関係においては，時に乳幼児も養育者も，自分の認識ややり方を変えなければならない事態が起こる。その時に両者がそれを行うのは，その関係が命を育む大切で失い難いものだからである。養育者は，乳幼児の生活リズムや役割期待におのれを同調させ，時にはその関係が生み出す喜びの中で，それまでの価値観を超えたものを見出してゆく。乳幼児もまた生ききるために，必死になって「すり寄り」「すり合わせ」ながら，自分の確立しつつあるパターンを変えてゆく。

　この乳幼児と養育者の相互関係は，私たちの支援関係の原点としてある。

　相互に役割期待と期待遂行を行いながら，そのダイナミックな展開の中で，相互に自分の認識ややり方や生き方をも変えてゆく。

　その逆の，一方的でダイナミズムを欠いた関係とは，パターナリスティックな指導・管理関係である。この関係性では，専門職側に圧倒的な情報と技術の蓄積があり，自分の認識ややり方を変えなければならないのは，援助を受ける側だけであることが想定されている。

　ここでは，各専門職のプロフェッショナリティーとは，それぞれの，きわめて限定された専門領域において，これまでの対処方法の成功・失敗事例によって積み上げられたエビデンスに基づく支援の一般的な援助力（グッドプラクティスの実行力）を意味する。

　その援助専門職が，その時に，一定レベルで，特定援助のグッドプラクティスを提供できる認識とやり方を身につけているのかは，それぞれの専門職の経験と研鑽によるが，それがあれば，その特定の領域の援助は可能だと考えられている。

　しかし，たとえば特定の疾患の特定の治療の生存率が，特定病院や特定医師によって大きく異なるのは，対象とする特定の疾患の発見時の情況や，特定の病院や医師のレベルや，その特定の疾患を有する個人の心身の諸情況やその本

第5章　青葉園における「本人と支援者の相互エンパワーメント」の展開と意思決定・表明支援

人を取り巻く人間関係・社会関係の諸情況といったコンテクストに規定されていることは，誰でもわかる道理である。

あるいは弁護士という専門職においても，国際的に有数の弁護団を抱えても，相手の弁護団の陣容以上に，その事件の社会的コンテクストが重要なのは，ロッキード事件等を鑑みればわかりやすい。

最高の医師団でも，弁護団でも，死ぬ時は死ぬし，負ける時は負けるということだ。そこには3種類の死や敗北という結果があって，それは，必然的なものか，技術の未熟か，それとも文脈が読めなかったかという違いがあるだけだ。

共同決定と自己管理支援，意思決定支援との違い

ここまでの一般論をふまえて共同決定（shared decision making）と自己管理支援（self-management support）と意思決定支援（supported decision making）の違いについて，考えてみよう。

近年，イギリスやアメリカにおいて，医療分野で研究が進められているのが，共同決定である。

アンジェラ・コルターとアルフ・コリンズによる共同決定の定義は，「共同決定とは，医師と患者が最高の実践に向けての同意にいたる目的で，その選択肢や望ましい結果に関する治療や自己管理支援の目標や情報共有を明確にする一連のプロセス」である。

患者の参加や連携が重要とされているのだが，問題はそれがなぜ求められているのかである。先に述べたインフォームド・コンセントで十分であるのに，なぜ共同決定なのか？

いくつかのことが考えられる。

1つは，急性期ケアではなく慢性疾患に必要な医療費が増大していることがあげられる。イギリスのデータでは，それは2022年には国民医療サービス費全体の94％にもなり，その主要因には今後も進行する高齢化がある。慢性疾患を生活習慣病としてとらえ，本人のライフスタイルに任せた自己決定ではなく，圧倒的な情報を有する医療専門職が，その問題点を含めて誘導的に協働する共

表5-2　参加のレベルと結果

患者の医療的管理への参加のレベル	予期される結果
レベル1．病気予防 レベル2．自己の患者としての役割の理解 レベル3．ライフスタイルの変化 レベル4．ガイドラインに基づく適切な行動	要らないサービス利用の縮小 セルフマネジメント能力の向上 健康の改善 （再入院の阻止）

出所："Shared decision making, self management support and care planning", *The Health Foundation*, 2014（パワーポイント資料）45, 69.

同決定が浮かび上がってきたように思われる。

　2つ目は，新自由主義的な自己決定——自己責任論的な論調の中で，本人の健康の管理責任は，基本的に本人にあるというセルフケアの理念に関係する。本人の医療的管理への参加のレベルが上がれば，国民医療費の伸びを押さえこめるという考え方である。たとえば，参加レベルを4段階に分けて，表5-2のようなアウトカムを想定している。本書の第2章で見た，患者が中心に運営するEPP等のプログラムは，まさにそのような考え方の下で生み出されたものである。

　私は，本人の健康の管理責任は，基本的に本人にあるというセルフケアの理念を否定はしないが，ここで問題点を2つ指摘したい。

　1つは，ここで使われている健康という言葉の意味である。これが，一般的な健康モデルに近づくことを意味するのであれば，それは愚かしい。なぜなら，持って生まれた本人の心身の状態や，その後の生活の諸情況に規定されて今の心身の状態があり，そこから始める以外にその人の生き様はないし，その状態と情況における健康（？）のありようとは，つまりは，本人の求める生き様を少しでもサポートできるありようとしか言いようのないものである。一般論には，何の意味もないどころか，ときにはそのような一般的な健康観が，本人の手かせ足かせとなって，本人や家族を苦しめることが起こりやすい。

　2つ目は，その力動関係の中で現れ方は様々であるが，家族や関係者と無関係に，本人だけが健康であったり不健康であるといったことはあり得ない。本人の心身の状態は，本人の関係性に規定されている。新自由主義的な自己決定——自己責任論の不毛さは，それが，本人の出発点の違いを無視して，責任

だけを平等に求めるからである。出発点が同じでなければ、当然責任も同じではない。犯しても盗んでもいけないのなら、そうしなくても済む最低限の尊厳と生活が認められるべきであろう。

次に、コリンズによる自己管理支援（self-management support）との違いを見てみよう。

「自己管理支援は、本人が自分自身の健康や、不健康な状態からの回復を管理する知識・技術・自信の獲得を支援することを目的とする。言いかえれば、自己管理支援の目的は、本人が自分自身の社会資源性を認識し、自分自身の潜在可能性を構築し、日常生活の問題の解決者となることを支援することだ。（中略）

共同決定は、患者が情報提供された特定の医療ケアに関する決定を自信を持って決定できるように支援することであり、自己管理支援は、情報提供されて、日々の健康や医療ケアについて自信を持って決定したり、必要な活動が行えるように支援することである。（中略）

共同決定技法は、共有すべきエビデンスベイストな情報を提供し、患者がリスクを理解することを支援する。自己管理支援は、本人の潜在可能性を構築し、患者が行動を変えようと試みることを支援する。」[17]

好意的に理解すれば、共同決定は、懇切丁寧なインフォームド・コンセントであり、自己管理支援は、本人の生き方と文脈をふまえた意思決定支援ということになる。

だが、うがった見方をすれば、共同決定は、医師――患者関係の圧倒的な情報格差の下で、情報操作と取られないように、権威――依存関係を温存したまま、圧倒的な情報量を活用して、あたかも本人もその決定に共同して参加・参画したように思わせる技術になりかねない。

一方、自己管理支援は、どこまでいっても、管理（management）という言葉のもつ操作性が影響を及ぼす。コリンズも「自己管理支援の特徴は、それが行動変容理論に多くを負っていることであり、本人の生活環境の変化に適応することを支援し、その生活スタイルをチェンジし始めることを支援する」[18]と述

べているように，これも，本人からの能動的な生き様を支援するというよりは，病状の変化に合わせて，本人のライフスタイルを変えることが求められているようにも読める。

　本人の関係性の文脈から，本人をいったん切り離して，きわめて限定した機能の損傷に対する治療行為は，それが急性期の生死や大きな機能障害に繋がる場合（acute care）には，まさに専門家主導モデルとしての医療モデルの出番であって，私たちが，本章5節でみた，同意的自立支援とインフォームド・コンセントが機能する。

　きわめて限定された場面では，本人の関係性の文脈は一定捨象して対処可能だとしよう。では，細部の場面場面を無限に積み重ねていけば，本人の関係性の文脈は捨象可能なのかと言えば，それはあり得ない。

　つまり，きわめて限定された治療行為の共同決定は，どこまでいっても，意思決定・表明支援にはならないのだ。本章4節で述べた意思決定・表明支援の4つの原則は，「本人と支援者の相互エンパワーメント」をその基本原則としており，本人の大きな生活設計支援やそれを支える関係性の文脈のアセスメントやモニタリング抜きには，すべては始まらない。

　問題はわが国では，とりわけ精神障害者や要介助高齢者等において，長期支援（long term support）としての地域自立生活が，急性期ケア（acute care）の闘病生活と明確には分離できておらず，それが費用問題等に矮小化されて，相変わらず病院・施設中心で，サービス提供専門職中心の医療（病人・患者）モデルのままだという点である。

　かつて「廃用症候群」と呼ばれていた，高齢者が骨折して病院に入院して骨折は治ったものの，入院生活によって「寝たきり」になってしまったといった事態を示す言葉があった。それが今度は「生活不活発病」に病名変更されたという。医学・リハビリテーション関係者は，もちろんそれが病気などではなく，たとえば震災後の被災地の抑制された環境等の文脈の中でおこってくる「本人の希望する生き方や目標の喪失」からおこる状態であることを知っている。それを自分達のテリトリーにひきこもうとしているだけなのだ。

第5章　青葉園における「本人と支援者の相互エンパワーメント」の展開と意思決定・表明支援

　何度もいうように，医療・リハビリテーション関係者は自分の限定的な専門領域のレベルを上げるべきであって，それを超えたところで勝手に病気をふやしてはいけない。なぜなら「医療・リハビリテーションモデル」の最大の問題は，専門性の名のもとに診断し病名を与え，その指示や治療方針に従う依存的な"病人""患者"に一般市民をしたてあげることであり，そのことは本人の"地域生活主体者"としての自立とエンパワーメントとは矛盾せざるを得ないからである。

　このような情況のままで，意思決定・表明支援が云々されると，それがきわめて矮小化された内容となりかねないこともあり，本書の中心課題の一つとしたわけである。

　私たちは，今後このようなパターナリスティックな専門家主導モデルを超えていない共同決定や自己管理支援に，意思決定・表明支援が絡め取られてしまわないように気をつけなければならない。

　そこで，次章では，共同決定等の名の下に専門職主導で作成される可能性の高い本人の医療計画やリハビリテーション計画や教育計画といった諸計画と，本人の生き様を支援する本人中心支援計画との関係等を含めて，西宮市における本人中心の相談支援システム等について，考察しておきたいと思う。

注
(1) 青葉園活動の現状について，詳しくは，柴内麻恵「知的障がい者の地域生活における意思決定支援の視座——青葉園における実践を中心に」2012年度東洋大学修士学位論文，第3章；竹田美文「地域で支え合う《暮らし》の思想と仕組み——西宮市での実践を事例に」立命館大学大学院総合学術研究科博士予備論文，第1・2章等を参照されたい。
(2) 本章2節は基本的に，2002年度厚生労働科学研究最終報告書「障害者の社会的理解の促進および自己決定・自己選択の支援等の権利擁護に関する研究」（主担研究者大熊由紀子，分担研究者北野誠一）から援用した。
(3) キテイ，E. F.／岡野八代・牟田和恵監訳『愛の労働あるいは依存とケアの正義論』白澤社，2010年，374頁。
(4) 同前書，90頁。

(5) 同前書, 407頁。
(6) イギリスの2005年意思決定能力法については,菅富美枝『イギリス成年後見制度にみる自律支援の法理——ベスト・インタレストを追求する社会へ』ミネルヴァ書房, 2010年, 等を参照されたい。
(7) "Supported Decision-Making : An Agenda For Action" *Quality Trust*, 2014.
(8) 星野一正『インフォームド・コンセント』丸善ライブラリー, 1997年, 85-86頁。
(9) 同前書, 100頁。
(10) ラザンフォード・ターンブルⅢ, H. 編／中園康夫他訳『障害者と自由』中央法規出版, 1995年, 62頁。
(11) 同前書, 63頁。
(12) 同前書, 65頁。
(13) shared decision making に関する主要文献については "Supporting shared decision-making : Summarising evidence from systematic reviews" *Nationl Voices*, 2014. を参照されたい。
(14) Angela Coulter, Alf Collins "Making Shared Decision-Making A Reality" The Kings Fund, 2011, p. 2.
(15) "Shared decision making, self management support and care planning", *The Health Foundation*, 2014（パワーポイント資料）40.
(16) 同前資料（パワーポイント資料）45, 69.
(17) Collins, A. "Measuring what really mattres" *The Health Foundation*, 2014. p. 7.
(18) 同前資料, p. 9.

第6章

西宮市における本人中心の相談支援と意思決定・表明支援

　まず最初に私たちが想定する本人中心相談支援を定義しておく。
　1　必要な情報とその経験知の広がりへの支援と，本人の意思決定・表明への支援をふまえて，本人の市民としての豊かな選択肢（参加と役割）に基づく希望と目標をアセスメントし，
　2　それに必要な支援サービスを作りだすために，本人と家族と支援関係者それぞれの役割をふまえた計画（本人中心支援計画）を共に創出し，
　3　不足するサービス等については，共に開発及び権利擁護（アドボカシー）等を行い，
　4　本人と関係者の参画の元でモニタリングや社会参加・関係の改善・調整等を行う，
　5　一定の権限と方法と手続きに基づく活動とそのプロセス
ここでは，定義の1～5について，簡潔に見ておこう[1]。

1　本人中心のアセスメント

選択肢の展開と本人中心アセスメント

　まず，その地域のその年齢・性別の普通の市民生活に基づく選択肢（参加と役割）を基本として，その広がりに基づいた希望と選択が可能となるよう支援することが大切である。
　障害者権利条約で最も重要な条項と言われている第19条を見てみよう（川島＝長瀬仮訳，2008年）。

「この条約の締約国は，障害のあるすべての人に対し，他の者と平等の選択の自由をもって地域社会で生活する平等な権利を認める。(中略) 完全なインクルージョン及び参加を容易にするための効果的かつ適切な措置をとるものとし，特に次のことを確保する。

　(a)障害のある人が，他の者との平等を基礎として，居住地及びどこで誰と生活するかを選択する機会を有すること，並びに特定の生活様式で生活するよう義務づけられないこと。

　(b)障害のある人が，地域社会における生活及びインクルージョンを支援するために並びに地域社会からの孤立及び隔離を防止するために必要な在宅サービス，居住サービスその他の地域社会支援サービス（パーソナル・アシスタンスを含む。）にアクセスすること。

　(c)一般住民向けの地域社会サービス及び施設〔設備〕が，障害のある人にとって他の者との平等を基礎として利用可能であり，かつ，障害のある人の必要〔ニーズ〕に応ずること。」

この(a)+(b)+(c)が意味しているのは，地域社会で普通に参加・参画できるサービス（支援と住まい）を保障することによって，本人にリアリティーのある選択肢を保障し，本人が望まない生活を強いられないようにすることだ。もっといえば，(a)の地域自立生活は，たとえ(b)のグループホーム等の地域での共同住居があっても，(c)の地域での市民としての役割・参加の自由と広がりがなければ，結局，あてがわれたサービスを受けるだけの，無力で受動的な障害者になってしまう。

次に，本人の意思決定・表明の支援と，本人中心のアセスメントを見てみよう。

よく問題となるのが，本人の希望する支援ニーズと，家族や支援者の判断する支援ニーズが異なる場合のアセスメントだ。実際には，人はそれぞれの利害と認識回路を持っているので，異なってあたりまえである。本人の様々な自己表出・表現から浮かび上がってくる本人の思いや希望と，それを支援者がどう理解・判断したのか，さらに，家族や支援者自身が，本人に対してどのような

第⑥章　西宮市における本人中心の相談支援と意思決定・表明支援

希望や目標をもってほしいと思っているのかは，きっちりと分けて把握しなければならない。西宮市が使用する「本人中心アセスメント」の様式[2]を見ればわかるが，ここでは，「本人中心」であるにもかかわらず，家族や支援者の意見も堂々と登場する。それも家族や支援者が，本人はこう思っているはずだという聞き取り項目と，本人はこうした方がいいと思う項目を分けている。さらにその判断の根拠の一つとして，本人・家族・支援者がそれぞれ，本人のストレングスと弱点をどうとらえているかも記入する様式となっている。

　この本人中心アセスメントの様式は3つの意味で重要である。
① 　本人と支援関係者に本人中心の意味を伝える。
② 　支援関係者もアセスメントされる真意を伝える。
③ 　支援関係者に支援者の立場と本人の立場の違いを伝える。

①は一連のプロセスの中で徐々に相互理解していくしかない。②は本人をアセスメントすることは，支援関係者をアセスメントすることでもあることの自覚を，一気に求めている訳ではない。それは障害というものがその本人と社会との関係における困難な関係状況でしかないことを，認識することの困難性と同様である。

　授業中居眠りをする生徒やガサガサする生徒に，「俺の授業がわからん奴は，頭の悪い奴だ」と教師は言うかもしれない。しかし「眠たくなるような（ジッとしていられなくなるような）訳のわからん授業をする，くだらん教師だ」という支援者の側の問題は，棚上げにされがちである。障害者の現在のありようは，その支援関係者の現在のありようでもあることを，徐々に明確にしてゆく他ない。

　③は本人の可能性や弱点と，本人を理解・受け止めきれない支援者側の困りごとの自覚も求めている。というのは，この本人中心アセスメントシートは，本人中心支援会議で，みんなに配られる訳だが，その際本人の苦手・弱点の欄に，たとえば「○○ができないから困る」「××がわからないから，トラブルが多い」と書かれていたとしよう。

　本人がそれを見て，「なるほどみんな私の苦手・弱点をよくわかってくれて

いる」と素直に思えれば問題ない訳だが，そうではない場合がほとんどである。何度も言うように，「できない・わからない」世界は，「やりにくい・わかりづらい」世界との相関関係であって，支援者が困っていても，本人はまったく違う思いを持っていたり，本人はトラブルとは思っておらず，むしろ，抵抗や抗議の意思表示なのかもしれない。

　本人中心計画会議は，指導や教育の場ではない。本人の夢と希望の実現に向けて，本人のストレングス・良いところと，コインの裏表のようなそれゆえの弱点・苦手について，お互いに理解・共感を深めながらそれぞれに一定の努力・忍耐・協調が求められる，実行可能な達成課題を見つけ出す作業プロセスの一つなのだ。無用な緊張関係やどうせ言っても仕方がないといった諦め感や相互の自己防衛を高めるような傷つけあいはできるだけ避けるべき。西宮市の本人中心アセスメントシートは，それらのことを問い直す契機として機能してくれれば，との思いで作成されている。

本人中心計画会議と本人中心支援計画

　私が，1996年の調査で，サンフランシスコのゴールデンゲート地域センター（GGRC）を訪れたときのことだ。発達障害者（わが国の知的障害・自閉症・てんかん・脳性まひ等を含む）の支援に関するランターマン法が，1992年に改正されて，障害者が支援サービスを活用する際に相談支援専門員等と一緒に立てる個人支援計画（IPP）が，本人中心支援計画（PC—IPP）に変わっていた。

　私がびっくりしたのは，地域センターのスタッフに見せてもらった，ある30代の知的障害者の女性Kさんの本人中心支援計画だった。その計画の目標（GOAL）に，はっきりと I want to live at（私は〇〇で暮らしたい）と書かれてあったからだ。どうやら私は，医者のカルテや学校の通知表の世界にあまりに順応しすぎていて，本人中心支援計画は確かに本人が中心だとは思っていたのだが，まさか I want（私は〇〇したい）で始まるとは夢にも思っていなかったのだ。

　まず，「私は〇〇したい」で始まる本人中心支援計画と，「Sさんは〇〇す

る」で始まるＳさん支援計画では，誰がこの支援計画の主人公で，本人と支援者の役割は何かがはっきりと違っている。

　障害が重くなるということは，たくさん支援が必要になるということを意味している。たくさん支援がいるということは，様々な支援者（家族関係者，友人，趣味等の仲間，近隣等の関係者，職場等の関係者，医療関係者，リハビリテーション関係者，教育関係者，介助関係者，行政関係者，司法関係者等）が関係することになる。多くの時間を，様々な支援者と関わる人生とは，どんなものなのか？　わかるのは，その人たちに仕切られてしまえば，もう自分の人生ではなくなるということだ。安全のため，健康のため，訓練のため，ダイエットのため，お金を残すため，あとで後悔しないため，どうせあなたにはわからないだろうから，そんなことをしても無駄だから等々と，支援者は仕切りたがる。専門職としての支援者の立場から見れば，そうなのかもしれない。

　しかし，一つだけ言えることがある。それは，その人の人生は，その人の人生でしかなく，代わってあげることもできなければ，専門家の押し付けや管理や指導が，たとえ間違っていたとしても，専門家は責任なんか取れないのだ。勝手に決めて奪ってしまったその人の大切な人生の一こまや月日や人生の大半を，返してあげることは，誰もできない。

　相談支援専門員が本人と取り交わす約束とは，本人の望んでいる，本人らしい生活を本人が生きられるように，その戦略を練り上げることだ。

　なぜ，障害のない人にはいらないのに，重度の障害者には，こんな本人中心支援計画（サービス等利用計画のことを西宮市では，本人中心支援計画と呼び，そのフォーマットも西宮市で工夫・開発されたものを全ての相談支援事務所が活用している[3]）なんて立てて，生活の重要なことを，他人にさらけ出さねばならないのか，との思いは当然である。実はここが重要なポイント。一つは，多くの支援者の内の特定の支援者の個別支援計画に自分の大切な人生や生き方を仕切られてしまわないために，より大きな本人中心支援計画が必要なのだ。

　もう一つは，さらけ出さざるを得ないことが，つまりは支援する人々を，その生活に咥え込まざるを得ないことが，重度の障害者の最大の切り札なのだ。

出してはいけないこととされているその弱みをみせることが，時にいじめの原因にもなりかねない「健常児・者」の世界で，助けてもらうことが生活の自然であり，その位置は重要。それは，誰しも大なり小なり困っているくせに，無理をして強がってばかりいる悲しい「健常児・者」の虚栄の世界から，関係者を解放する解毒作用があるのだ。重度の障害者のありようこそが，社会のありようを変える。

　その意味では最重度の障害者はもっとも支援関係者も多いわけだから，それこそ本人とその家族と相談支援専門員が結束して，多くの支援者を巻き込んで，本人が地域でたっぷり笑顔で楽しめる，面白いことを企てればいいのだ。重症心身障害児者施設でひっそりと暮らしているなどということは，もったいないし，本人にも家族にも支援者にも失礼。そしてその仕掛け人が本人中心支援計画を担当する相談支援専門員，つまりは，関係者を乗せてしまう共犯者という訳なのだ。

　カリフォルニア州の改正前のIPPでは，いくつかの目標を専門領域ごとに分けて，たとえばSさんの地域生活なら，目標（goal）は，「Sさんは一人で，信号機のない交差点を安全を確認してわたる」とあり，実行課題（objective）は，「毎週火曜日，AとC通りの交差点で，車が止まったことを確認して，1ブロック離れたところにいる指導員の合図を確かめて，交差点を横切る」と書いてあった。

　確かに車優先の世界で，恐ろしいスピードを出している信号機の少ないアメリカでの地域生活では，この目標と実行課題はリアリティーがあり，一人で日中活動センターやファミリーレストラン等に通うには不可欠な課題設定ではあることはわかる。

　では，改正前のIPPで見た，地域生活のための信号機のない交差点のわたり方のトレーニングや，ファミリーレストランやコンビニエンスストアでの，最低のマナーやお金の取り扱い等のトレーニングはいらないのか。もちろんそうではない。ここは，どこまで本人が希望する生活のイメージが共有されているかだ。本人がどうしても行きたい日中活動の場やファミリーレストランやコ

ンビニエンスストアの前に，信号機のない交差点があるとすれば，そしてそこに行って，本人が楽しめるのだとすれば，そしてそれが，本人中心支援計画に組み込まれているのだとすれば，それは，本人の日中活動や余暇活動の目標に基づく実行課題の一つとして組みこまれるべきである。ガイドヘルパーや日中活動の支援員や，2014年度から知的障害者等も活用できるようになった，重度訪問介護等の出番となる。

　要は大きな目標と明確にリンクしていない個別支援サービスの実行課題などあってはならないのだ。私たちの人生の多くの時間は，その目的や目標に向かっての我慢の積み重ねだが，それが耐えられるのはおのれ自身が納得できる目標や目的があるからだ。目標や目的がはっきりしない医療・教育・訓練など，障害児や障害者に失礼である。個別支援計画を立てる支援担当者は，本人に"やる気がない"と言う前に，自分ならそれを我慢できるか胸に手を当てて考えてみるべきだ。そして，本人を支援するすべての関係者は，本人中心支援会議に参画して，本人の大きな夢や希望や諦めや失望を，他の支援者や相談支援専門員と共有し，本人の希望や夢の実現に向けて，それぞれのポジションで何ができるのかを確かめあうことが必要である。

　つまりは，本人ケア計画やケアプランといったあいまいで，結局支援援門職が仕切ってしまう計画などではなく，それぞれの支援専門機関の立てる個人医療計画や個人看護計画や個人リハビリテーション計画や個人教育計画や個人サービス支援計画等は，本人のエンパワーメントに資する本人中心支援計画でなければならない。

　「本人と支援者の相互エンパワーメント関係」をサポートする本人中心支援計画をまず創出し，逆にそれを基本として，各専門支援機関が個人計画や個別支援計画を立てればいいのだ。それは，決して個人医療計画やリハビリテーション計画をないがしろにすることではない。私たちは，本人の希望する活動や役割を支援するがゆえに，まず本人の希望に基づく本人中心支援計画を立て，本人の障害や，病気が，本人の希望を裏切らないように，医療・リハビリテーション計画等の個別支援計画にも，必要な敬意と努力を払うわけである。

そうでなければ，よほど自己主張の強い本人でも，各専門支援機関に仕切られることは必定である。専門支援機関にとっては，提供側のペースに従うおとなしい顧客がありがたいのは自明であるが，いつまでも専門家主導のケアが中心の時代ではあるまい。

この本人中心支援計画の魅力は，何といってもそのわかりやすさにある。縦軸には，

① どこで誰と，どのように暮らしたいのか？
② ウィークデイは，どこで誰と，どのような日中活動（仕事・勉強）をしたいのか？
③ 週末やアフター5は，どこで誰と，どんなことがしたいのか？

があり，横軸には，本人，家族等，友人（仲間），地域，支援サービス，行政（ここでは，地域センター）等のそれぞれの役割が記入されている。

私たちの生活の3つの基本である①②③は，もちろん障害者の生活においても基本である。その3つの基本を，きっちりと受け止めることが大切であることを，この本人中心支援計画は語っている。

さらに，その3つの大きな目標（goal）に対して，次のモニタリングまでに行うべき実行課題（objective）が，本人，家族等，友人（仲間），地域，支援サービス，行政ごとに記入される。実行課題は，本人と家族・友人を含む各支援者との約束であり，本人の大きな目標に向けて，それぞれが取り組む課題である。

支援サービスの開発とアドボカシー

ここでは，2つの不足するサービスが，問題となる。

一つは，支援サービスの提供事業所等はあるのに，市町村の支給決定量が不足している場合である。これも2つ考えられる。

まずは，市町村の支給決定が，諸状況を鑑みれば一定の合理性がある場合である。その際は，本人や家族や関係者，さらには社会福祉協議会等のボランティアセンター担当者や地域コーディネーター等にも参画してもらって，イン

フォーマルな社会資源を最大限動員することになる。

　奥の手としては，基幹相談支援センターに一定の資金と裁量権をプールする方法が将来的に考えられる。基幹相談支援センターが，そのスタッフのレベルを高め，地域からの信頼を勝ち得たときには，それもありだ。

　次は，市町村の支給決定が合理性を欠いていたり，理不尽な場合である。

　この場合は，本人と相談支援機関を中心に権利擁護活動を行う。行政担当者との話し合いや，認定の再審査請求や，不服申し立てを含む活動である。たとえばカリフォルニア州では，行政法審判官（ALJ）が権限を持って仲裁する行政不服申立公聴会で，このPC―IPPを使った判例が出ている。自閉症児のスイミングプログラムの予算カットの方針に対して，PC―IPPでその必要性が認められていることに基づいて，サービスの継続が勝ち取られた。

　もう一つの不足は，支給決定はOKとなったが，本人の希望と選択による支援サービスを担う事業者がない場合である。

　ここでは，自立支援協議会の生活支援部会やサービス事業者連絡部会等と連携して，サービスの担い手の開発（お願い）がなされる。

　ここでも，サービスの提供を困難にしている事業所の財政上の問題を考慮して，市町村と連携して，可能な支援策や長期的な戦略として，次期の障害福祉計画や基本計画を組み込む戦略を練る。

2　本人中心のモニタリング

モニタリングと社会参加・関係の改善・調整

　そもそも，なぜモニタリングが必要なのか。また何をモニタリングするのか。モニタリングとは，本人を中心に関係者みんなで作り上げた本人中心支援計画の3領域での目標と，それを実現するための一定の期間設定がなされた実行課題を，一定の期間を定めて，その出来栄えをみんなで評価する戦略会議である。

　評価は，当然，本人，家族，近隣，友人，仲間，支援者，行政，相談支援専門員等が，それぞれの役割を忠実に全うしたか？　その際，それぞれがその実

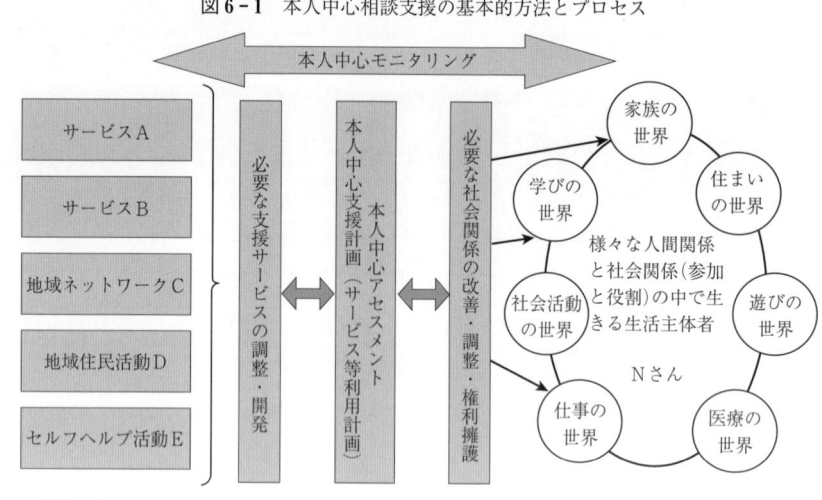

図6-1 本人中心相談支援の基本的方法とプロセス

[図：左側にサービスA、サービスB、地域ネットワークC、地域住民活動D、セルフヘルプ活動E、中央に必要な支援サービスの調整・開発、本人中心支援計画（サービス等利用計画）、本人中心アセスメント、必要な社会関係の改善・調整・権利擁護、上部に本人中心モニタリング、右側にNさんを中心とした家族の世界、学びの世界、住まいの世界、遊びの世界、社会活動の世界、仕事の世界、医療の世界、様々な人間関係と社会関係（参加と役割）の中で生きる生活主体者]

出所：筆者作成。

行課題をどこまで達成できたのか？　どのような成功や困難や問題があったのか？　実行課題の設定そのものに問題はなかったのか？　さらには、目標そのものに揺らぎはないのか？、等が話し合われる訳である。

　ここで大切なのは、本人が失敗したり、揺らいだり、変更したりする自由を、認めあうことである。みんな一生懸命やっているのに、そんなの無責任ではないかという考え方は間違っている。重度の障害者にとっては、何度も言うように、多くの支援に取り囲まれながら生きることが、本人の人生であって、本人は、成功からも失敗からも学びながら、経験知と選択肢を展開してゆく以外の手立てはないのだ。それを押しとどめてしまえば、現状のままの人生しかなくなる。

　相談支援専門員は、現状の支援サービスを組み合わせるだけのケアマネジャーではない。本人の主体的な社会参加・参画の希望と目標を、少しでも現実的な実現に結びつける仕事をする。図6-1は、その仕事を図で示したものである。

　実際、本人中心の障害者相談支援は、なぜ、わざわざ本人中心を謳っている

のか？　本人中心は，相談支援なら当然のことではないかと思われて当然である。しかし，私たちは，本当に図6－1の本人中心相談支援の基本的方法とプロセスのごとくに，相談支援を実行してきたのか？

　本人中心とは，様々な人間関係と社会関係（参加と役割）の中で生きる生活主体者Nさんをエンパワーメントすること，その関係性の中心に据えるということだ。エンパワーメント（empowerment）とは，「その人間関係・社会関係において，自分の自己決定や参加・参画が，自分だけでなく，仲間や社会にも意味・価値があるのだという実感と実態」を意味する。

　逆に反エンパワーメント（disempowerment）とは「その人間関係・社会関係において，他者や社会に仕切られ，自分自身をコントロールされてしまっているという実感と実態」を意味する。

　大切なことは，支配――被支配関係に対しては，法的権利関係を確立し，かつ一般的関係性においては，共に生き・活かし合う関係性を構築してゆくこと，それがエンパワーメント（共に生きる価値と力を高めること）である。

　多くの高齢者のケアマネジメントのテキストでは，左側の各種支援サービスを，本人と家族の状態に応じて，どうコーディネーションするかを中心に置いている。

　障害者の相談支援は，右側の生活主体者としての社会での参加と役割が中心であるからこそ，左側のその生き方支援としての各種支援サービスが必要となるわけだ。暮らしの世界や，学びの世界や，遊びの世界や，仕事の世界等での本人の希望や方向性と，そこに立ち塞がる様々な障壁（バリア）との対決と改善・調整というソーシャルワークや権利擁護の視点が重要であり，左側の支援サービスの世界に，地域ネットワークCや地域住民活動Dやセルフヘルプ活動Eが登場することになる。

　それらのありようの全体を，私たちは本人中心相談支援（計画）と呼びたいと思う。そして，これは成人障害者のことだけではなく，高齢障害者にとっても重要な生き方支援を意味することは，この読みづらい本をここまで読み通してこられた慧眼な読者はもちろん，多くの高齢者本人とその家族と相談支援を

含むすべての支援者にとって，これから自明の理となるに違いない。

一定の権限と方法と手続きに基づく活動とプロセス

ここでは定義の5つ目となる，このような本人中心の相談支援が可能となる，一定の権限と方法と手続き，そしてそれに基づく活動とそのプロセスについて述べる。

一定の権限は，基幹相談支援センターでは市町村から委託されることによって担保され，指定特定相談支援事業所も，市町村から認可されることによって担保される。その際，委託内容や条件，認可に伴う行政指導が，権限だけでなく守備範囲や責任体制をも規定する。

さらに，指定特定相談支援事業を開始するにあたっては，相談支援専門員等の要件を満たさなくてはならない。それは，障害者相談支援専門員が，権利擁護を含むソーシャルワーク的相談業務であり，その方法と手続きに長けた相談支援者を基本としているからである。

大切なことは，成功や失敗を重ねながら，本人がその社会で希望する活動と役割に向かってはばたいてゆく実現過程（プロセス）自体が重要だということだ。その時，相談支援専門員も周りの支援者もまたその失敗と成功を噛みしめながら，支援過程を生きてゆくことになる。この両者の関係とその実現過程を，私が「本人と支援者の相互エンパワーメント」と呼んできたのは，もはや言うまでもない。

注
(1) 詳しくは，朝比奈ミカ・北野誠一・玉木幸則編著『障害者本人中心の相談支援とサービス等利用計画ハンドブック』ミネルヴァ書房，2013年，を参照していただきたい。
(2) 同前書，195頁。
(3) 同前書，196頁。

第7章

わが国の法制度の生成過程からみる権利擁護とエンパワーメント

　私は長年にわたってわが国の障害児者・高齢者に関わる様々な法律の制定や改正をウォッチングしてきた。また国の各種の審議会や委員会でも，様々な議論を行った。その内，いくつかの法律に関しては，その原案についても，公式・非公式に議論を戦わせた。
　その結果，以下の点がきわめて明確となった。

1　法律・制度は誰のものか

審議会・委員会の存在意義への疑問
　ステイクホルダーの利害が真っ向から対立する医療費や薬剤費や介護サービスの単価の決定等に関係する委員会については，筆者は参加・参画したことがないので分からないが，一般的な厚生労働省の管轄する各種の審議会や委員会においては，その会議を主催する部局の，きわめて恣意的な委員の人選のために，ほとんど審議らしい審議は行われていないように思われる。
　たまたま私は，いくつかの委員会で当時枠を持っていた全国労働組合や全国当事者団体の推挙で委員となったが，面白いことに気付いた。その委員会のその時の審議議題について，毎回部局の担当者から事前レクチャーを受ける委員と，受けない委員がいるのだ。
　そもそも審議内容について，元からその落とし所をレクチャーされていて今更説明する必要がない委員と，全国当事者団体のように落とし所のレクチャーを懇切丁寧に受ける委員がいるらしい。私も，全国当事者団体の推挙で委員と

なった時には，事前レクチャーを受けるわけだが，次回の委員会の落とし所を説明する担当者も私の方も，相互の役割期待のニアミス情況が起こりまことにやりづらい。

　一方，その部局と関係がよろしくないが，枠の関係で委員となった場合には，レクチャーを受けないので，ある意味で自由に発言できるわけだが，一委員会にそのような「咬ませ」委員はいても1，2名程度であろう。限られた2時間程度で1時間程度担当者から説明があって，中にはあらかじめその発言内容が読める委員の一定時間を取る発言等もあって，「咬ませ」委員の発言回数や時間はわずかであり，落とし所の大枠は初めから決まっているので，枠内の枠外というピンポイントを外せば，無視されるだけである。

　結論から言えば，落とし所（結論）の決まっている現状のほとんどの部局のアリバイ作りのための審議会や委員会は，現状のパブリックコメント同様，時間と費用の無駄である。委員の選出の仕方や議事のとりまとめ方やとりまとめの活用方法等を抜本的に変えなければ無用の産物である。

そもそも，法律は誰が作るのか

　このことについては非常に象徴的な，笑えない笑い話（エピソード）がある。1997年に日米障害者自立生活セミナーを大阪で開催した時に，アメリカの自立生活センター「パラクォッド」の副所長ジム・タッシャーに，アドボカシー（権利擁護）の話をしてもらったことがある。彼は自立生活センターのアドボカシーの一番大切な部分は議員に対するロビー活動であると熱弁をふるうのだが，日本の聴衆（大多数が障害当事者とその支援者）がほとんど反応しない。ジムが困った顔をしているので，私が彼に「あなたの言いたいことはよく分かる。しかし日本ではロビー活動というものには，ほとんど何の意味もない。というのも日本の議員は法律を作らないから」と説明すると，ジムは飛び上がらんばかりに驚いて私の顔をまじまじと見て，「日本の政治家は本当に法律を作らないのか。じゃ彼らはいったい何をしているのだ。それじゃする事がなくて暇で仕方がないだろう」と真顔で言ったのだ。

ジムが驚いたのも無理はない。アメリカにおいてはそもそも法案提出権は予算案を除いては議員にしかなく，しかも法案が議会に提出される前に政党によるチェックがないために，議員は単独であるいは同僚と共同提案という形で，きわめて多くの法案を提出する（その内いくばくかは選挙区に対するアリバイ作り的な法案だと言われているが）。その件数はやや古いデータだが，第99議会（1985年）[1]で，11602件の法案が提出され，その内実際に法律となったのは664件で5.7％にすぎない。一議員当たり22件以上で，共同提案となれば一人の議員が作成し，関係する法案は非常に多くの数となる。

ADA法案がどのように作られたのかを見てみると，ADA 1988年版の草案を作ったのはNCD（アメリカ障害者評議会）である。NCDは1984年のリハビリテーション法の改正で，一定の独立した権限を与えられた，大統領の任命による障害者に関する包括的な評価と問題提起を行う機関である。当時のNCDのスタッフであり弁護士のバークドルト（Burgdort, R.）が，事務局長であり障害当事者であるフリーデン（Frieden, R.）と共同で作成したと言われている。またそれを修正して1999年版ADA法案を作ったのはケネディ（Kennedy, E.）上院議員の事務局スタッフであり，公民権問題を統括していたオーソリニック（Osolinik, C.）と，ハーキン（Harkin, T.）上院議員の上級スタッフで，障害者小委員会の主席弁護士をしていたシルバスタイン（Silverstein, R.）であった。

これを逆から見れば，それらの法案を作成するスタッフをもつ議員達と常にコンタクトをとって，その法案作成に自分達の権利や利害に基づく何らかの影響を与えようとする活動（ロビー活動）をする事は，ステイクホルダーAである障害者団体のみならず，サービス提供者であるステイクホルダーBを含むすべての利益団体の重大なアドボカシー活動なのだ。

ところが日本では議員立法は少数で，しかもほとんどが成立しない。一方，関係省庁の担当課の係長クラスが作成したものが，最後の内閣法案局のチェックを経て法案として提出される内閣提出法案はほとんど成立することになる。（ちなみに2000年の第147通常国会において提出された議員提出法案は，衆参両

議員提案56件で内17件成立，内閣提出法案97件で内91件が成立となっている。衆参合わせて750名以上の議員がいて56件しか議員提案法案がないことは，アメリカと比較すれば，驚くべきことである）。つまり議員に対するロビー活動などというものは，ほとんど何の意味もないことになる。

議員が法案を作るためには，議員達は自らの内にさまざまな有能なスタッフをそろえる必要があるだけでなく，さまざまな民間団体のシンクタンクを活用して，自らの法案の根拠付けや理論化をはかる必要が生まれる。一方，ステイクホルダーAの障害者団体等も自分たちの要求を通すためには，ステイクホルダーB・Cといった他の市民も納得するような理論化に基づく政策化，法案化と，それを裏付けるような資料やデータを準備することが必要となってくる。そのために障害当事者によるシンクタンクであるWID（世界障害者問題研究所）やDREDF（障害者権利教育援護機関）やILRU（自立生活調査機構）が設立され，あるいは障害当事者を支援するシンクタンクであるInfoUse等が設立された。

つまりはロビー活動はそのような法案を作成することをその主な任務とする議員達に，より望ましい政策や法案を公約させたり，提案させたりする政策提言力を身につけさせるのだが，これまでの日本の障害者団体は，日本の政治状況に規定されて，一部与党政治家と結託してボス交渉を行うボス交団体であらざるを得なかったわけである。日本的政治状況が，政策提言力というエンパワーメントを障害者団体から奪ってきたのである。

わが国の大きな障害者全国団体は，その生誕や組織改編等のプロセスの中で，システム的にも財政的にも関係省庁と議員の関与やサポートを受けている。そのことが大きな全国組織が制度・政策を自ら提言するというよりも，与党政治家等に陳情して，制度・政策は国にお任せし，そのできた制度・政策を全国に普及・啓発，さらには自ら実施・実行する場合が多かった。

一方，その時の与党の制度・政策に批判的な多くの障害者団体も，アメリカのような2大政党制ではないがゆえに，その批判的視点が制度・政策に反映されるルートを持たず，その批判的視点を実現可能な制度・政策提言として練り

上げる土壌は育っていなかった。

しかし近年の，自民党の一党支配の崩壊と，海外の状況等を知る若手議員達の登場や当事者活動や市民活動を経験したことのある議員達の誕生は，日本の政治に変化を生み出しつつある。

さらに，とりわけ障害者権利運動の高まりのなかで，1999年に「障害者欠格条項を無くす会」が発足し，2000年以降，各団体がかかえる欠格条項問題についての共通理解が進み，たとえば，聴覚障害者の薬剤師免許欠格条項問題等を他の障害者団体が，ヨソの障害者団体の問題と見過ごすことなく，連帯して取り組む状況が生まれてきた。その連帯と共同戦線の一定の成果と高揚をふまえて，障害者権利条約の推進に取り組み，障害者の差別を禁止する国内法の実現をめざす，全国12の障害者団体・関係団体からなる JDF（日本障害者フォーラム）が2004年に結成されたことの意味は誠に大きい。その意味の大きさは，ことあるごとに，JDF の構成団体の分裂・分断を画策し，これまでのように個別に飴と鞭の政策に戻さんとした省庁があったことからも納得できる。それでも，徐々に省庁の政策提言力も飴を配る力も弱体化しつつあり，以前の姿に戻ることは，もはやあり得ない。

また，そのことを受けて既存の障害者団体ではなく，政策提言力を身につけ始めた若い障害者団体が生まれつつあることは望ましいことである。今後の大きな課題は，そのような政策提言力を支援する研究機関やシンクタンクが登場する基盤をいかに整えるかであろう。

「新法優先の原則」の実態は

実際に，その法律案あるいは改正案を作成した担当者やその課の課長と，非公式に話をする機会があると（私のような人間にはそんな機会はめったにないが），様々な問題が見えてくる。担当者や直属課長は，当然その作成や改正の必要性を重々理解しているので，既存の法律とは異なる趣旨を，これまでの法律の中で使われてきた用語を駆使して作成しなければならない宿命にある。

周知のように，法律間には一応「新法優先の原則」が存在する。「新法優先

の原則」とは，形式的効力が同じである法令の規定が，相互に矛盾・衝突する内容であったときは，新しく制定された法令の規定が優先して適用されるという原則である。ところが，わが国の優秀なる省庁担当者は，「一般法—特別法関係」以外の一切の法律間の相互矛盾・衝突を容認しない。つまりはプロとして，新法を作成する際は，「所管事項の原則」の範囲内のすべての法律との整合性を計りながら，新法を作成しなければならないのだ。もちろんどうしてもそうはいかないことが起こる。新しい問題に挑戦するのだから当然と言えば当然である。

例として2000年に全面的に改正された「社会福祉法」を取り上げてみよう。その第1条の目的にこうある。

> この法律は，社会福祉を目的とする事業の全分野における共通的基本事項を定め，社会福祉を目的とする他の法律と相まって，福祉サービスの利用者の利益の保護及び地域における社会福祉（以下「地域福祉」という。）の推進を図るとともに，社会福祉事業の公明かつ適正な実施の確保及び社会福祉を目的とする事業の健全な発達を図り，もつて社会福祉の増進に資することを目的とする。

ここで「福祉サービスの利用者の利益の保護及び地域における社会福祉」を「地域福祉」と言い換えている問題である。確かに「地域福祉」の定義らしきものは，従来の法律にはなかったのはその通りである。そして，今後のわが国の社会福祉を地域福祉として展開せんとする，その意気込みや良しである。

ところで，「福祉サービスの利用者の利益の保護」は地域福祉なのか？　これを地域のオンブズパーソン活動等を含めた展開として，条文から読めるのであればまだしも，そうでなければ，これは，福祉サービスにおける権利擁護活動の全体をさすのであって，地域福祉には限定できまい。

いやそれは筆者の読み違いであって，「福祉サービスの利用者の利益の保護」は「地域福祉」にはかかっておらず，「地域における社会福祉」だけが「地域福祉」にかかっているのかも知れない。とすれば，これはもうほとんど「地域における福祉」を「地域福祉」と呼ぶという，トートロジーそのものではない

か。

　そこには「地域住民主体」「相互エンパワーメント」「地域自立生活支援」といった重要な理念が欠けているではないかと，実は担当者にたずねたことがある。

　その時法案作成担当者に，「では，研究者の総意として，これが"地域福祉の定義"です，というものをもってこれるのか。それがあったとして，また我々がそれを納得したとして，今度は内閣法制局で，その言葉が，既存の言葉ではなぜ表記できないのか，あるいはどうしても新しい言葉として組み入れられた場合，他の表記とハレーションを起こす心配はないのか等々が問われて，ほとんど生き残れないのに」と逆に問われてしまったことを思い出す。

　概念も一定熟して研究者の合意，さらには一定の国民的合意がなければ，時の政治家や省庁担当者が，新しい法律にその新しい言葉を盛り込むことがいかに困難かを，実感した次第である。

　これは，法律の設計・獲得のところで展開すべき事項であるが，わが国の「新法優先の原則」は「旧法優先の原則」と何ら変わりない。これは，新法を作成するに当たって，「所管事項の原則」の範囲内のすべての法律との整合性を計り，旧法との齟齬をなくし，関連する旧法でどうしても改廃が必要な部分はすべてそうするからである。この根気のいる作業は，一見当然の作業のようにも見えるが，そうでもないらしい。

　アメリカのごとくに内閣提出法案がなく，議員のみが提出権を有するような場合には，毎年1万件以上の法案の細部までチェックが及ばず，通過する新法が旧法と多少の不整合はやむなく起こるので，後の調整が，一部は裁判の判例等でなされるのだ。

　わが国の場合には，基本的に旧法と新法との整合性は事前に担保してあることが想定されており，もし整合性が取れない場合があるとしても，けっして「新法優先」とはならない。基本的に矛盾や不整合があってはならないのだから，矛盾や不整合の可能性は，法の解釈によって埋められてしまう。それも，アメリカのように司法ではなく，時の政権とそれを支える省庁の解釈で埋めら

れてしまうのというのが，わが国の手法である。だからこの国では死んでいない旧法があれば，それは新法と矛盾しないから生き残っていることになり，実態としては「旧法優先」ということになる。

　存在する旧法の言葉や概念をできる限り死守せんとするのは，新法との矛盾・不整合をなくすためであり，その矛盾・不整合を政治や司法や他のスタイクホルダーに突かれて，そのコントロールの牙城に影響を受けないためである。

　これが，まさにわが国の省庁権力保持のための最大の武器であり，立法や司法が一歩後れを取る最大の理由であろう。

　イエスの言葉ではないが，「新しいぶどう酒を古い革袋に入れる者はいない。そんなことをすれば，革袋は破れ，ぶどう酒は流れ出て，革袋もダメになる。新しいぶどう酒は，新しい革袋に入れるものだ。そうすれば，両方とも長もちする。」（マタイ　9-17）を言いかえれば，

　「新しい理念をふるい法・制度に持ち込む者はいない。そんなことをすれば，新しい理念は腐り，古い法・制度も機能不全を起こす。新しい理念は新しい法・制度に組み込むものだ。そうすれば，両方とも長く機能する」ということか。

　しかし，イエスもいやというほど味わったように，古い革袋が，新しいぶどう酒を痛めつけ，やがてしっくりいっていたはずの古い革袋のなかの古いぶどう酒が腐り始めると，新しいぶどう酒の腐敗もまた避けられない。革袋というものは一般に，徐々に発酵を促進させ，一定以上時間を経ると腐敗を促進する。では，新しい皮袋は，いったい誰が，どのように準備するのか？

　3権分立もうまく機能しない，チェックアンドバランスの仕組みも持たないわが国において，どのようにして，新しい酒を発酵させ，それにふさわしい器を創出するのかが，私たちの課題である。

2 権利擁護とエンパワーメントを定着させるために

この国では「権利」概念はご法度なのか

　私たちは，この四半世紀以上にわたって，いやというほど，法律に権利概念を組みいれるための，活動を行ってきた。そしてその度に，関連省庁の様々な抵抗にあい，それらは実現することが叶わなかった，などと言えばかっこいいが，要は戦いきれなかったのである。

　これまで見てきたように，この国の法律の設計から運用までそのキャスティングボードを握っているのは関係省庁であり，法の解釈を勝手に行い法律の施行規則から運用通知までを勝手に作りそれを実際に施行する地方行政の一定範囲内の裁量権を用意するところにまで，彼らの権力は及んでいる。

　そのために，彼らが考え付いた，戦略はきわめてシンプルなものである。

　要は法律はできる限り政治家に関与させないために，旧法に則って単純不明解（？）なものにしておき，その時々のニーズに合わせた解釈は，行政裁量で行いまたできる限り司法に関与させないために，裁判規範性をもつような，市民や事業者やサービス利用者の権利性を帯びた表記や，行政側の必要な裁量権を縛るような理念性を帯びた表記は認めない戦略なのだ。要するに，自分たち以外のすべてのステイクホルダーを骨抜きにしたいのだ。

　この壁は厚い，というよりもすべてはこのためにしくまれたしくみなのだ。

　ここではそれを2011年の障害者基本法改正での攻防を例にあげて見ておこう。

　この攻防は２つの意味でとてもエキサイティングで分かりやすかったと言える。

　１つは，障害者基本法のとりまとめ所轄省庁が内閣府であり，関連条項ごとに，関係省庁との折衝があり，それらが，普段の委員会ではあり得ないほど，生々しく語られ，見られたことである。

　もう１つは，いい意味でも，悪い意味でも，政権交代の初期の混沌とした躍動感や期待感の中で，民主党政権が落とし所を見定めることができず漂流し始

めた。そのような，アンコントローラブルな状態で，障害者団体と障害者を含む内閣府事務局が，文字どおり，各省庁と落とし所を探る経験をしたことである。

　たとえば，障害基本法第3条2「全て障害者は，可能な限り，どこで誰と生活するかについての選択の機会が確保され，地域社会において他の人々と共生することを妨げられないこと。(後略)」とあるが，これは，障害者権利条約第19条を「(a)障害のある人が，他の者との平等を基礎として，居住地及びどこで誰と生活するかを選択する機会を有すること，並びに特定の生活様式で生活するよう義務づけられないこと。」（川島＝長瀬仮訳，2008年）一定意識した表記ではある。

　違いはただ一つ，「可能な限り」という文言が，あるかないかである。この言葉は，2つのことを意味する。

　① これは，一般的な権利ではないということを意味する。

「可能でない存在を前提とした選択権が，選択権として成立しないことは，明白である。」「いや，Aさんの場合だけが可能でないのであって，それ以外には選択する権利と読むことは可能だ。」「では，そのAさんとは，誰のことであり，誰がそれを判断するのか」「そのAさんが誰かを判断し裁量する権限を，行政が持っているとしたら，それは，権利なんかではなく，ただの配慮規定にすぎないのではないか」「いやそもそも，この法律は一般法と違って基本法であり，具体的な権利を規定するものではなく，一般法の準拠すべき理念を示すだけだ」「いや，もしそうなら，なぜ，ここまで厳密に『可能な限り』規定を表記してきたのだ」「おそらく，裁判規範性のある恐れのある表現は，これをすべてクリアできるように，最新の注意を払っただけだろう」「しかし，障害者権利条約は障害者基本法の上位法であって，大きな矛盾は，許されないのではないか」「いや，社会権的部分については，各国の国情に合わせることが許されているはずだ」「いやいや，そうじゃない，この部分は，社会権でなく，移動の自由や居住の自由の関する自由権であり，一切の制限を設けることは，自由権の侵害に当たり，いかなる国においても許されざることだ」この最後の

第7章 わが国の法制度の生成過程からみる権利擁護とエンパワーメント

図7-1 アメリカと日本におけるPAとSAの明確さの違いについて

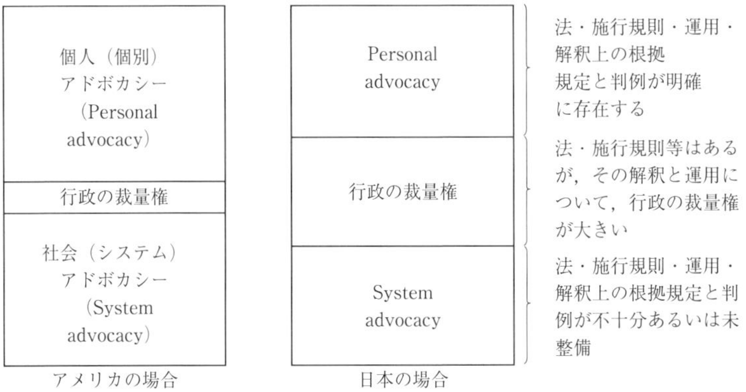

アメリカの場合	日本の場合	
個人（個別）アドボカシー（Personal advocacy）	Personal advocacy	法・施行規則・運用・解釈上の根拠規定と判例が明確に存在する
行政の裁量権	行政の裁量権	法・施行規則等はあるが、その解釈と運用について、行政の裁量権が大きい
社会（システム）アドボカシー（System advocacy）	System advocacy	法・施行規則・運用・解釈上の根拠規定と判例が不十分あるいは未整備

出所：筆者作成。

論は，正鵠を射てはいるが，この自由権は一定の合理的配慮を必要としていることもまた確かである。

② これは行政に一定の恣意的な裁量権を残した表記である。

問題は，その行政の裁量権の大きさの問題である。図7-1で示したように，一定の行政判断を伴う行政処分において，その判断の根拠となる，法・施行規則と，それに対する解釈が，厳密な根拠規定と判例が明確に存在すれば，その法の及ぶ範囲においてはばらつきがなく，一定の権利性が担保されているといえる。

この領域とは，第1章の権利擁護の領域で言えば，個別の権利救済（パーソナルアドボカシー）が可能な領域である。一方，そのような権利に関する根拠規定がないもしくは不十分な場合は，そのような権利形成・獲得（システムアドボカシー）が機能する領域である。

この2つの間には，図7-1で示したように一定の行政の裁量の余地があるわけだが，これまでの日米での調査研究の実感として，わが国の行政の裁量権は，アメリカと比べて広すぎるように感じられる。その理由として明確なことが2点ある。一つ目は裁判判例の多さと，それが規定する部分が，アメリカの方が圧倒的に大きいことがあげられる，その理由については，本章前節に説明

した。2つ目はアメリカの情報公開は徹底しており、たとえば、カリフォルニア州のIHSS（在宅支援サービス）のサービス支給量に関して、障害者団体は、アセスメントソーシャルワーカーが使用しているアセスメントに使う解釈マニュアルを手に入れて、その勉強会等も行っており、不服申し立てに至る以前に、協議・調整システムが一定機能するのは、それがあるからである。

　これは言うまでもないが、一切の裁量余地のない権利としてのエンタイトルメントでない限り、すべての決定は、最終的には行政が責任を負う行政処分であり、このこと自体は間違いとは言えない。いかなる国家においても、予算は無限にある訳ではないがゆえに、最終的にどこまでやるのかの判断は、行政が責任を負う行政処分となるわけだが、デモクラシーとはつまりはその決定に至る手続きと不服申し立ての手続きにおける本人参加・参画の保障であり、その使いやすさの問題なのだ。よく話し合い、最大限本人や家族の意見を尊重いたしましたが、結局折り合いがつかず、行政や教育委員会の判断で決定いたしました、ではだめなのだ。

まずは不服申し立てシステムを構築すべし

　ここで、私が考察する不服申し立てのしくみと手続きとは、福祉や教育といった行政判断と行政処分が関与する支援サービスについて、どこで、誰が、どのような質と内容の支援サービスを、どの程度、誰のチェックとコントロールの下で創出するのか、という問題である。

　「教育委員会と本人や家族との話し合いの結果、折り合いがつかず、行政や教育委員会の判断で決定いたしました、ではだめ」だ、と書いたが、行政処分権が行政にあることは、その前提にあり、その決定に対する不服申し立ての仕組みと手続きが民主主義の前提だというにすぎない。

　私は以前に『障害者総合福祉サービス法の展望』（ミネルヴァ書房、2009年）で、介助サービス等の福祉支援サービスについて、サービス支給決定における協議・調整モデルをふまえて、その決定に対する不服申し立てシステムと権利擁護システムについて、アメリカのPH（Public Hearing：行政裁判的公聴会）

制度も ALJ（Administrative Law Judge：行政審問官）制度もない中で，そのエッセンスを取り入れた制度設計をあえておこなった。私たちの国と国民が，その福祉制度を行政主導の措置制度から，ともかくも利用者の意向に基づく支援サービスとの利用契約制度に転換したからには，これらの制度設計とその成熟が，利用者本人のエンパワーメントにとっても，支援サービス提供者のエンパワーメントにとっても，必要不可欠だと考えたからである。

今後，サービス利用者本人が，本人の生き方をサポートできる相談支援員と共に作り上げた本人中心支援計画（サービス等利用計画）をめぐって，行政担当 SW（ソーシャルワーカー）と真摯に協議・調整するためには，この3者の成熟なくしては成立しない。

カリフォルニア州のカリフォルニア障害者権利センター（Disability Rights California）が作った「知的・発達障害者の権利法（Lanterman Act）の権利」についての，500ページを超える Q and A 方式の解説書の第6章のQ14は，その意味で極めて意味深長である。少し長くなるが，全文をみてみよう。

「Q14：私の家族と私は，政府とことを構えることはよくないことだと考える国から来ました。私たちは地域センター（RC）と無用な波風を立てたくありません。私たちは恩知らずだと思われたくないんです。もし私たちが必要なすべてのサービスが得られなかったと感じたら，不服申し立てをすべきなんでしょうか？

A14：あなたがRCの決定に不服申し立てをするからといって，無用の波風を立てているのではありません。あなたとあなたの家族は，あなたが必要なサービスを受ける権利（Entitlement）があるのです。多くの場合は，何が必要なのかについて，両者に同意できない部分があるだけです。そのことで，RCはあなたを傷つけようとしているのではないのです。また，あなたが必要以上のものを得ようとしているのでもないのです。両者はあなたの必要（ニーズ）について異なる意見を持っているだけなのです。アメリカの司法システムは，争いごとは活発な議論を尽くして解決されるという，論証型システムとして組み立てられているのです。これを，個人

間の問題と考えないでください。これは，お互いに自分に立場を強く主張しているという仮定のもとで，議論に決着をつける一つの方法にすぎません。たとえば，行政裁判的公聴会（PH）では行政審問官（ALJ）が，RC はあなたにお構いなく自分の立場を強く主張するものと想定しますし，あなたは RC にお構いなく自分の立場を強く主張するものと想定します。このやり方は，両者に十分公平に議論することを保証することがねらいです。ALJ は，そのことによって，明確に事実を捉えることができるのです。その理解した事実に基づいて，ALJ は発達障害者権利法に準拠して決定を下します。あなたが誠実に事実を述べる限り何も心配することはありません。あなたは，あなたが公聴会で訴えたサービスを得るかもしれませんし，得られないかも知れません。しかしそのことで，RC があなたに報復したり，罰したり，あなたの他のサービスを引っ込めたりすることはできないのです。」[2]

ここには，まさに私たちが求める協議・調整モデルと，それに伴って必要となる不服申立システムと権利擁護システムの4つの基本原則（①～④）が述べられている。この基本原則は，アメリカだけでなく，わが国の障害者支援においても，普遍的な原則である。

準拠する権利法が存在すること（①）

そこに，一定のサービス受給権が存在しなければ，行政のソーシャルワーカーに無限の裁量権を付与してしまうことになり，それでは協議・調整ではなく，懇願・請願になってしまう。また行政のソーシャルワーカーにとっても，一定の権利性をもつ判断基準がなければ，判断の根拠も責任が取りようもなくなってしまう。ただし，ここで言うサービス受給権とは例えば，それが介護保険のように，要介護認定区分が極めてシステマティックに決定され，その区分ごとに定める限度額の範囲が受給権だということではない。サービス受給権とは，その法が定める目的に見合った支援サービスを，それを必要とする一定の要件を満たした利用者に権利として給付することを意味する。

サービスを使いこなして地域自立生活をする利用者に当事者性が存在すること（②）

　協議・調整モデルの主人公であるサービス利用者は，自分のよって立つ当事者性，つまりは，サービスを使いこなして地域自立生活の主体となることが求められる。自分の主体的な生き様を明確にしなければ，行政のソーシャルワーカーは本人の生き方やそのエンパワーメントを支援しようがない。様々な体験と関係性の中で，ある種の選び取りは不可欠なのだ。それが，ある体験や関係性に強く影響されていたとしても，それが問題ではないのだ。そんなもの，人生ではよくあることだ。問題は，やり直しや修正がきくかである。そのためには，様々な体験のチャンスや人間関係の広がりが大切である。先に紹介した「知的・発達障害者の権利法の権利」（カリフォルニア障害者権利センター）の中での一例にもあるように，自分を出すこと，自分のしたいことを相手に説得力を持って打ち出すことが大切である。つまりはセルフアドボカシー（自分の思いを説得力をもって打ち出すこと）が大切になる。支援の費用は基本的に税や社会保険といった公費であり，無限にあるものではない。本人中心支援計画の法的根拠や財源の裏付け，さらには，自分によく似たニーズをもつ人の本人中心支援計画の一般的傾向や特別に多くサービスがついたケースの理由などを知っておくことは大切である。

行政のソーシャルワーカーに，ソーシャルワーカーとしての専門性が存在すること（③）

　行政のソーシャルワーカーに一番求められているのが，障害者とのコミュニケーション能力である。たとえばカリフォルニア州はまさに人種・民族・宗教・文化のるつぼでもあり，二重の意味でコミュニケーション能力が求められている。それと，それ以上に求められるのが，準拠する権利法の理念・目的の理解と，本人中心支援計画（サービス等利用計画）の何たるかを熟知していることである。つまり，自分の立つ法的根拠と自分の属する自治体のポリシーとそして，利用者のエンパワーメントを支援するソーシャルワーカーの専門性が

すべてであり，その絶妙のバランスの上にその業務は成り立つと共に，相手方のサービス利用者との関係性のなかで，本人中心支援というまさに協議・調整モデル型の支援が誕生するのだ。

　大切なことは，限りなく本人の立場を尊重しながら，そのサービスの法的根拠と財源も含めた自治体のポリシーとのバランスを取ることである。その際，本人のすべての思いに必要なサービス量を給付できなかったり（Um-met Needs），あるいはそれはちょっと違うよなと否認したりするかもしれない。私たちは，いったん障害者の話に耳を傾けてしまえば，それを応援したり，実現できないことは，こちらに非があり，自分が間違っていると思いがちである。確かに，サービス量が圧倒的に少ない間はそうであらざるを得なかったともいえる。

　困るのは，真剣に耳を傾ける者が燃え尽き，いい加減な対応をする者が生き残ることである。それでは，いつまでたっても行政やヒューマンサービスの現場はよくならない。つまりは，耳を傾けても，そのすべてを応援する必要もないし，そんなことはそもそも不可能なのだ。障害者を特別なかわいそうな人と見てはいけないのだ。そもそも，その人の思うことや希望することがすべて応援できたり実現してしまったらそれこそ気持ち悪いだろう。人間も社会も，もう少しあいまいで，複雑な存在に違いないのだ。

不服申立が簡単にでき，双方に罪悪感がないこと（④）
　おそらくこれが私たちには，最も難しいように思われる。先に紹介した「知的・発達障害者の権利法の権利」（カリフォルニア障害者権利センター）の中での一例にもあるように，訴えられた方は難癖をつけられた，ケチをつけられたと思いがちだし，訴えた多くの方も，これから付き合いづらくなりそうだ，何か他のことでいちゃもんをつけられるかもしれないと気を揉むに違いない。

　ここではある意味で，あっけらかんとこう答えている。「そんなもの個人の人間関係の問題じゃないんだ。単に，あなたが必要だというニーズについて，相手は意見が違うだけなんだ。だから，精一杯資料や仲間を集めて，自分の意

見の正当性を言えばいいんだ。相手も同じようにするだろうから。それで，両者の意見をその根拠や証拠に基づいて行政審問官（ALJ）が判断するから，自分の意見が認められればめっけ物じゃないか。だめでもどうせもともとだしね」といった風なのだ。わが国でこんな風にこれからやれるのか，かなり時間が掛かりそうな気もするし，案外すんなりと受け入れられそうな気もする。

　実は，わが国で，アメリカのこの不服申し立てシステムにあたる可能性を有するのは，障害者総合支援法（平成26年）の第22条（支給要否決定等）２及び３の市町村審査会であろう。
　　２　市町村は，支給要否決定を行うに当たって必要があると認めるときは，厚生労働省令で定めるところにより，市町村審査会（中略）その他厚生労働省令で定める機関の意見を聴くことができる。
　　３　市町村審査会，身体障害者更生相談所等又は前項の厚生労働省令で定める機関は，同項の意見を述べるに当たって必要があると認めるときは，当該支給要否決定に係る障害者等，その家族，医師その他の関係者の意見を聴くことができる。
　つまり，介護保険の要介護認定における認定審査会とは違って，障害者総合支援法の市町村審査会は，２つの業務を行なうことになっているからだ。
　一つ目は，介護保険と同様の障害支援区分の２次判定であり，２つ目は，ホームヘルプなどの時間数が市町村で決めた支給基準よりも多い支給量が必要となった場合（＝非定型な支給決定案の場合）にそのサービス水準が適正か，支給決定の前に市町村は審査会に意見聴取し，支給決定することができるとされているからである。
　それは，支給決定前とはいえ，本人と相談支援専門員と関係者が，本人の希望や目標に基づいて作成した本人中心支援計画案（サービス等支援計画案）が，市町村の支給基準ガイドラインを超えているために，市町村のソーシャルワーカーがその判断に資する意見を認定審査会に求める場合であると思われる。つまりは，明確な不服申し立てという形ではないものの，第３者を通じて，本人

のサービスに対する希望と自治体ソーシャルワーカーの判断それぞれの見解を提示して，今度は第三者機関がそれに基づいて一定の判断を提示することになる。その際，障害者本人や相談支援専門員と行政の担当ソーシャルワーカー双方の意見のヒアリングと質疑及び必要な情報の開示なくしては，認定審査会の専門委員は判断ができないであろうが，障害者総合支援法22条3は，障害者本人等の関係者の意見を聞くことが担保されており，形は整っている。後は，自治体の運用次第と言える。

注
(1) 阿部齊編著『アメリカの政治』弘文堂，1992年，61-62頁。
(2) これは2008年当時のバージョンの訳文である。最新の2012年バージョンでは，順番や表現が若干変更されている。

終　章

「本人と支援者の相互エンパワーメント」実践の展開

エンパワーメントという言葉がもつ重みと広がり

　最後に，これまでの章で取り上げてきた論点を整理して，その全体像を示しておきたいと思う。各章ごとに，大きな制度改革の物語と，それぞれの「本人と支援者の相互エンパワーメント」の物語とがないまぜになり，読者には少々苦痛を強いてしまったかも知れないとも思うからである。だがそれは，そもそも「エンパワーメント」という言葉のもつ重みと広がりのゆえである。

　エンパワーメントは，第4章で定義されているように，「自分らしく・人間らしく共に生きる価値と力を高めること」を意味する。そこでも説明したように，エンパワーメントという言葉が生まれた歴史的背景には，黒人や女性達が置かれていた差別的状況に対するシビアな認識と，それに対する長期にわたる権利獲得運動がある。つまりは，「自分らしく共に生きる価値を高める」という「自己実現」の側面は，「人間らしく共に生きる力を高める」という「権利実現」の側面なくしては，実現不可能なのである。

　筆者がかつて，エンパワーメントを「自己・権利実現」と訳したことを，変えたわけではない。その表現がやや生硬な感じがしたのと，企業等の職員エンパワーメント研修で，「能力開発」「自律性促進」という個人の機能・能力の訓練・開発のように捉えられている危うさに対して，ICFで言うところの，参加や役割を促進する社会的・環境的要因を含めたインクルーシブなイメージを，「共に生きる価値」という表現でより明確にしただけである。

　エンパワーメントの物語は，社会的・環境的要因としての社会制度・政策の改革と，その改革自体を主体的に担いながら，その改革の権利性をふまえて，

一人ひとりの「自己実現」「価値実現」が同時に展開されるので，大きな物語と一つひとつの個別の物語が，このようにないまぜにならざるを得なかったのだ。

第1世代以降の世代の難しさ

　とは言っても，気になることがある。それは，この2つの物語を担う主体の問題である。

　このことで思い出すのは，1991年にジュディー・ヒューマンと共に参加させてもらった，カリフォルニア自立生活センター協議会（CFCIL：現在21の自立生活センターが加盟）の事務局長会議である。私はそうそうたる顔ぶれのみを予想していたが，それがみごとに裏切られた。私は，日本に来る錚々たる自立生活運動の闘士の集まりをイメージして期待していたわけだが，もちろん期待どうりの面々もいた。しかしどちらかと言えば活動家というよりも小事業家と言った感じの障害者が多くて，ちょっと面くらったことを思い出す。

　当時ジュディーたちが，世界障害者問題研究所（WID）で真剣に取り組んでいるプロジェクトが，次代の障害者運動を担うリーダー養成プログラムの開発であったのは，このことと無関係ではない。

　1970年から始まったアメリカの自立生活運動も20年を経過して，連邦政府からの自立生活センター（CIL）のプログラムに対する助成金と所得保障制度を獲得した。また，各州バラバラではあるが，一定の重度障害者に対する介助制度を獲得してゆく中で，その運動の中心メンバーであった第1世代から第2世代へのバトンタッチの移行期でもあった。そして，時にはバトンタッチがうまく行かない状況のなかで，補助金をビジネスライクに運営するCILも登場してきたとのことであった。

　それはわが国においても同様であり，大きな物語（制度改革等）に取り組まなければ，自分自身の自立生活もままならなかった第1世代は，たしかに活動家たちの大きな物語と個別の物語がおのずと重なり合った時代であり，その武勇伝には事欠かないのだ。しかし，こじんまりとでもそれなりの地域自立生活

終章 「本人と支援者の相互エンパワーメント」実践の展開

の制度が，大都市圏域ではできてしまった後の第2・第3世代は，ではどうすればいいのか。

第2世代は，それぞれの地域でコツコツと闘うのか，一定の制度が勝ち取られている大都市圏域に移住するかの選択を，まず迫られることになる。

第1世代は，確かに厳しい戦いを強いられていたとはいえ，国際障害者年以降のわが国の変化と，アメリカの自立生活運動というロールモデルと，わが国の右肩上がりの経済・財政状況と大都市の一定の裁量権限等にも支えられた側面があった。そして何より，自分の活動が，他の障害者の権利擁護であり，自分の地域自立生活は，他の障害者のロールモデルであったのだ。

第2世代には，いまだ不十分な制度改革が残されており，第1世代と第3世代との橋渡しのような側面も確かにあろう。不十分な制度が十全な制度になることなどあり得ないとすれば，制度改革の運動の側面は第3世代第4世代と連綿と続くのだとも言える。

実は，これは，第1世代ほど簡単ではない。施設や病院以外の地域での社会資源がほとんどなかった第1世代の地域自立生活運動は，おのれの命と生き様がかかっていたので，共感を得られやすかったというのか，少なくとも真っ向から反対しにくかった。ところが，不十分であれいったん制度ができてしまうと，それ以上求めることについて同意を得ることは，第1世代より困難が伴う。さらに，その制度を使って地域で生活する主体と，その制度の改革をさらに進める運動主体が徐々に分離してくる。そのためにその制度を使って，どのような地域での自立生活を創出するのかが問われてくる。各自治体における障害者福祉サービスの支給基準（ガイドライン）との交渉においても，現行の支給基準を上まわる必要性の根拠が，求められることになるのである。

第1世代は，運動をしなければ地域での自立生活はあり得なかったのだが，以降の世代においては，しない者にも曲がりなりにも地域自立生活はあり得る。これは，すべての権利運動におこるフリーライダー問題だと言えるが，私はフリーライダーを悪者扱いする気はさらさらない。むしろ，どんなに大変であっても第1世代は，大きな物語を演じれば，個人の物語は成立できたのだ。それ

以降の世代にとっては，先輩たちにお膳立てされた制度をふまえながら，それぞれの物語を演じなければならないのだ。それは，障害者本人の権利だから，どう使おうと本人の勝手だとは言うものの，第2世代以降は，制度を活かして，どう生きるかは，第1世代より難しいのだ。

青葉園にみる本人らしい「参加と役割」支援

それでも，「自分らしく・人間らしく共に生きる価値と力を高めること」を意味する本人のエンパワーメント支援が，意思決定・表明支援の第一原則や，その社会のその年代・性別の市民の一般的な参加と役割の幅（広がり）というICFの社会達成基準に基づくとすれば，自ずとそれは，本人が選び取った本人らしい「参加と役割」を支援するということになる。

そして，このことは，再度青葉園のメンバー達の物語へと帰ってゆく。青葉園のメンバー達一人ひとりの選び取った「参加や役割」とは何なのか。

さらに，本人らしい「参加や役割」とは何なのか。

明確なのは，その社会のその年代・性別の市民の一般的な参加と役割の内の「特定の参加や役割」を，青葉園のメンバー達は強制されてはいないし，強制されてはならないということだ。私は，日本の30代の男性は一般的に就労しているのだから，青葉園の33歳のMさんも就労しなければならないと言った考えには立たない。「その社会のその年代・性別の市民の一般的な参加と役割の幅（広がり）」は，選択肢の広がりとして想定されており，様々な市民の生き方・生き様が存在することは周知のとおりである。その大きな幅と広がりを十分に活かして，「自分らしく・人間らしく共に生きる価値と力を高め」ていけばよい。そして，その生き方・生き様はそれこそ千差万別なのだが，その年代の市民に一般的な参加と役割として，就労がその中心を占めることもまた事実である。重度の障害者だから就労不可能といった考えかたは，間違っている。Mさんが，さまざまな経験の中から，就労したいという意思決定をしたとすれば，そのことを支援することが，支援関係者と私たちの社会の共同事業であろう。そして，本人にそのような意思決定がありうるのは，そもそも私たちの社会や

支援者に，どんなに重い障害者においても，様々な就労の展開と可能性のあることが想定されていなければならない。私には，青葉園のすべての職員がそうあってほしいと思うのだ。もし青葉園の職員が，青葉園のメンバーたちの障害の重さや医療や福祉の支援の大変さと，地域社会の青葉園のメンバーたちに対する理解や受け入れ状況を嫌というほど知っているがゆえにその可能性を想定していないとすれば，そのことは，それぞれの障害者はその障害の程度に応じた人生があるといっているのと，同じことを意味する。もっと言えば，それぞれの人間は，その病気や障害の分に応じた生き様があるといっているのと同じだ。

そうではあるまい。

多くの熱心な支援者の最大の過ちは，「〇〇の病気をもつAさん」や「××の障害をもつBさん」の事例検討や支援計画を立てる所からうまれる。

それでは，そもそも「医療・リハビリテーションモデル」の認識構造にどっぷりとはまり込んでいるのだ。そうではなく，本人のエンパワーメントを支援すると言うことは，「その社会のその年代・性別の市民の一般的な参加と役割の幅（広がり）」をふまえて，「ほんとうは，〇〇の活動に参加したいAさん」や「やっぱり，××の役割をやりたいBさん」の社会参加・役割支援をすること以外にない。

だから私たちは，「××の役割をやりたいBさん」を支援するがゆえに，まず本人の希望に基づく本人中心支援計画を立て，Bさんの障害や，病気が，Bさんの希望を裏切らないように，医療・リハビリテーション計画等の個別支援計画にも，必要な敬意と努力を払うわけだ。

どこに物語の信をおくのか

今，大きな2つの潮流が，一見静かにだが，実際はその深い所で激しくぶつかり合っている様に私には思われる。それは，人間ひとり一人の物語に信をおく支援や活動の潮流と，国家を含む社会の大きな物語に信をおき，人間一人ひとりの物語は大きな物語への貢献度や，大きな物語からの恩恵として計られる

とする潮流である。

　確かに，大きな変革期の時代においては，この両者がすさまじいうねりとなってぶつかり合い，個々のエンパワーメントと大きなエンパワーメントは融合して，パラダイムチェンジを成し遂げるかもしれない。だが，この本の最初に述べた様に，大きな虚構の物語は滅び去ったということを忘れてはならない。大きな宗教やイデオロギーが，その権威主義的構造の中で，個々の行き様，一つひとつの物語を支配・コントロールする時代は終わったのだ。政治・政党・イデオロギーにせよ，宗教・信条にせよ，ビジネス・金もうけにせよ，そのためにたとえ一人でも人を手段として扱うことを許容している時代は終わらせなければならない。

　だが，その後釜を死守せんとするステイクホルダー達に気をつけなければならない。とりわけ本書の第2章で述べた，ケアといった言葉を巧みに操って，一見やさしげで何でも取りこんでしまう連中は要注意である。

　ここでも，私は，個々の医療関係者や教育関係者や福祉関係者や行政関係者を問題にしているのではない。「人間ひとり一人の物語に信をおく支援や活動」を地道に行っている，まさに「本人と支援者の相互エンパワーメント」の本道をゆく各種専門職支援者や関係者に，私は幾度となく出会ってきたし，これからも出会い続けるであろう。

　大切なことは，ケア同様，常識的な健康や美や若さや賢さや豊かさと言った言葉を操っている輩に踊らされ，操られないことである。様々な時代と社会でこれらの概念の中身も評価も大きく異なっていることは，歴史や地理に興味のある人には，これも常識であろう。

　実際には何の意味も中身もない常識・一般的なきれいごとではなく，今ある個々の現状とそれをそう在らしめているコンテクスト（文脈）から，私たちは始める他ないのだ。いやいや医学の進歩や遺伝子操作（治療）はそれを根底から覆す可能性があると，専門家は言うかもしれない。たとえばその先端治療で，先天性全盲の障害者が視覚を取り戻すことが可能になったとしよう。だが，本人の現状とコンテクストは厳然としてある。どの時代のどの国のどの親から生

終章　「本人と支援者の相互エンパワーメント」実践の展開

まれ，どのような医療制度のもとでどれだけの自己負担が可能かで，まずその先端治療を受けられるか・受けられないかが決まる。さらに，確実性となるとより良い治療とドクターを求めることになり，積める金の違いで成功率や失敗・死亡率も変わってこよう。

　万が一最善の結果が得られたとしよう。ここでも，常識と言うものは愚かなものである。そもそも先天性の全盲の本人は，その人生を視覚以外の感覚を研ぎ澄ませて生きているのであって，視覚を取り戻すのではない。そんなものはそもそも前提にないのであって，人生の途中でそれが突然登場したとして，そのもつ意味など，もともと目が見えてしまっているの私たちにわかろうはずもないのだ。

　高齢で，重い障害や病気をもっている貧しい人は，さぞかし不幸のどん底に喘いでいるはずだ。常識から言えば，そうでなければ理屈が通るまい。ところが，例えば私たちは各地の実践の取組や調査研究から，年齢や障害や病気や貧困の程度が，本人の地域でのエンパワーメントされた生き様や物語とは関係がないことを，実感として知っているのだ。

　例えば，青葉園に通っているTさんは現在58歳のほぼ寝たきりで，様々な医療的ケアを必要とする胃瘻の重症心身障害者であるが，その両親を看取って，今やその両親と暮らしてきた家の世帯主として堂々と暮らしている。そう言うと，「そんなあほなことがあるか」，とむしろ医療や福祉の関係者の方が言うに違いない。医療や福祉の関係者の方が制度実態に詳しいから，そのようなとられ方をしてしまうのだ。ところがどっこい，彼女は，日中は青葉園の諸活動に参加し，夜は大好きな多くのぬいぐるみに囲まれて，彼女と共に歩んできた看護や介助の支援者チームと住み慣れた家で暮らしているのだ。

　5年前の母親が健在だった時までは，日中は青葉園活動に参加し，在宅支援を受けながらも自宅での一定の看護や介助と金銭管理は，母親が行っていた。ここまでのイメージは，地域生活支援を志向する支援者や関係者にもわかりやすい。母親の健康状態が悪化し，他に力になる家族・親族もいないとなれば，重症心身障害児者施設等の病院や施設を探さざるを得ないのが，西宮のような

取り組みのない地域の支援関係者の常識であろう。どっこい，Tさんの場合は，まず，母親が困難になった看護や介助を支援者チームでカバーした。さらに，金銭管理支援を含む意思決定支援のために，後見人として障害者支援の経験のある司法書士をみつけだした。そして，母親が末期がんで入院した最後の1月は，支援者と共にTさんが頻回に見舞いにゆき，その最後を看取り，親族代表として後見人と葬儀を仕切り，火葬場での骨拾いから納骨まで行った。

そして今は，Tさんを中心に医療関係者と福祉関係者が一堂に会する本人中心支援会議（総合支援法のモニタリング会議）を半年に一回と，本人と主な支援者が集まる会議を月に何度か開催し，本人の思いと心身の状態の変化等に対応している。

支援者は本人主役のドラマ共演者

さて，このTさんの生き様・物語は，私たちに何を教えているのか。そう，まずは，年齢や障害や病気の程度が，本人に地域でのエンパワーメントされた生き様や物語とは関係がないことがわかる。

次に，その物語を紡ぐのは，本人とその支援者であり，「本人と支援者の相互エンパワーメント」の物語には，この両者が欠かせないことが分かる。もっとはっきりと言えば，どんなに重度の障害や病気があろうと本人らしく・面白く暮らせる地域と，たとえ軽度の障害や病気でも，施設や病院から戻ってこれない地域があるという，厳然とした事実がそこには存在する。

そして現状では，「本人と支援者の相互エンパワーメント」の物語を阻害するのは，常識にとらわれている医療関係者や福祉関係者や行政関係者と言った支援関係者であり，それは，これまでの支援関係者中心の枠組みでの支配・権威構造に安易に乗っかかってしまっていることに慣れてしまっているからなのだ。

ところが，いったん本人が主人公のドラマ（物語）に共演する配役を受けとめてしまえば，支援者にとっても，これ程に面白い役割もまたとない。第6章で西宮市の本人中心支援計画と本人中心計画会議のあらましを説明したが，本

終章　「本人と支援者の相互エンパワーメント」実践の展開

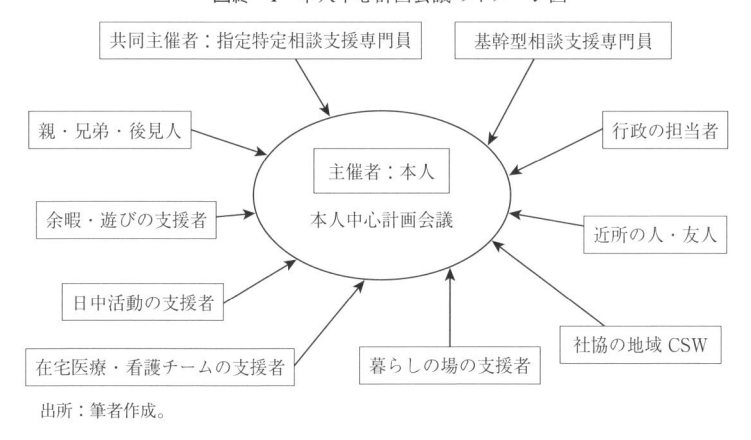

図終-1　本人中心計画会議のイメージ図

共同主催者：指定特定相談支援専門員
基幹型相談支援専門員
親・兄弟・後見人
行政の担当者
余暇・遊びの支援者
主催者：本人
本人中心計画会議
近所の人・友人
日中活動の支援者
在宅医療・看護チームの支援者
暮らしの場の支援者
社協の地域CSW

出所：筆者作成。

人中心計画会議は，図終-1のようなイメージである。ここで，とりわけ面白いのは，これまで，グループホームの世話人・生活支援員をしていた支援者や，通所事業所で指導員・責任者をしていた支援者が，この本人中心会議で，「本人と支援者の相互エンパワーメント支援」として自分たちの個別支援を位置づけられることで，自分たちの役割と価値を実感できることである。要するに「本人と支援者の相互エンパワーメント支援」のサイクルに入り込んで，共にドラマ（物語）を紡ぎ始めるのだ。たとえば，Dさんの本人中心計画における次回までの実行計画で，本人Dさんが母の日のプレゼントとして手作りのクッキーを作ることを目指すことになったとしよう。その会議に参加しているグループホームの支援者Fから，土曜日のおやつ作りのプログラムのことを聴いた日中活動（就労継続B型事業所）の支援者Gは，同じ法人が運営するクッキー作りの通所事業所の活動への本人の参加等を提案して，ぐっと本人の実行計画の実現に寄与できる喜びを味わえることになる。

本人一人ひとりの生き方・ドラマ性が様々であるように，支援者の支援の在り方・ドラマ性も様々である。ドラマティックに生きたい本人には，それをドラマティックにサポートしたい支援者が集まり，もっと静かにゆっくりと人生を楽しみたい人には，それにピッタリの穏やかで細やかな支援者が集まり，

221

ちょっとトラブルの中で激動の不安定期を迎えている本人には，本人を理解・共感しながらその時を迎え打てる支援者が集まれるような，そんな制度設計が求められていよう。

さらに，その求められる制度設計の費用の問題を考えてみよう。

確かに，わが国の入院・入所の日額費用は，アメリカ等に比べて低い。その代わりにべらぼうに入院・入所期間が長い。入院・入所を，病気や障害の急性期状態として捉えれば，その専門家主導の「医療・リハビリテーションモデル」に基づく支援は，短期集中型の方がよいに決まっている。その期間本人は，完全に専門職にコントロールされた状態なので，それが長期間続くと，本人は自分をコントロールする力と可能性を喪失してしまいかねないからだ。また，支援する側も，最善の結果をもとめて本人の自由を奪って支援をする訳で，その結果についてきわめて重い責任を背負っており，最善のチームで最小の時間で行うのが支援者にとってもベストであり，費用的にも効果的にもベストである。

一方，急性期ではない長期にわたる地域での自立生活においては，「本人と支援者の相互エンパワーメント支援」が，その中心的モデルとなる。法・制度の改革と本人と社会との相互の意識の改革が進めば，年齢・性別・障害にかかわりなく，必要でかつ創意工夫がなされた合理的配慮のもとで，本人の個性と可能性に見合った様々な雇用・就労が可能となるにちがいない。

そしてそのことが長期的には投資費用に見合う投資効果を生む時代が，創出されるにちがいない。

エンパワーメントを阻害された場合

最後にもう一度，藤井規之の物語を思い出してみよう。第3章でみた，あの3つの図を，思い出してほしい。

あの最後の図3-5はその後，さらに2つのエンパワーメント関連図終-2，図終-3を喚起してくれた。見慣れた図終-2のエンパワーメントされた本人の図は，説明するまでもあるまい。問題はエンパワーメントを阻害された本人

終章 「本人と支援者の相互エンパワーメント」実践の展開

図終-2 エンパワーメントされている状態

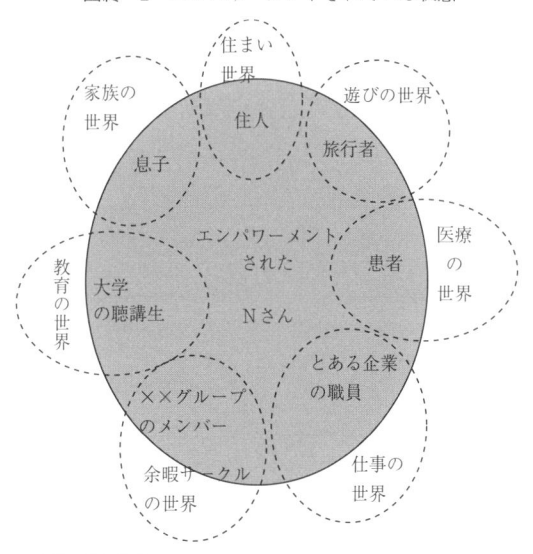

（家族の世界：息子、住まい世界：住人、遊びの世界：旅行者、医療の世界：患者、仕事の世界：とある企業の職員、余暇サークルの世界：××グループのメンバー、教育の世界：大学の聴講生、エンパワーメントされたNさん）

出所：筆者作成。

図終-3 エンパワーメントを阻害されたAさん

（家族の世界：息子、住まい世界：住人、遊びの世界：旅行者、医療の世界：患者、仕事の世界：とある企業の職員、余暇サークルの世界：××グループのメンバー、教育の世界：大学の聴講生、エンパワーメントを阻害されたAさん）

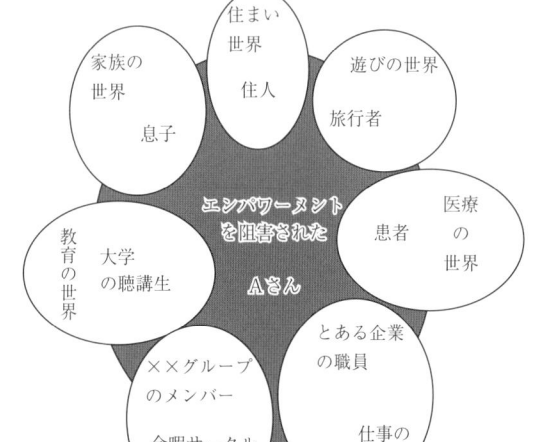

出所：筆者作成。

223

の図終-3のことだ。

　エンパワーメントされた本人の状態図終-2が,「本人の人間関係や社会関係において,自分の意思決定や参加や役割が,自分だけでなく,仲間や社会にも意味や価値があるのだというワクワクとした実感や実態」だとすれば,エンパワーメントを阻害された本人の状態図終-3は,「本人の人間関係や社会関係において,他者や社会に仕切られ,自分自身をコントロールされてしまっているというミジメな実感や実態」を意味するのだが,これは言葉以上に,図のもつ本人がほんとに窮屈そうな,視覚的な圧迫感の方がわかりやすいかもしれない。

　たとえば,図終-2では,Nさんは,アパートで一人暮らしをしており,時にはゴミの日を間違えたり,興奮のあまり叫んでしまって,他の住人や管理人から注意されて,支援者と謝りに行ったりすることはあっても,心配してゴミの日には声をかけてくれる同じ階の住人も現れ,挨拶を交わす住人達とそれなりに楽しく暮らせるようになっている。一方,図終-3では,Aさんもアパートで一人暮らしをしているのだが,ゴミを一日早く出してしまったために,管理人や他の住人からひどく苦情を言われ,誰も助けてくれる人もいなかったので,怖くなって,仕事の行き帰り以外は,あまり表にも出れなくなり,家の中でごみもたまりだして,室内の環境も雰囲気も悪くなってきている。つまりは,図終-3にあるように,住まいの世界の方が出っ張ってきてAさんを仕切ろうとしており,Aさんは,周りに仕切られて,居心地が悪くなっているのだ。

　また,Nさんは,昨年から就労移行支援を経て,とある企業に一般就労をしたのだが,就労移行支援先と就業・生活支援センターの支援者のバックアップと定期的なサポートもあり,職場の担当者に一定の評価をもらい,他の社員ともそれなりの関係が保てており,本人はやる気が保てている。マイペースすぎると一部から苦情もあるが,他の人の分も嫌がらずやってくれるところがそれなりに評価されており,本人も前向きに取り組めている。一方Aさんもとある企業で働き始めたのだが,どこからも支援してもらえず,職場の同僚としっくりいかなくなり始め,いつも緊張した状態で働かざるを得なくなり,そのこと

終章　「本人と支援者の相互エンパワーメント」実践の展開

を相談する担当者も不明確で，だんだん自分はこの職場で必要とされてはいないのだと思いだし，出勤するのが億劫になってきている。

　さらに，Nさんは，以前いた就労継続Bの仲間たちと，ハイキングの仲間の会を作っており，月に1度は，そこで仲間たちと遊んだり話したりして，ちょっとブルーなときにも気分転換ができる。一方，Aさんは，職場で趣味の囲碁の会に参加し，囲碁はなかなかの実力なので，最初は歓迎されていたのだが，同僚からの影口等もあったのか，歓迎される雰囲気から，来るのなら別に拒みはしないよ，という冷ややかな雰囲気を感じはじめて，囲碁自身が楽しくなくなってきた。

　これ以上は展開しないが，私たちの生活が，このような暮らしの世界と，仕事や学びを中心とした日中活動の世界と，アフターファイブやウィークエンド等の余暇・遊びの世界を主な世界としているのは，障害があろうとなかろうと同じであり，それゆえに，本人中心支援（計画）は，この3つの世界を主に取り上げて共に作り上げてきた訳である。

　図終-2のNさんの場合には，この3つの世界を中心として，Nさんが関係する他の世界である，家族の世界や教育の世界や医療の世界でも，それぞれ息子としての役割，大学の単位聴講生としての役割，医院での患者としての役割を，無理なくやれているというのか，相手の世界の論理や要求にコントロールされてしまうことなく，本人の思いや要求をうまく伝えることができている。そのために，自分をおし殺すことなく，少しわがままで心配だが，それなりに愛されている息子であり，大学の単位取得では，レポートの件でもめたりしたが，自分の好きな動物に関係する講義を本人なりに楽しんでおり，かつて歯医者では逃げ回ったために敬遠されていたが徐々にお互いに慣れてきて大きなトラブルはなくなってきて，歯医者に行くことが億劫ではなくなった。そのため，図終-2のように，本人とそれぞれ世界の関係の接点は，それなりに柔軟に接しあえており，お互いに楽しめており，どちらかがどちらかに食い込んで混乱したりして，関係性の調整・改善が必要な状況とはなっていない。

　一方，図終-3のAさんの場合は，関係する世界の論理や要求が本人に深く

食い込んできており，本人のそれなりの本人らしくありうる世界は，小さく小さくなっている。Aさんは他の世界との関係がうまく行かなくなりだしたので，両親に対して感情的になりやすくなり，両親から，やっぱり一人暮らしは無理なのではないかと思われて，ますます干渉的な対応を受けてしまっている。また大学の講義の聴講の時間に嫌になって声を出してしまって，周りの学生から白い目で見られて，参加しづらくなってしまっている。歯医者でも，大声を出して治療に抵抗してしまい，次回からは物々しく全身麻酔で治療を受ける羽目になり，ますます治療を受けるのが嫌になって，少々歯が痛くて気分が悪くても，我慢我慢の生活になってきている。そのために，図終-3のように，本人とそれぞれ世界の関係の接点は，柔軟な関係を失ってギスギスした関係となっており，どうしても力の強い社会の方が本人に食い込んでその論理や要求を押し付けることになるために，本人は押し込まれ縮こまらされてミジメな状態となってしまっている。ここでは，関係性の調整・改善が急務な状態なのだが，そのための支援のしくみが機能しないとなると，やがて本人は，自分を守るために，撤退可能にみえる関係世界から，一つずつ引きこもらざるを得なくなる

　それは，一見本人を社会から防衛するようにも見えるが，忘れてはいけないのは，本人のエンパワーメントとは，「自分らしく・人間らしく共に生きる価値と力を高めること」つまりは「共生力」のことであって，共に生きる世界を失ってしまえば，生きる意味と価値と力をもぎ取られてしまうのだ。

本人も支援者にも生きる意味と価値と力が必要

　どんな人間のどんな人生においても，生きる意味と価値と力がどうしても必要なのだ。生きる意味と価値と力がなくて，どうして生きて行けようか。そして，人間関係や社会関係における役割なくして，どうして意味や価値や力を得られようや。さらにいえば，支援者は，支援者であるだけで，食いぶちだけでなく，ある種の社会的な役割や意味や価値や力を得られるではないか。それは，ずいぶんと身勝手な世界ではないか。支援者は，本人のエンパワーメントを支援しきるという，その一点においてのみ，社会的な意味や価値や力を得られる

終章　「本人と支援者の相互エンパワーメント」実践の展開

べきではないか。援助という名のパターナリスティックな支配—依存の世界で，本人だけが主体的な役割や意味や価値を奪われ，エンパワーメントはく奪状態を彷徨っていていいはずがない。そして当然ながらパターナリスティックな支配—依存の世界では，支配される側だけでなく支配する側も，「自分らしく・人間らしく共に生きる価値と力を高める」エンパワーメントから見放されていることは，これまで見てきたとおりである。

　そうなのだ。だからそれは「本人と支援者の相互エンパワーメント」においてのみ可能であり，一つひとつの「本人と支援者の相互エンパワーメント」の物語だけが，本人と支援者の生きる意味と価値と力を与えくれる。第4章で考察した「本人と支援者の相互エンパワーメント」の可能性の図（図4-2）には，本人中心支援（＝エンパワーメント）計画だけでなく，支援者エンパワーメント計画が謳われていたことを思い出してほしい。西宮市の青葉園では，この両方の計画のダイナミックな展開を私たちは目指していた。そして後者も展開しているとは言い難いが，スタートした。

　本書でもいくつかの「本人と支援者の相互エンパワーメント」を紹介したが，筆者の活動範囲のあまりの狭さのために，全国各地の，とりわけ子ども達や高齢者や母子や生活困窮者達との相互エンパワーメント支援の実践を紹介することはかなわなかったが，多くの物語がひそかに激しく進行していることを，私たちは知り始めている。

　全国各地で，コツコツとまた営々と「本人と支援者の相互エンパワーメント」を展開している一つひとつの物語の本人と支援者達にささやかなエールを送ることで，私の物語のまずは閉じたいと思う。

おわりに

　こんなささやかな本を創るに当たっても，ずいぶん多くの人の世話になった。
　まずはこれまで何十という私のわがままな論文や報告を，月刊誌『ノーマライゼーション』に，みごとに編集・構成して掲載してくれた小林洋子さん。彼女がいなければ，この本のネタの多くは私の記憶から埋もれさってしまっていたであろう。
　さらに，これまで，私の著書を編集してくれた様々な出版社の皆さん。この本には，そこで書き散らした内容が多く含まれているに違いないのだが，何せこれが私の初めての単著で，いわば私のこれまで書いたもののエッセンスのようなものゆえに，お許しいただきたい。自分の論旨は使わせていただいたが，他人の論旨は一切使っていないつもりである。定義等にやや強引の感は否めないが，今回は包括的な論証や説明はできなかったので，そのことを含め次著に期待してほしい。
　続いて，この本で引用させていただいた，多くの論文や本の著者の皆さん。誠に勝手な引用で，「私の言いたいことはそこにはない」と言われそうだが，今回は私の言いたいことの論証としてご登場いただいた。私の自慢は，私が引用した論文や本は，読む価値があるものに限っていることである。どうぞ，この本を読まれた後は，引用文献を読んでそれぞれの著者が真に言いたかったことを学ばれることをお勧めする。
　そして，この本でも登場する障害者やその家族とそしてその支援者の皆さん。そのおかげでこの本が書けたのだが，私の説明の仕方が悪くて，その活動の中身が歪められて伝わらないことを祈る。
　また，私が迷惑をかけ続けたにも関わらず，温かく見守ってくださった，以前の職場の同僚，とりわけ，宮本孝二，上野谷加代子，大谷悟，古川孝順，小

澤温の諸氏には感謝に堪えない。

　現在活動している拠点の仲間である清水明彦，竹田美文，森脇愛，藤原理恵の諸氏には，原稿を読んでいただいた。

　そして最後に，この本の出版を辛抱強く・粘り強く応援し，サポートしてくれた編集の北坂恭子さん。彼女とは，いくつか一緒に仕事をさせていただいたが，いつもわがままな筆者を包み込んでくれ，今回も何とか，このような形で，私の最初の単著を世に送り出してくれた（まこと，編集者とは産婆のような存在！）。次著もこのコンビでありたいと切に願う。

　最後に，献辞をさせていだだく。
　　この本を，師 吉村励，友 木村仁，妻 享子
　　そして今は亡き，信貴山玉蔵院 野沢密厳管長に捧ぐ。

2015年3月

　　　　　　　　　　　　　　　　　　　　　　　　北野　誠一

〔著者紹介〕

北野　誠一（きたの・せいいち）
　1950年　生まれ。
　1983年　大阪市立大学大学院生活科学研究科後期博士課程修了。
　　　　　桃山学院大学教授，東洋大学教授を経て，
　現　在　西宮市社会福祉協議会共生のまちづくり研究研修所所長。西宮市権利擁護支援システム推進委員長。大阪市障がい者差別解消支援地域協議会会長。

ケアからエンパワーメントへ
——人を支援することは意思決定を支援すること——

| 2015年4月30日 | 初版第1刷発行 | 〈検印省略〉 |
| 2021年10月30日 | 初版第3刷発行 | |

定価はカバーに表示しています

著　者	北　野　誠　一
発行者	杉　田　啓　三
印刷者	坂　本　喜　杏

発行所　株式会社　ミネルヴァ書房

607-8494　京都市山科区日ノ岡堤谷町1
電話代表　(075)581-5191
振替口座　01020-0-8076

ⓒ 北野誠一，2015　　冨山房インターナショナル・藤沢製本

ISBN 978-4-623-07333-7
Printed in Japan

障害者本人中心の相談支援とサービス等利用計画ハンドブック

朝比奈ミカ・北野誠一・玉木幸則　編著
B5判／216頁／本体2400円

障害者総合福祉サービス法の展望

茨木尚子・大熊由紀子・尾上浩二・
北野誠一・竹端寛　編著
A5判／368頁／本体3000円

―― ミネルヴァ書房 ――
https://www.minervashobo.co.jp/